JN251079

ワーク・ライフ・バランスと経営学

男女共同参画に向けた人間的な働き方改革

Hirasawa Katsuhiko Nakamura Tsuyako
平澤克彦・中村艶子 編著

ミネルヴァ書房

「現代社会を読む経営学」刊行にあたって

　未曾有の経済的危機のなかで「現代社会を読む経営学」（全 15 巻）は刊行されます。今般の危機が 20 世紀後半以降の世界の経済を圧倒した新自由主義的な経済・金融政策の破綻の結果であることは何人も否定できないでしょう。

　しかし，新自由主義的な経済・金融政策の破綻は，今般の経済危機以前にも科学的に予測されたことであり，今世紀以降の歴史的事実としてもエンロンやワールドコム，ライブドアや村上ファンドなどの事件（経済・企業犯罪）に象徴されるように，すでに社会・経済・企業・経営の分野では明白であったといえます。とりわけ，近年における労働・雇用分野における規制緩和は深刻な矛盾を顕在化させ，さまざまな格差を拡大し，ワーキング・プアに象徴される相対的・絶対的な貧困を社会現象化させています。今回の「恐慌」ともたとえられる経済危機は，直接的にはアメリカ発の金融危機が契機ではありますが，本質的には 20 世紀後半以降の資本主義のあり方の必然的な帰結であるといえます。

　しかし他方では，この間の矛盾の深刻化に対応して，企業と社会の関係の再検討，企業の社会的責任（CSR）論や企業倫理のブーム化，社会的起業家への関心，NPOや社会的企業の台頭，若者のユニオンへの再結集などという現象も生み出されています。とりわけ，今般の危機の中における非正規労働者を中心とした労働・社会運動の高揚には労働者・市民の連帯の力と意義を再認識させるものがあります。

　このような現代の企業，経営，労働を取り巻く状況は，経営学に新たな課題を数多く提起すると同時に，その解明の必要性・緊急性が強く認識されています。現実の変化を社会の進歩，民主主義の発展という視点から把握し，変革の課題と方途について英知を結集することが経営学研究に携わる者の焦眉の課題であるでしょう。

　しかも，今日，私たちが取り組まなければならない大きな課題は，現代社会の労働と生活の場において生起している企業・経営・労働・雇用・環境などをめぐる深刻な諸問題の本質をどのように理解し，どのように対処すべきかを，そこで働き生活し学ぶ多くの労働者，市民，学生が理解できる内容と表現で問いかけることであるといえます。従来の研究成果を批判的に再検討すると同時に，最新の研究成果を吸収し，斬新な問題提起を行いながら，しかも現代社会の広範な人々に説得力をもつ経営学の構築が強く求められています。「現代社会を読む経営学」の企画の趣旨，刊行の意義はここにあります。

「現代社会を読む経営学」編者一同

はしがき

"This is the beginning of mastery because then we choose to respond to life rather than react to it."

——Marty Murphy, author of *The MIND WHISPERER*

（これが熟達の始まりである。生活に反応するよりも，生活に応じることを選ぶからである。

——マーティ・マーフィ『マインド・ウィスパラー』）

　「ワーク・ライフ・バランス（Work-life balance）」は，政府（内閣府）では「仕事と生活の調和」と訳され，現在ではこのフレーズが普通に使われるようになった感がある。しかしその一方で，ワーク・ライフ・バランスの表現も多様化している。例えば，生活を仕事よりも重視する意味合いから「ライフ・ワーク・バランス」と語順を変えたフレーズもみられ，他方では，仕事と生活だけのバランスを取るよりもむしろ仕事と生活を統合（integrate）するという意の「ワーク・ライフ・インテグレーション（Work-life integration）」というフレーズが用いられる場合もある。これは英国カーディフ大学のブライトンたちが2005年に発表した共著の概念であり，その意味は仕事の様々な要因を生活面に組み込んで統合していくことと定義されている（Blyton, Paul et al.〔2005〕 *Work-life integration : international perspectives on the balancing of multiple roles*, Palgrave Macmillan）。この課題の呼称や概念は時代の流れの中で徐々に変遷している。例えば，2017年に一挙に認知され一般概念となった「働き方改革」もその1つである。だが，焦点を当てる角度や呼称は多様化しても，職業生活と個人生活・家庭生活を調和させてということには相違なく，基礎となる枠組が「ワーク・ライフ・バランス」であることにほかならない。

　様々な概念が展開される中，日本は今，働き方改革や女性活躍，男性の育児参加など，多くのワーク・ライフ・バランス上での課題を抱えている。そのよ

うな変遷する社会において，日本政府はワーク・ライフ・バランスについて以下のように述べて呼びかけている。

「仕事は，暮らしを支え，生きがいや喜びをもたらすものですが，同時に，家事・育児，近隣との付き合いなどの生活も暮らしに欠かすことができないものであり，その充実があってこそ，人生の生きがい，喜びは倍増します。しかしながら，現実の社会には，安定した仕事に就けず，経済的に自立することができない，仕事に追われ，心身の疲労から健康を害しかねない，仕事と子育てや老親の介護との両立に悩むなど，仕事と生活の間で問題を抱える人が多く見られます。これらが，働く人々の将来への不安や豊かさが実感できない大きな要因となっており，社会の活力の低下や少子化・人口減少という現象にまでつながっていると言えます。それを解決する取組が，仕事と生活の調和(ワーク・ライフ・バランス)の実現です。仕事と生活の調和の実現は，国民の皆さん一人ひとりが望む生き方ができる社会の実現にとって必要不可欠です。皆さんも自らの仕事と生活の調和の在り方を考えてみませんか。」

(内閣府ホームページ　http://www.cao.go.jp/wlb/towa/index.html)

そこで，本書ではワーク・ライフ・バランス問題を，企業を主とした経営面から国際比較の観点をも対象ケースとして考察する。子育て，女性問題から進化してきたワーク・ライフ・バランスを男性も参加できる，男女平等かつ未来志向的なワーク・ライフ・バランス概念として考察していく。

序章と第1章でワーク・ライフ・バランスの概念や分析視角を考察したのちに，第Ⅰ部の「ワーク・ライフ・バランスの世界的潮流」では，ワーク・ライフ・バランスの世界的動向から特徴のあるアメリカ，イギリス，ドイツを例に挙げてワーク・ライフ・バランスの動向を論じる。柔軟な働き方が進むアメリカであっても，欧州などからみればその政策は不十分である。そこで，第3章のアメリカの事例では課題とされている家族医療休業法（FMLA）面からワーク・ライフ・バランス政策を論じる。イギリスでは主要な施策である①flexible working（柔軟な働き方），②特別な休暇の制度，そして③家族・健康・生活の

従業員支援の３つに焦点を当て，労使の動向と考え方に着目しながら，イギリスのワーク・ライフ・バランスの特徴をみる（第４章）。ドイツでは，出生率低下の中で，社会のサステナビリティを確保するために政府主導のもとコーポラティズムという枠組みでワーク・ライフ・バランスに取り組んでいることが指摘されている。そこでは，ドイツの特徴である男性稼ぎ主モデル，就労と家事・育児の古典的性別分業からの転換が課題とされていることを明らかにする（第５章）。

このような海外の動向を踏まえた上で，第Ⅱ部「日本のワーク・ライフ・バランス」においては，財界の戦略，労働組合，ワーク・ライフ・バランスの実態（第７章），女性活躍面を詳細に考察する。各国の事例からの女性施策を対象として，柔軟な働き方，労使関係に関わるワーク・ライフ・バランス要因を今後どのように経営に組み込んでいくのか，その観点から未来志向的に働きやすい職場づくりや労働条件面での経営方途を探り，提示することを試みる。

第６章の財界の戦略では，その理論的背景と考えられる理論をも検討し，ワーク・ライフ・バランスの主張が財界の労働市場・労務戦略の根拠となっていることを明らかにする。

第８章では，伝統的な価値観の支配的な信用金庫において，労働力不足を背景として，女性の職域拡大，管理職登用とともにワーク・ライフ・バランスが進められている実態を明らかにする。そこでは，ワーク・ライフ・バランスの取組みが本来の理念から離れて女性活躍の手段となっていることを明らかにする。また労働組合側の問題として，労働時間，組織のあり方，グローバリゼーションへの対応が喫緊の課題であることを詳細に提起する。女性活躍面では，女性が継続就業できるワーク・ライフ・バランス要因として保育問題と男性の育児関与，そして働きやすい職場要因が不可欠であることを叙述している（第９章）。

ワーク・ライフ・バランスは，すべての働く人々が自らの職業生活を考え，企業が経営面を改善し，グローバルな競争力をもった組織として生き残っていくための重要な戦略である。それは，経営面での「熟達」に通じる方策である。職業生活と個人生活面がトータルに考えられてはじめて，単に反応しストレス

や課題を多く抱えていた次元からストレスを軽減し，より円滑に，より効率よく生活面に応じられるような調和が可能になっていく。グローバル時代の中で刻々と変わる労働環境において，本書で多方面から取り上げる視点と事例が，未来志向的な働きやすい職場環境を提供できる一助となれば幸いである。

　本書は，表題にもあるように「現代社会を読む経営学」の一環として企画され，公刊が進められてきた。当初は執筆者の先生方のご助力により，早い段階で公刊できる予定であったが，諸事情により公刊が遅れた。今回，刊行の遅れを回復すべく，新たな編著者チーム編成で，すでに労作をお出しいただいていた執筆者の先生方に再考・再執筆のご協力を賜り，ようやく時を経て刊行の運びとなった。折しも働き方改革が注目されるワーク・ライフ・バランスの重要な転換期である今，時宜を得て上梓できることは，喜びもひとしおである。

　諸事情にもかかわらず，ミネルヴァ書房の皆様には，シリーズの一環として刊行する上で多大なるご支援をいただきお世話になった。記して感謝申し上げたい。とりわけ，編集部の梶谷修氏には，完成時点まで執筆の進捗を忍耐強く，かつ常に温かくお見守りいただき感謝の念に堪えない。ゴールに至るまでにご協力いただいた執筆者の先生方，編集の皆様に心より御礼申し上げ，この熟達の始まりを共に分かち合いたい。

　2017 年 10 月

編者　平澤克彦・中村艶子

ワーク・ライフ・バランスと経営学
——男女共同参画に向けた人間的な働き方改革——

目　次

はしがき

序 章

ワーク・ライフ・バランスの背景と概念

1 ワーク・ライフ・バランスの概念展開

ワーク・ライフ・バランス（Work-Life Balance：以下「WLB」）の問題を論じるには，まず，その背景と概念についてまとめておく必要がある。WLB の概念はアメリカ発祥とされる。文献によると，1930 年に W. K. ケロッグ社（W. K. Kellogg Company）が 6 時間 4 日制のシフトを導入して従業員の士気・効率を向上させたケースがあり，これが WLB の制度だととらえられている（Nancy R. Lockwood〔2003〕"Work/Life Balance: Challenges and Solutions," *Research Quarterly* 2, Society for Human Resource Management, p.2）。現在知られるワーク・ライフ・バランスの概念は，職業生活と家庭生活がより一層密接になった 1980 年代のアメリカ社会の家族支援に基づいて展開された。

その概念の普及は次のような経緯を辿っている。まず，1977 年発行の著書のタイトルとして「ワーク・ファミリー」というフレーズがみられる（Kanter, Rosabeth Moss〔1977〕*Work and Family in the United States: A Critical Review and Agenda for Research and Policy*）。このフレーズは，1980 年代のレーガン政権時代に民間企業のファミリー・フレンドリー施策と並行して広まった。レーガン政権期には，女性の社会進出増とともに保育問題が浮上したため，レーガン政権は企業による保育所支援を喚起し，税控除策を提供して企業への保育所支援を推進した（*The Telegraph*, 1983.6.29）。アメリカのワーク・ファミリーの主眼に置かれたのは，政府よりも民間企業によって担われるよう推進された保育支援であった。

アメリカ社会でワーク・ファミリー概念の普及に寄与したのは『ワーキングマザー（*Working Mother*）』誌である。子育てしながら働く女性を読者層とする

同誌は「働く母親のための優良企業（"Best Companies for Working Mothers"）」特集を 1986 年に組み，以来，毎年ファミリー・フレンドリー 100 社ランキングを発表して企業表彰を行い，社会にワーク・ファミリー文化を根づかせるに至った（Tsuyako Nakamura〔1999〕"The Significance of Work/Family Programs in U.S. Corporations: Analyzing the 1998 Work/Family Congress," *Doshisha American Studies* 35, pp.115-126）。企業ランキングでは，仕事と家庭への支援に注目し，企業の柔軟性や職場環境・条件，従業員への報酬などでランクづけを行い，家族支援に取り組む優良企業は，「ファミリー・フレンドリー（家族にやさしい）」企業として社会的に認知され，実質的に従業員たちへのサポート役割を担うようになった*。このような取組みによって，1980～1990 年代初頭のアメリカ社会では「ファミリー・フレンドリー」というフレーズが一般化した（家族問題に特化する際には，この「ファミリー・フレンドリー」というフレーズが現在も用いられる）。

> * *Working Mother* 誌による優良企業 100 社の評価は，所得，昇進の機会，育児，柔軟性，家族支援，企業文化・施策等による。詳細については，Wilburn, Deborah A., "100 Best companies for working mothers," *Working Mother*, October 1998, pp.14-96. を参照のこと。

1986 年には "work-and-life balance" というフレーズが，そして 1988 年には "work-life balance" が『インダストリー・ウィーク（*Industry Week*）』誌で用いられた（1 Work-life balance〔2002〕*The Word Spy*. http://www.wordspy.com/words/work-lifebalance.asp 2003 年 8 月 8 日アクセス）。ワーク・ファミリー概念は 1990 年代に他のメディアにおいても頻繁に登場するようになり，1993 年には『ビジネスウィーク（*Business Week*）』誌が「ワーク＆ファミリー」を特集し，1996 年には「仕事と家庭の優良企業（"Best Companies for Work and Family"）」のランキングを掲載した。現代アメリカ社会の WLB は，このようにワーク・ファミリー，ファミリー・フレンドリーを主眼に置いた家族支援であったが，1990 年代後半になると，家族支援以上に拡大した個人のニーズを重視するようになった。以来，中立でより包括的な「ワーク・ライフ・バランス」というフレーズが用いられることが増え，1998 年には『フォーチュン（*For-*

▶▶ *Column* ◀◀

働きすぎの日本人！

　エクスペディア・ジャパンは世界最大級の総合旅行サイト・エクスペディアの日本語サイトである。同サイトでは，毎年，有給休暇の国際比較調査を実施しており，2016 年には，世界 28 カ国の 18 歳以上の有職者男女計 9424 名を対象として調査が行われた。2016 年のこの調査で，日本は前年 2015 年の有休消化率 60% を 10% 下回る 50% で 28 カ国中，最下位の有休消化率であった。ちなみに，2008~2013 年も最下位を継続し，2014 年，2015 年は最下位の韓国に次いで最下位から 2 番目であった。

　この調査結果が示すように，日本人は有休消化率が世界一低いが，それにも関わらず，「休みが不足している」と感じる人は 34% である。ちなみに，上記での有休消化率最下位争いをしている韓国では 65% が休み不足を感じている。

　かつては，「エコノミックアニマル」と揶揄された日本人。働き蜂化してしまい，その文化・意識から脱出できていないのではないだろうか。働き方改革が叫ばれる今日，職場の働き方も徐々に変化しつつある。これからは生活を充実させるワーク・ライフ・バランス重視の働き方が定着していくことが望まれる。

有休消化率の国際比較（2016 年）

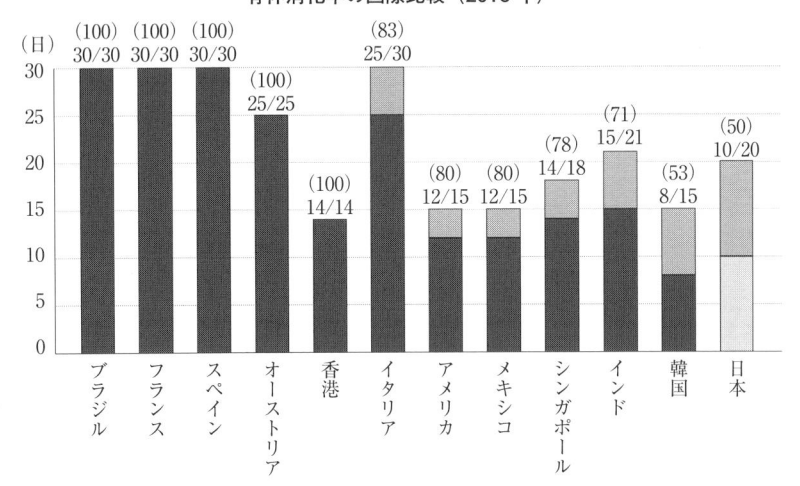

（注）グラフ上の（　）は取得率。
（出所）エクスペディア・ジャパン　https://welove.expedia.co.jp/press/23513/

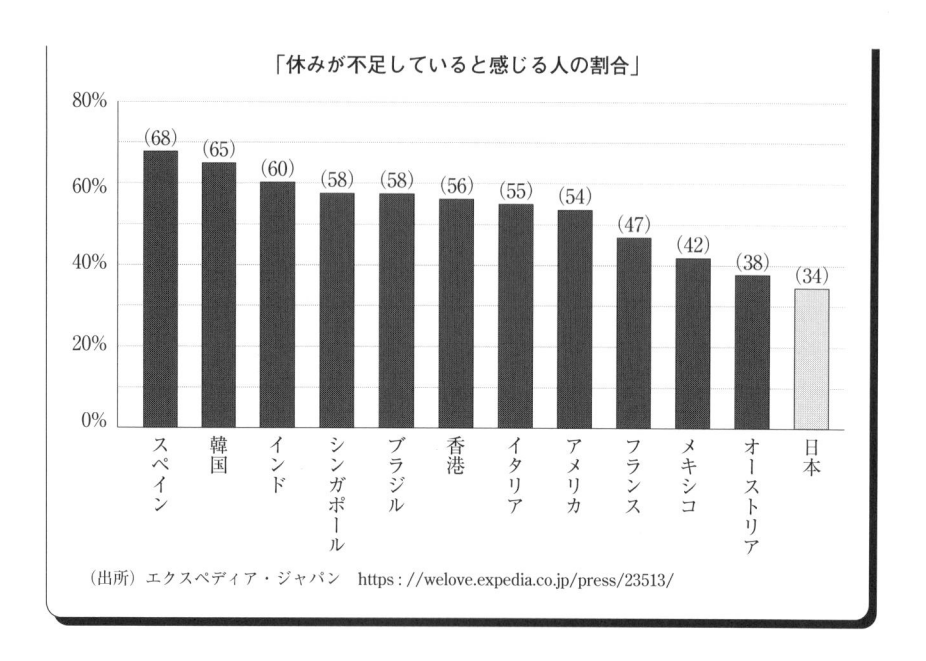

「休みが不足していると感じる人の割合」

（出所）エクスペディア・ジャパン　https：//welove.expedia.co.jp/press/23513/

tune)』誌がアメリカで「働き甲斐のある優良企業 100 社 "The 100 Best Companies to Work for in America"」として優良企業のランキングを開始するなど，企業文化として定着した。そうして，企業の経営戦略として取り組まれて社会全体での関心が高まった（**図序‐1**）。

2　ワーク・ライフ・バランスの定義と内容

　1984 年以来，従業員の職業支援を行ってきたアメリカのコンサルティング会社である WFC Resources（元 Work & Family Connection）は，WLB を以下のように定義している。

Work‐life is the practice of providing initiatives designed to create a more flexible, supportive work environment, enabling employees to focus on work tasks while at work. It includes making the culture more supportive, adding programs to meet life event needs, ensuring that policies

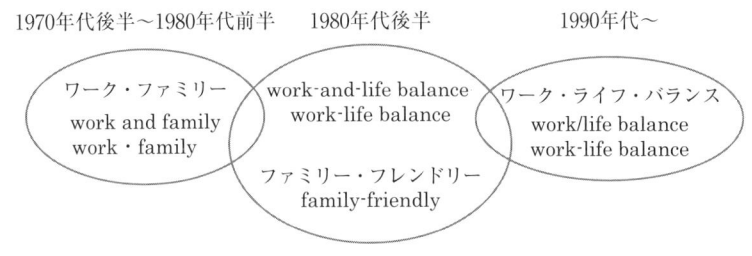

図序-1　ワーク・ライフ・バランスの背景

give employees as much control as possible over their lives and using flexible work practices as a strategy to meet the dual agenda–the needs of both business and employees.

（Work & Family Connection http：//www.workfamily.com/open/work_life_definition.asp accessed on Decemeber 1, 2006）

　（ワーク・ライフ*とは，従業員が就業中に業務に専念できるよう，より柔軟で支援的な職場環境を作り出すよう意図されたイニシアティブを提供する慣行である。その慣行には，ライフイベントのニーズに合った制度を加え，政策により従業員が自分の生活をできるだけコントロールできるようにし，そして事業所と従業員双方のニーズの2つの検討課題に合った戦略としての柔軟な職場慣行を用いて，文化をより支援的なものにすることが含まれている。）

*　この段階でWFC Resources は，「ワーク・ライフ・バランス」というフレーズが一般的になる前からワーク・ライフ・バランスの概念を確立した先駆であるため，「ワーク・ライフ」というフレーズを用いている

　柔軟な職場慣行には，休暇，時間，感情面の至福，経済的・法的問題，転勤，健康保険，福利厚生，育児，介護などの個人生活領域の幅広い分野が含まれる（**表序-1**）。

3　ワーク・ライフ・バランスの日本への導入

　このアメリカのワーク・ライフ・バランス概念は 1993 年に日本の労働省（当時）によって，以下のように日本のファミリー・フレンドリー政策として

表序 - 1　柔軟な職場慣行に含まれる主な個人生活領域の例

育児支援
・企業内保育所・R&R（Resource ＆ Referral：保育情報提供）・保育料補助
フレックス形態
・フレックスタイム・フレックスプレイス（在宅勤務等）・労働時間（週）の短縮・裁量労働制・
時短勤務・ジョブシェアリング
休業制度
・休業有給化・休業期間・長期休暇制度・有給休暇ストック制度
転勤時支援
・家族への配慮（家族に近い配属先・転勤先での職場の紹介）・転勤先での生活情報
EAP（Employee-Assistance Program：社員支援制度）
・キャリアプラン相談・家庭生活上のカウンセリング
介護支援
・介護情報の提供・介護支援団体の紹介・経済上の援助
その他
・養子縁組サポート，健康・保険等の福利厚生，教育支援等

導入されることになる。

　「次世代育成支援対策推進法に基づく取組について仕事と生活の調和の実現と多
様な人材資源を活かした経営の実践を目指して」（経済同友会　代表幹事　北城恪
太郎）

　「少子化の進行により，企業は経営のあり方を見直す必要があります。企業の社
会的責任経営を推進している経済同友会は，一人ひとりの従業員が子供を育てな
がら同時にいきいきと仕事をすることができるワークライフバランス（仕事と生
活の調和）に配慮した職場環境を整え，多様な人材を有効に活かす経営を実践す
ることが重要と捉えております。そのために我々企業経営者は，次世代育成支援
対策推進法を積極的に活用していきます。（『平成 17 年度　少子化社会白書』）

　この背景には，次のような状況が存在した。1991 年 3 月〜1993 年 10 月バブ
ル崩壊により景気が後退し，それまでの単一収入世帯では家計を担うことが困
難になり，共働き世帯が増加した。それに伴い，女性の社会進出が進展したが，
一方では子育てインフラが整わない状況下で少子化が進行した。これが社会保

障への警鐘を鳴らし，長期的国家展望が再考されることになった。職業生活と家庭生活・個人生活の調和に焦点が当てられ，WLB が人的資源管理上の問題として取り上げられるようになったのである。政策的には 2007 年にはワーク・ライフ・バランス推進官民トップ会議が開催され，「仕事と生活の調和（ワーク・ライフ・バランス）憲章」及び「仕事と生活の調和推進のための行動指針」が制定された。ワーク・ライフ・バランス憲章には以下のような内容が謳われている。

内閣府「仕事と生活の調和（ワーク・ライフ・バランス）憲章」

「仕事は，暮らしを支え，生きがいや喜びをもたらす。同時に，家事・育児，近隣との付き合いなどの生活も暮らしには欠かすことはできないものであり，その充実があってこそ，人生の生きがい，喜びは倍増する。しかし，現実の社会には，安定した仕事に就けず，経済的に自立することができない，仕事に追われ，心身の疲労から健康を害しかねない，仕事と子育てや老親の介護との両立に悩むなど仕事と生活の間で問題を抱える人が多く見られる」

この内容は，日本社会の厳しい現実を反映したものであり，WLB が社会全体のコンセンサスを得たといえよう。そして，このコンセンサスを得て，推進力として働くよう求められたのが企業社会であり，WLB への取り組みが企業によって導入され，WLB の概念も次第に浸透していくことになった。そして企業では WLB は実際に人的資源管理の戦略としてとらえられていったのである。

4　未来経営的ワーク・ライフ・バランス

日本におけるワーク・ライフ・バランスの概念として，今後は未来経営的ワーク・ライフ・バランスを推進する必要がある。ここでいう「未来経営的ワーク・ライフ・バランス」とは，「現状認識の上に立ち，実際の生活に沿った形でグローバル時代の生活を円滑にしていくワーク・ライフ・バランス」を意味

する。

　【第1ステージ】概念の導入
　　・アメリカの WLB の子育て部分　女性中心
　　　　　↓
　【第2ステージ】具体的施策子育て元年（2003）後
　　・より広い概念　男性の育児　男女とも
　　　　　↓
　【第3ステージ】「未来志向的ワーク・ライフ・バランス」
　　・実現可能な計画や方策を伴う，より現実的な生活面に即した内容

○第1ステージのワーク・ライフ・バランス

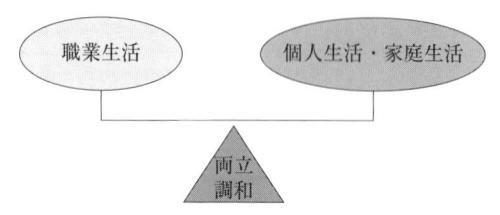

図序 - 2　ワーク・ライフ・バランスという考え方

職業生活と個人・家庭生活を両天秤にかける形で両立していくイメージで
あった。

○第2ステージのワーク・ライフ・バランス

ワーク・ライフ・バランスには，大別して「4 L の生活」がある（渡辺峻
提唱のワーク・ライフ・バランスにおける 4 つの生活側面)。これは，Work Life
（職業生活），Family Life（家庭生活），Personal Life（個人生活），Social Life
（社会生活）の 4 つの Life の「4 L」を指す。男女ともにバランスよく協働
していくことやワーク・ライフ・インテグレーション（Work/Life Integra-
tion）という概念も導入され，WLB の制度も作られ，第2ステージとして
進展した。

○第3ステージのワーク・ライフ・バランス

　第3ステージのWLBとは，「未来経営的WLB」というものである。それは，目標のみでなく，現状分析を伴い，実現可能な計画や方策を伴う，より現実的な生活面に即した内容のグローバル時代の新しい価値観と働き方を目指すものである。制度はあっても利用度の低いものでは有効ではない。そのため，それを可能にする人的資源管理が必要である。また，これまで注視されることのなかったグローバル人材への対応も充実させる必要がある。他方でIoTにより人的労力を省き効率化を図り目標達成をしていく方向性をもつ。そういった現実的な側面を改善していくために，現状の課題分析，支援体制の把握や他国との比較や成功例からの知見が不可欠である。そうして，未来経営的なWLBが可能になり，より人間らしい働き方へと改革への方途が見いだされうるのである。そこには，真の意味での生活の調和が生まれ，熟達したWLB経営が実践されていくのである。

[推薦図書]

学習院大学経済経営研究所編著／今野浩一郎ほか著（2008）『経営戦略としてのワーク・ライフ・バランス：ワーク・ライフ・バランス塾と参加企業の実践から学ぶ！：成果測定のための評価指標（WLB-JUKU INDEX）付き』第一法規
　　「個人のWLB」と「企業の成長・発展」両立のための実践書。日本企業（34社）の取組み紹介と利点分析を行う。

武石恵美子（2012）『国際比較の視点から日本のワーク・ライフ・バランスを考える：働き方改革の実現と政策課題』ミネルヴァ書房
　　WLBと働き方の現状について実証的な分析を行い，諸外国の取組を考察しながら，今後の方向性を提案する書。

労働政策研究・研修機構編（2012）『ワーク・ライフ・バランスの焦点：女性の労働参加と男性の働き方』労働政策研究・研修機構
　　WLB政策に足りない要因を分析し，WLBの実現に向けた就業環境の在り方に関連が深い研究成果をまとめる書。

（中村艶子）

第Ⅰ部

ワーク・ライフ・バランスの世界的潮流

第1章

ワーク・ライフ・バランスの分析視角

　ワーク・ライフ・バランスという問題は，もともとアメリカの財政危機が進む中で，育児や介護といった問題を，国家の財政支出を抑制しながら解決するために国家の家族政策として提起されてきました。ファミリー・フレンドリー政策という問題です。しかし，育児や介護などといった家族問題を対象とする施策は，家族問題に限定されない私生活の問題に変化しながら，従業員の勤労意欲促進の手段へと変換してきました。

　ここでは，経営学や経済学では私生活，とりわけ家族の問題がいかに扱われてきたのかを簡単に紹介し，さらに，これまで経済学や経営学で軽視されてきた私生活の問題がなぜ従業員の就労意欲にかかわって重要なテーマとされるようになっているのか，そして最後にワーク・ライフ・バランスをいかなる視点から検討するのかを，以下で検討されるワーク・ライフ・バランスの具体的な考察に先だって検討しておきたい。

1　私生活と労働生活

　一般にワーク・ライフ・バランスをめぐる議論では，私生活と労働生活とは人間生活の2つの大きな領域と把握され，労働生活を基軸とする生活に，家庭生活などの私生活との両立が問題とされる。実際，ワーク・ライフ・バランスの指導的な研究者とされる武石恵美子は，日本では，「1990年代の終わりに，『ファミリー・フレンドリー政策』として，主に仕事と『家庭』生活の両立のための政策の重要性が指摘された」が，その後政策面での現状認識の変化を背景に，「仕事と生活の両立を図るための制度充実といった次元にとどまらず，『働き方の改革』に向けた取組」としてワーク・ライフ・バランスという政策が行われていると指摘している（武石恵美子編著〔2012〕「ワーク・ライフ・バランス実現の課題と研究の視座」『国際比較の視点から日本のワーク・ライフ・バラン

スを考える』ミネルヴァ書房，1頁）。このようにワーク・ライフ・バランスの論議では，人間生活は労働生活と私生活とに区分され，労働生活のあり方の見直しが議論されている。

　もちろん人間の生活を，労働生活と私生活に区分して把握するのは，ワーク・ライフ・バランスをめぐる議論だけではない。例えば労働経済学の基本的な「テキスト」では，労働供給分析の基本は，人間の1日の「時間を就業という活動にどのように配分するのかを考察」することにあり（樋口美雄〔1996〕『労働経済学』東洋経済新報社，55頁），「1日24時間から労働時間を差し引いた時間を余暇時間」（樋口〔1996〕56頁）とされている。1日の生活時間は，労働時間と余暇時間とに区別されて扱われている。そこで余暇時間と把握される家計の役割を経済学ではどのように把握されているのかを，経済学のテキストで確認しておこう。

　今日の経済学のテキストの原型とされるサミュエルソンの『経済学』では，「家計は財を買い生産要素を売り，ビジネスは財を売り生産要素を買う。家計は，労働や財産のような投入を売って得た所得を使い，財を買う。ビジネスは，労働や財産の費用に基づいて，彼らの財の価格を決める」（サミュエルソン／都留重人訳〔1992〕『経済学（上）』岩波書店，41頁）と把握されている。経済学のテキストでは，家計は労働などの**生産要素**の提供者であるとともに，生産要素を提供することで得ることのできる財を消費するとされている。これに対し企業は生産に必要な生産要素を購入し，商品を生産し，家計に提供することになる。

　かくして企業は生産の担い手であり，家庭は消費の場とされ，それに基づき生活は，企業などで行われる労働時間と家庭での私的な消費，余暇時間とに区分されることになる。そのため経済学では，「社会の基本的単位をなす〈家族〉というカテゴリーを，その理論体系のうちに内蔵していない」（中西洋〔1982〕「経済学と〈家族〉」『家族史研究6』大月書店，75頁。ここでの経済学にお

生産要素：財やサービスを生産・提供するのに必要とされる物的な要素，一般に，土地，労働，資本が基本的な要素とされている。

ける家族の認識は，この中西の業績に多くを負っている）と指摘されることになる。もちろんこのような労働と家庭との把握は，「個人を社会の最小構成要素とみなし，その個人の振舞いの〈集計〉として社会を理解」（佐和隆光〔1982〕『経済学とは何だろうか』岩波書店，17頁）という経済学の社会認識の方法に基づいており，さらに「すべての経済的行為を交換行為と解し」（シュムペーター／大野忠男・木村健康・安井琢磨訳〔1983〕『理論経済学の本質と主要内容（上）』岩波書店，112頁），こうした「現象の"因果"ではなく，現象間の関数的関係についてのみ」（シュムペーター〔1983〕109頁）考察の対象とする経済学の方法によるものと考えられる。

2　経済と家族の役割

　現象間の関数的関係を対象にする現在の経済学とは異なり，「生産諸関係の総体」（マルクス，K., 武田隆夫他訳『経済学批判』岩波書店）としての市民社会の解剖を意図した**マルクスの経済学**とてその例外ではない。マルクス（Marx, K.）は『資本論』第一版の序言で，「ここで諸人格が問題となるのは，ただ彼らが経済的諸カテゴリーの人格化であり，特定の階級諸関係および利害の担い手である限りにおいてである」（マルクス，K., 資本論翻訳委員会訳〔1982〕『資本論』新日本出版社，12頁）と指摘している。このような方法のために，マルクスの経済学では人間や家族といった問題は扱われていないようにみえる。もちろんこのことは，経済学が個人や家族の問題を軽視してきたことを意味するものではない。経済学における家族の把握は，「経済学が，行為の主体である人間そのものではなく，事物の側から，事物の運動に投射された人間行為の軌跡を主として対象」（岡田純一〔1967〕『増補　経済学における人間像』未來社，8頁）としてきたことに基づいていると考えられる。

　もちろん経済学が，家族の問題を完全に捨象してきたわけではない。理論体

マルクス（の）経済学：マルクスとエンゲルスによって体系化された政治経済学と，その発展の全体を示している。その代表的なものが，マルクスの『資本論』である。

系の枠組みの中で必要に応じて扱われてきたとみることができる。例えばマルクスは，賃金を労働力の価格と把握し，それは労働力の再生産に必要な費用に規定されると指摘した。そしてその費用は，「労働者の生存＝および繁殖費」（マルクス K.，／長谷部文雄訳〔1998〕『賃労働と資本』岩波書店，55 頁）とされている。このような「労働力の世代的再生産も，この家族関係に媒介されてはじめて可能になる」（隅谷三喜男〔1976〕『労働経済論（第二版）』筑摩書房，195 頁）とすれば，家庭は，経済学の想定するような消費の場であるとともに，労働力の再生産を担う場所として把握されることになる。このことは，労働者の生活過程が，しばしば指摘されるような生産から解き放たれた自由な時間ではなく，内田義彦が指摘するように，再生産という視点から生産過程と関連して問われていることを忘れてはならない（内田義彦〔1966〕『資本論の世界』岩波書店）。

　このように家族は，交換関係の外にある消費の場と把握されるだけでなく，労働力の再生産の場としても理解されることになる。アルフレッド・マーシャル（Marshall, A.）は，再生産における家族の役割を踏まえて次のように指摘している。つまり労働時間の短縮は一時的に生産量を減少させるものの，「改善された生活水準が，労働者の能率に十分な効果を及ぼすだけの時間が経過したのちには，労働者の精力，知性ならびに性格の強力さが増大し，短い時間で，以前と同じ仕事ができるようになる」（マーシャル，A.／馬場啓之助訳〔1991〕『マーシャル　経済学原理　Ⅲ』岩波書店，275 頁）と指摘している。マーシャルは，労働時間短縮の影響だけでなく，家族のあり方が生産性の向上に寄与することを明らかにしたのである。

3　家族とジェンダー

　社会の運動を個人の振舞いの集計として把握し，研究の対象を交換関係の経済的側面と規定する経済学では，家族は一般に消費の場として，つまり家計として理解されてきた。そしてこのような観点から家計は労働などを提供する主体と把握されるのであり，こうした理解に基づいて家庭は，労働力再生産の場ととらえられ，そのような意味で家庭は，労働者の生産性の向上に寄与するこ

とになる。このような生産と消費との分離は，資本主義の生成とともに展開してきたと考えられる。

　経済学の前提に立てば，家庭は自らの生活目的に基づいて自由に活動のできる経済主体である。古代において家族は，自然界の植物の採取や動物などの狩猟，さらに農耕などを行うとともに，家族の食事の支度や衣服の製作など，いわゆる家事的な機能を果たしてきた。けれども前者に当たる，いわゆる「生産的機能」は，家内工業からマニュファクチュアに，そして工場制へとすすむ中で，家庭の外へと移っていった。

　それとともに狩猟や農耕など，いわゆる「生産機能」の担い手は，生産の担い手である企業に自らの労働力を提供する労働者として雇用されることになる。そして，もともと生活共同体としての家族のために行われていた家事労働は，雇用労働の進展とともに，雇用労働を担う労働力の再生産と位置づけられてゆくのである。さらに，このような雇用労働の全面的な発達に伴って，社会の運動はこうした個人の活動を基本として把握されてゆくことになる。しかも「経済学は社会の経済現象を対象として成立する科学であり，社会で行われる生産と消費について研究するもので，社会的経済現象としての交換の完了した以降における家庭内の消費」（相馬信子〔1968〕「家庭の生産的機能について」『横浜国立大学人文紀要．第一類，哲学・社会科学』第14号，47頁）は，経済学の対象の外に置かれてきた。

　もちろん家庭は，生産活動に必要な労働力の提供という視点から，労働力再生産の場として把握されてきたとはいえ，再生産を支える家事労働の担い手については，経済学ではこれまで不問にされてきた。ジェンダーの論議を待つまでもなく，**家事労働**の担い手はほとんどもっぱら女性であり，しかもそのほとんどが「不払い労働（unpaid labour）」となっているのである。交換関係の経済的側面を研究対象とするために，経済学では不払い労働である家事労働は看過されることになったとみることもできる。実際，資本主義の生成とともに，

家事労働：金銭的な報酬を得るための生産労働に対し，育児や家事などの労働を意味しており，無報酬の労働とされるところに特徴がある。

主として男性が労働市場に登場し，そうした現実をもとに経済学は個人の行動を基本とする体系を構築してきた。

だが，「雇主の指揮命令権が，近代の『家』において，父であり夫でありマスターである男，つまり家父長が法的に保証されていた子どもと妻とサーバントに対する支配権から発達してきた」（大沢真理〔1992〕「現代日本社会と女性」東京大学社会科学研究所編『現代日本社会6 問題の諸相』東京大学出版会，75頁）とすれば，経済学の想定する人間の行動は女性たちが無償の家事労働を担っていることを前提にしているといえる。いずれにせよ，家庭は企業などの生産したものを消費することを通じて労働力を再生産する場であり，そこに勤労意欲を向上させる役割が理解されるものの，こうした家事労働は主として女性に担われ，女性による無償労働によって支えられていることを確認することが必要であろう。

4 経営学と人間労働

1 労働と疎外

資本主義社会の成立とともに，生産と消費との分離が進んでいくことになるが，それを基盤に展開する，いわゆる生産労働も変貌を遂げていく。マルクスによれば労働は，「人間と自然との一過程，すなわち人間が自然とのその物質代謝を彼自身の行為によって媒介し，規制し，管理する一過程」であり，「人間は，この運動によって，自分の外部の自然に働きかけて，それを変化させることにより，同時に自分自身の自然を変化させる」（資本論翻訳委員会訳〔1982〕，304頁）のである。労働は，財貨の生産に寄与し，社会を発展させるだけでなく，人間の本質的な活動と把握されているのである。

だが，資本主義社会では生産に必要な生産手段は資本家の所有となり，このような私的所有の下では労働者の生産した生産物は，資本家のものとなり，そのため「労働は，自由意志的ではなく，強制されており，強制労働」（マルクス，K.，／藤野渉訳〔1962〕『経済学・哲学手稿』大月書店，102頁）となる。いわゆる労働の疎外という問題である。このような疎外された労働は，「自己活動，

自由な活動を，手段に引き下げるのだからそれは人間の類的生活を彼の肉体的生存の手段」にしてしまい，その結果「人間からの人間の疎外」（マルクス〔1962〕108頁）が生じるというのである。

　かくして資本主義社会の成立は，生産的労働と家事労働との分離を生むだけでなく，私的所有の下で労働を疎外し，私的な生活まで生産的労働の手段にしてしまう。それにより生産的労働と家事労働との分離が，経済発展の基盤として固定化されてゆく。だが，疎外された労働は，生産的労働と家事労働の分離を基盤に，経済的合理性に寄与するとはいえ，その一方で資本主義的生産に大きな問題を生むことになる。勤労意欲の問題である。

［2］　労働の人間化

　藻利重隆は，「広く経営的生産の合理化は端的に機械化原理によって指導せられるのであるが，そのことゆえに，その『必然の悪』として労働者を物的化し，非人間化する。またそれは労働生産性を向上させるものであることのゆえに，その『可能の悪』として労働者の失業を結果する危険性を包蔵する。しかもそのいずれもが労働者の勤労意欲を根源的に減退させる」（藻利重隆〔1976〕『労務管理の経営学（第二増補版）』千倉書房，68頁）と指摘する。このように資本主義社会のもとでの労働疎外は，企業経営には勤労意欲の減退という深刻な問題をもたらすのであり，そのため勤労意欲の向上が経営学にとって大きな課題となるのである。その端的な試みが，「労働の人間化（Humanisierung der Arbeit)」であろう。

　「労働の人間化」は，一般に資本主義の成立と機械生産の導入とともに疎外された人間の労働を人間的なものにしようという試みと把握される。このような試みは，様々な名称で表されており，ドイツでは「労働の人間化」，あるいは「労働生活の人間化」とされ，アメリカなどでは「労働生活の質（Quality of working life：QWL)」ととらえられている。経営学の対象としてみると「労働の人間化」は，「労働者に一定の責任・権限をもたせ，自由裁量の範囲を増やして一定の自律性（autonomy）をもたせるとともに，職場レベルにおける参加を実現することによって，いわゆる『疎外された労働者の人間性の回復』をは

かり，労働者の意識革新をめざすもの」（長谷川廣〔1989〕『現代の労務管理』中央経済社，238頁）とされており，その具体的な方策として「職務拡大」や「職務充実」，さらに「自律的作業集団」などが挙げられている。ここでは，「職務拡大」と「職務充実」を中心に簡単な説明をしておこう。

　一般に管理の嚆矢とされるのが，テイラー（Taylor, F. W.）の提唱した「科学的管理（Scientific Management)」である。科学的管理は，時間・動作研究に基づいて労働を分析することで，作業職能と計画職能を分離し，労働に含まれていた計画職能を企業の管理職能に包摂することで，管理を基軸とする現場体制の確立を目指すものであった*。この科学的管理の核心となるのが，労働者の作業の要素的動作への分解と管理職能の下での再編成，さらに計画的機能と執行的機能の分離と後者の管理職能への包摂にある。このような労働の再編成は，労働の疎外をさらに進めるものと批判されてきたのであった。

　＊　科学的管理については，泉卓二『アメリカ労務管理史論』（ミネルヴァ書房，1978年），藻利重隆『経営管理総論』（千倉書房，1965年）などを参照されたい。

　例えばドラッカーは，時間・動作研究による労働の科学的分析と，課業への再編成をとらえて，「分析の原理と行動の原理を混同している」（Drucker, P. F. 〔1961〕 *The Practice of Management*, Mercury, p.250／現代経営研究会訳〔1987〕『現代の経営（下）』ダイアモンド社，122頁）と批判している。ドラッカーの批判は，計画機能と執行機能の分離，さらにはその基礎とされる人間観にまで及んでいる。こうした批判は，科学的管理の本質にかかわる問題だといえる。

③ 「労働の人間化」と人間観

　「労働の人間化」という方策は，こうした科学的管理に対する反省を背景に生まれたと考えられている。実際，職務拡大は，機械化の進展を背景に細分化された職務を再統合し，労働者の担当する工数を増やすことで労働者の単調感を克服することにある。また職務充実は，計画職能と執行職能の分離による疎外感を克服するために，仕事にかかわる決定権を労働者に与えることで勤労意欲の向上を課題としているのである。その際「労働の人間化」が，伝統的な**経済人仮説**に代えて，行動科学に基づく人間観を基礎に展開されていることであ

ろう。

　すでにみたように科学的管理は，時間・動作研究に基づいて人間の労働を分析し，人間の労働に含まれる計画的機能を執行職能から分離し，計画機能を企業の管理職能として確立することで新しい現場体制を構築することにその意義があった。だが，新たな現場体制は，一定の制度や機構を通じてはじめて具体的な意義をもつといえる。科学的管理の原則に則してみれば，科学的管理が「『高賃金・低労務費』の原則を媒介にして構成されたものであって，それはまた，一流労働者なるカテゴリーとの関連でのみ成立」（泉〔1978〕61頁）とすれば，一流労働者の育成と保全を課題とする「差別的出来高給は，いわばその理念型であった」（泉〔1978〕66頁）と考えられる。

　差別的出来高給は，2つの賃率をもつ賃金形態であり，課業を達成した場合，高い賃率が適用されるとともに，課業を達成しなかった場合には，低い賃率を適用することで一流労働者の育成と保全に寄与しようというものである。そのため科学的管理では，差別的出来高給によって「労働者の勤労意欲を喚起しようと企て」（権泰吉〔1984〕『アメリカ経営学の展開』白桃書房，77頁）られてきたといえる。このような金銭的，物的な刺激による労働者の動機づけは，古典的組織論における「経済人仮説」によって説明されてきた。

　もちろん経済人という仮説は，市民社会における経済活動を説明するための分析用具として構築されてきた概念であり，この経済人の行動を規定にすることで市民社会の経済活動を解明することになったのである。経営学における経済人仮説は，経済学における理論的前提や研究対象を反省することなく，金銭的，物的刺激に対する人間の反応を説明するツールとして用いられたにすぎないように思われる。このような人間観の転換点とされる人間関係論の社会的人間は，経済人仮説に代わるものと説明されるものの，市民社会人における人間の経済活動を否定するものではなく，せいぜいのところ職場における人間行動を経済人仮説では説明できないことから提起されたものと思われる。

経済人仮説：一般にアダム・スミスを嚆矢とする経済学や経営学において，人間は経済的に合理的に行動するという仮説。

　これに対し「労働の人間化」の理論的基礎とされる行動科学の人間観は，「組織目的の達成と個人の欲求の充足とを同時に実現できる管理・監督方式」（権〔1984〕141頁）を開発するために設定される。それは，「人間行動の動機，とくに作業意欲を形成する動機要因」を明らかにするとともに，「人間の生物的欲求よりも精神的欲求の公示性を強調し，それの充足を動機づけの基本に据え」（権〔1984〕148頁）られ，「労働の人間化」に代表されるような管理方式が問われることになる。

　もともと人間行動を説明する分析用具であった人間観が，分析用具を超えて管理技法の基礎理論に変化しつつあるように感じられるものの，ここで確認しておきたいのは，人間の個人的な動機でさえ，個人の所属する社会的な関係に規定されているとはいえ，経営学では勤労意欲の問題が，労働者個人の問題としてとらえられてきたことである。「労働の人間化」でさえ，その例外ではない。

［4］　「労働の人間化」と労働生活

　だが，「労働の人間化」は，ドイツでは，「人間生活における労働の意味や社会における労働世界の位置に関する再検討を通じて労働生活そのものをとらえ直さなければならないという問題意識」（小林甲一〔2009〕『ドイツ社会生産の構造転換』高菅出版，157頁）があった。アメリカのQWLでさえ，もともと生活の質（Quality of Life）から議論がはじめられていたのである。ドイツでは，1960年代に家族機能の低下が重要な課題とされ，その原因として「家族と労働世界のあいだの対立や緊張」（小林〔2009〕164頁）が指摘されるようになったのである。そのため仕事と家庭との調和が重要なテーマとされるようになったというのである。

　その理由として「その他の生活諸領域に対する労働世界の優位性」（小林〔2009〕158頁）から家族など生活の問題が軽視されてきたことにあると思われる。この問題についてはさらなる検討が必要であろう。その際，鷲田清一の次のような指摘に注目する必要があろう。つまり「近代社会のなかで，人びとは働くこと，労働や仕事を，価値を生みだすそれじたいが価値のある活動として

とらえられてきたし，またそれをつうじて人間が自己の価値を実現する有意味な行為としても労働はとらえられてきた」（鷲田清一〔2011〕『だれのための仕事』講談社，44頁）というのである。資本主義社会では，価値の源泉は人間の労働であり，その意味で生産的労働は極めて重要な意味をもっているといえる。もちろんマルクスの指摘を待つまでもなく，資本主義社会の賃労働ではなく，人間の労働そのものが人類の発展に極めて重要な意義をもっていることを無視できないが，このような労働の把握そのものが資本主義社会での賃労働の役割に規定された労働の理解であるように思われる。鷲田の指摘は，近代社会を資本主義社会ととらえれば，労働そのものの意義を再検討することが求められる。この点については，労働思想の変遷を検討する必要があるだろう。

　いずれにせよ，生活の質の改善を志向した「労働の人間化」が，労働を中心とした施策に転換し，勤労意欲向上のための手段とさえ理解されるようになったことは注目されるであろう。これまで検討してきたように，経済学や経営学では，資本主義社会の経済活動から，労働を規定とした理論を構築してきた。だが近年，「労働の人間化」論に象徴されるように，労働と私生活との関連が問われるようになっている。次に，なぜ私生活が問題とされるようになったのかを，日本の事例を中心に検討しておこう。

5　豊かな人間生活を目指して

1　日本における家族の変化

　すでに指摘したようにワーク・ライフ・バランスという問題は，もともとファミリー・フレンドリーという施策から進められてきた。このファミリー・フレンドリー施策は，国家の財政問題を背景に提起されてきた社会政策であった。ここで問わなければならないのは，家族に対する国家の政策が，企業の就労促進の施策と結びついてきた理由であろう。社会的経営政策から経営的社会政策への転換である。そのために簡単にでも，日本における家族の変容とその政策を跡づけておく必要があろう。

　一般に家族は，育児や介護など家事労働をもとに家族成員の生存の維持，再

生産を図ることに基本的な機能があった。資本主義社会では，このような家族関係の生産，再生産活動を基礎に，労働力の再生産機能が重視されるようになる。経済学の論理では，等閑視されてきたものの，家族は経済構造に組み込まれている。

　日本では，1955 年から開始される経済の高度成長の過程で，製造業の発展に伴う労働力需要の増加，さらにそれによる賃労働化の進展，労働者の農村部から都市部への集中が進んだ。その結果三世代家族や拡大家族などの比率は減少し，それとは対照的に都市部での核家族化が進展した*。核家族の増加に伴って家族の再生産や，育児，介護といった家族機能の低下が懸念された。

　＊　家族には，親と子どもだけで形成される核家族，これに祖父，祖母などの加わる三世代家族や拡大家族，さらに単身者が一人で一戸を構える単身家族などがある。

　この核家族での再生産機能を担ったのは，戦後，戦場からの男性たちの引き揚げにより家庭に引き戻された女性たちであった。女性たちは専業主婦として，ほとんどもっぱら家事を担う一方，男性たちが職場での労働を担うことで，家庭での性別役割分業が確立された。この性別役割分業は，職場への労働力供給メカニズムとして有効に機能し，さらに職場での役割分業を規定してきたといえる。このように高度成長期の家族は，「高度成長を実現していくためのメカニズムの一環に位置付けられていた」（原田純孝〔1992〕「高齢化社会と家族」東京大学社会科学研究所編『現代日本社会 6』東京大学出版会，102 頁）といえる。

　高度成長の後半には，高い経済成長に伴う労働力不足から女性たちの職場進出が進んだが，家事などの負担からパートタイマーとして採用されることが多かった。そのため戦後再編成された性別役割分業や家族機能の問題は表面化することはなかった。だが，1973 年の石油危機に触発された世界的な景気後退は，家族と政府の家族政策にも大きな影響を与えることになった。周知のように 1973 年の石油危機は，低成長経済への基調転換を特徴づけるものであり，低成長への転換は，国家の税収を停滞させ，高度成長を前提に構築されてきた財政政策の見直しを迫り，その結果家族機能の強化を求めることになる。

　核家族化の進展は，これまで三世代家族によって担われてきた育児や介護などの機能を主として女性の負担に転嫁してきた。だが，低成長経済への基調転

換は，財政危機を背景に，福祉の対象として位置づけられてきた家族を，「〈社会保障の抑制の支え手としての家族〉，さらには〈社会保障の担い手としての家族〉」（原田〔1992〕113頁）へと転換させることになった。それとともに，財政支出の抑制という視点から，高齢者の扶養や子どもの育児といった家庭での機能が，福祉の担い手として，これまで以上に家族が担うように期待されるようになった。こうした役割は，これまでもっぱら女性が担ってきたのであり，福祉政策の一環に家族が組み込まれることは，女性のさらなる負担の増加とならざるをえなかった。そのため介護休業などの制度が求められることになった。

　高齢化の進展などにより家庭での家事負担が増大する一方，女性の社会進出が進んだ。こうした中で，「1.57ショック」に代表される出生率の低下が注目された。政府の見解では，女性の出生率の低下は，女性の社会進出とともに，家事や育児などの負担によるものとされ，このような観点から性別役割分業が問題とされ，育児休業法の成立など女性の就業環境や生活改善の整備が行われた。だが，出生率の低下は，人口の減少，さらには労働力不足を生じさせることになり，女性の就労と家事・育児の両立という問題意識が生まれてきたのである。そこで登場したのが，ファミリー・フレンドリーという政策である。

［2］　ワーク・ライフ・バランス研究の課題

　ファミリー・フレンドリーという政策は，主として育児や介護など女性の家庭での負担の軽減にその課題があるように思われるが，家庭での負担の減少が女性の就労を促進し，勤労意欲に影響することから，経営学の重要なテーマとして扱われるようになったと思われる。だが，育児や介護を基軸とするファミリー・フレンドリーといった施策では，女性の就労促進と家庭問題の解決には十分ではないことから，企業や職場での性別役割分業の見直しが求められるようになった。ここに登場するのが，ワーク・ライフ・バランスという政策である。

　このような認識が正しい意図すれば，ワーク・ライフ・バランスなる問題は，ダイバーシティに象徴されるような就労や勤労意欲といった問題に限定されるものではない。この問題は，性別役割分業のあり方にかかわっているのである。

　もちろんワーク・ライフ・バランスという問題は，労働と私生活の両面にかかわっているとはいえ，「労働の人間化」に象徴されるように労働を基軸に理論的にも，実践的にも構築されているように思われる。だが，「労働の人間化」をめぐる議論に示唆されているように，ワーク・ライフ・バランスという問題は，人間の生活の視点から性別役割分業のあり方を問うという問題意識から分析することが求められるであろう。

　財政危機を背景とする日本の社会保障の見直しに象徴されるように，少子化に伴う労働力不足と，ワーク・ライフ・バランスの問題は，これまでの働き方の見直しを通じて性別役割分業のあり方を変化させているように思われる。その際，「労働生活の人間化」という議論にみられるように，「労働生活の優位」を前提とするのではなく，豊かな人間生活の構築という視点から「働き方の見直し」や「性別役割分業」のあり方を問うことが求められているように思われる。

［付記］　本章をもとに東アジア経営学会国際連合第 14 回大会・ネパール経営学会第 4 回大会で報告し，加筆した上で本書に収録した。Proceedings は以下の通り。

　　　Pei Xiong and Katsuhiko Hirasawa［2017］"Perspectives on Work–Life-Balance in Analysis," *Knowledge Transfer and Transformation*, ed. By Dhruba Kumar Gautam and Dakshata Rama, Nepalese Academy of Management.

推薦図書

東京大学社会科学研究所編（1992）『現代日本社会 6 問題の諸相』東京大学出版会
　社会構造の生み出した様々な問題を検討した労作だが，特に女性労働を扱った大沢論文と家族の変容を扱った原田論文は，ワーク・ライフ・バランスの背景を知るのに重要である。

家族史研究編集委員会編（1982）『家族史研究 6』大月書店
　社会科学の様々な分野から家族をどうとらえればよいのかが検討されている。とりわけ中西洋氏の論文は，経済学が家族をいかに把握してきたかを知る上で貴重な研究である。

岡田純一（1967）『増補　経済学における人間像』未来社
　経済学が人間をいかに扱ってきたかを知るのに役立つ。

設 問

1．経済学が人間をどのように把握してきたのかをまとめてみよう。

2．経営学の人間観の変遷をまとめてみよう。

（平澤克彦・熊　霈）

第2章

ワーク・ライフ・バランスの世界的動向

　「男性社員はやめられる方も少なくありませんが，女性については，育児休業や時間短縮などがありますので退職される方はほとんどおりません」，ある金融機関の人事担当者はそう話してくれました。ここ数年，女性の活躍が注目されるようになり，企業などで様々な取組みが行われるようになってきています。そうした取組みが，ワーク・ライフ・バランスと呼ばれるものですが，こうした取組みは海外から導入されてきた考え方です。この章では，先進国でのワーク・ライフ・バランスに対する取組みをみる前提として，先進国の動向を概観し，経営学として検討するための枠組みを示すことを目的としています。

1　少子化の進展とワーク・ライフ・バランス

　「ワーク・ライフ・バランスって，子育て支援のような働く女性にかかわっている問題ですよね。結婚しても働き続けたいと思っているので，とっても興味があります」。4年生になって卒論のテーマを決める際，多くの女子学生がワーク・ライフ・バランスに関心を示すようになっている。

　実際，わが国でワーク・ライフ・バランスなる問題が関心を呼ぶようになったのは，1990年の1.57ショックであったという。この年，出生率が1.57と過去最低を下回ったのである。政府は，少子化を大きな問題として認識し，1994年には「今後の子育て支援のための施策の基本方向について」（エンゼルプラン）を策定することになる。このようにワーク・ライフ・バランスという問題は，もともと育児支援などにかかわる問題として問われるようになったといえる。

　ところが1999年には，出生率は1.34にまで低下するに至る。これを受け厚生労働省に，「仕事と生活の調和に関する検討委員会」が設置され，2004年の

6月に報告書が作成された。この報告書では，「働く者が『仕事』と『仕事以外の活動』（家庭，地域，学習等）を様々に組み合わせ，自らの働き方を安心・納得して選択できる環境を整備することが重要な課題」になっていると指摘されている。もともと子育て支援を中心に検討されてきたワーク・ライフ・バランスの問題は，育児支援の問題を超えて，働く者の仕事と「生活」の問題へと展開してきたといえる。こうした問題意識の多様化の中で，「ワークライフバランスに一律の定義はない」（『Business Labor Trend』2006年1月号，2頁）といわれるようになっているのである。

　もちろんわが国での論議は，世界的な動きに規定されている。ワーク・ライフ・バランスという問題は，もともと育児支援を中心にファミリー・フレンドリーとして取り上げられてきたが，いまや「仕事と生活の調和」を基軸とする新しい働き方として議論されてきている。けれどもその具体的なあり方は，国によって異なっているのであり，第Ⅰ部の本章以降では主要3国（英・米・独）での取組みを明らかにすることを課題にしている。

　本章では，ワーク・ライフ・バランスの世界的な動向を概観し，ワーク・ライフ・バランス問題での企業の役割，さらにワーク・ライフ・バランスの経営学的研究の方法について検討し，先進国での動向を考える視点について模索することにしたい。

2　いま，なぜワーク・ライフ・バランスなのか

1　少子高齢化の進展

　すでにみたようにワーク・ライフ・バランスが注目されるようになったのは，**出生率**の低下であった。わが国では1975年に長期的に人口を維持できる水準である2.07を割り込み，2003年には1.30にまで低下した。世界的にも少子化は重大な問題となっており，2003年にはアメリカで2.04となっているものの，

出生率：一定の人口に対する出生者の比率を表しており，一般に人口1000人に対する出生者の数を表す。

ドイツ 1.34, イタリア 1.29, オランダ 1.75, イギリス 1.71 とヨーロッパ諸国では軒並み 2.00 を下回っている。少子化とともに人口の高齢化が進み, わが国では 2005 年に総人口に占める 65 歳以上の高齢者の割合は, 20.1% に達している。高齢者の割合は, イタリアで 19.5%, イギリスで 16% となっており, 先進国全体でも 15.3% になっている（ニッセイ基礎研究所『経済調査レポート, 国際比較で見る所得格差と高齢化の動向』No.2007-03）。

　少子高齢化の進展は, 生産年齢人口の大幅な減少を伴っている。例えば, わが国の生産年齢人口は, 2000 年の 8600 万人から 2050 年には 5400 万人に減少すると予測されており, わが国以上の減少が見込まれるイタリアをはじめ, イギリスやフランス, ドイツなどでも 2000 年の水準を大きく下回るとみられている（国土交通省〔2002〕『平成 14 年版　国土交通白書』）。このような生産年齢人口の減少により,「社会の活力を維持し, 今後も持続的な経済発展を実現していく」（厚生労働省〔2007〕『平成 19 年版　労働経済の分析』http://www.mhlw.go.jp/wp/hakusyo/roudou/07/index.html　172 頁　2009 年 1 月 10 日アクセス）ことが困難になる。

　なかでも重要になるのが, 資格や技能の高い労働者の不足である。ゲルラッハ（Irene Gerlach）らによれば, グローバルな競争の激化により, 製品ライフサイクルの短期化が進み, 技術革新に対する圧力が高まるという。とりわけ情報技術の進展がこのような傾向に拍車をかけている。こうした中で従業員の能力が**競争優位**の決定的な要因になっているのである（Irene Gerlach, Helmut Schneider, David Juncke〔2007〕"Betriebliche Familienpolitik in auditierten Unternehmen und Institutionen," *Forschungszentrum Familienbewusste Personalpolitik Arbeitspapier* Nr.3, S.6)。

　たしかに少子高齢化の進展は, 人口の減少など深刻な問題をもたらしているとはいえ, ワーク・ライフ・バランスという議論の契機となったのは, 少子高齢化に伴う労働力不足, とりわけ労働力不足による経済活力の低下であったと考えられる。

競争優位：競争において, 競争相手に対し市場での優位なポジションを占めること。

2　家族構造の変化

　このような少子高齢化の原因として注目されたのが，家族構造の変化であった。ロスト（Rost, H.）によれば，ドイツでは教育・訓練の期間が長期化するとともに，昇進の時期が遅くなっているために，晩婚化が進んでいるというのである。しかも晩婚化とともに世帯当たりの子どもの人数も減少し，いまや1960年以降に生まれた女性の3分の1に子どもがいないという状況になっている。

　もちろん出生率の低下には，晩婚化とともに，ライフスタイルの多様化が大きな影響を及ぼしている。例えば，未婚者の比率の高まり，さらにシングルマザーの増加などを指摘することができる（この点については Harald Rost〔2004〕 *Work-Life-Balance: Neue Aufgaben für eine zukunftsorientierte Personalpolitik*, Verlag Barbara Budrich 参照）。こうしたライフスタイルの多様化は，女性の職場進出と密接に結びついていると考えられる。

　バイテン（Beiten, M.）は，子育て支援といったファミリー・フレンドリー施策の規定要因として，女性の職場進出に伴う性別役割分業の変化，さらに就労意識の転換を挙げている（Maria Beiten〔2006〕 *Familienfreundliche Maßnahmen in Unternehmen*, 2. Auflage, Rainer Hampp Verlag, S.18 ff）。ドイツなどでは1970年代以降，女性の職場進出が進み，これまで男性が家計の担い手となり，女性が家事や育児を主に担当するという性別役割分業は大きく変化することになった。また女性の教育水準も高まり，職場進出とともに，就労意識や昇進に対する考え方も変わってきた。

　実際，現在の仕事を続けるために，結婚や子どもをあきらめたり，出産後すぐに，あるいは少し休んだだけで仕事を続ける女性も増えているといわれている。ワーク・ライフ・バランスという問題は，少子高齢化の進展に伴う労働力不足という，いわば需要側の問題だけでなく，家族構造や女性の就労意識などの変化からも問われているのである。

3　ファミリー・フレンドリーからワーク・ライフ・バランスへ

　これまでみてきたようにワーク・ライフ・バランスは，少子高齢化の進展に

伴う労働力不足，とりわけグローバル化の中で競争優位を保証するための資格や技能の高い労働者の確保という問題を契機に論議されるようになった。そしてその原因として，家族構造の変化，とりわけ女性の就労意識の変化といった問題が注目されたのである。

　職場や企業では，このような社会・経済状況の変化に対応することが求められる。その具体的なあり方は，この第Ⅰ部で扱われることになるが，大きく2つの方向に分類することができる。一般にヨーロッパではワーク・ライフ・バランスは，少子高齢化の進展や女性の社会進出を背景に，政府や地方自治体による育児や介護支援の一環として進められているところに特徴がある。その意味でヨーロッパでは，「ファミリー・フレンドリー」という施策を中心に進められているといえる。

　これに対しアメリカでは，これまで企業での育児支援などの施策が従業員の定着を促進し，働くものの意欲を向上させ，「生産性の向上」につながるという視点から，企業での託児所の設置といった「ファミリー・フレンドリー」な施策が進められてきたのである*。最近では，育児にかかわらない従業員にも対象を広げ，性別や年齢に関係なくすべての従業員を対象に，仕事と生活とのバランスを調整するワーク・ライフ・バランスへと発展してきた。

> ＊　ワーク・ライフ・バランスの経営学的な研究を考える場合，従業員のモチベーションという視点からこの問題を扱った渡辺峻の研究が注目される（渡辺峻〔2009〕『ワーク・ライフ・バランスの経営学』中央経済社）。もっとも渡辺は，この研究に経営学の批判的な研究へのアイロニーを込められていることを看過してはならないだろう。

　いまやワーク・ライフ・バランスは，育児支援などを超えて，すべての従業員を対象に仕事と生活のバランスを調整する取組みとして進められているものの，その基軸をなしているのは，「ファミリー・フレンドリー」などの働く女性に対する施策であると考えられる。そこで次にアイヒホルスト（Eichhorst W.）らの研究をもとに働く女性の就労実態についてみることにしよう（Werner Eichhorst, Lutz C. Kaiser, Eric Thode, Verena Tobsch〔2008〕*Vereinbarkeit von Familie und Beruf im internationalen Vergleich*, Verlag Bertelsmann Stiftung, 2. Auflage）。

3　女性の就労実態

　第二次世界大戦後，女性の就業をめぐる社会的な意識の変化，**核家族**化の進展，さらに家事負担の軽減などを背景に，女性の社会進出が進んだ。2005 年にはノルウェーで女性の就業率が 72% に達したのをはじめ，スウェーデン，デンマーク，そしてスイスでも 70% を上回るにいたっている。いまや女性の就労が，社会的な趨勢になってきているといえる。

　こうした女性の職場進出に大きな影響を与えているのが，パートタイマーという働き方であろう。**図 2-1** は，働く女性に占めるパートタイマーの割合をみたものである。オランダではパートの割合が 60% を超えており，パートという働き方が主流になっているといえる。だがスイスや日本，オーストリアでは，パートの割合が 40% を超えているものの，アメリカやフィンランド，ポルトガルでは，その割合は 20% を下回っているのである。

　フルタイマーの週**実労働時間**は，ヨーロッパでは，デンマークの 40.3 時間

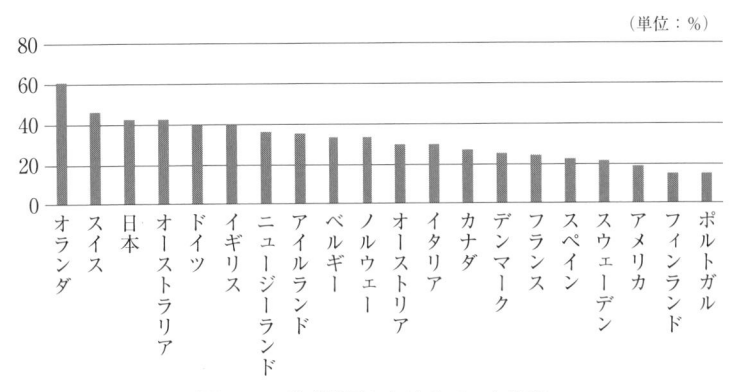

（単位：%）

図 2-1　欧米諸国におけるパート比率

（出所）　Werner Eichhorst, Lutz C. Kaiser, Eric Thode, Verena Tobsch, *Vereinbarkeit von Familie und Beruf im internationalen Vergleich*, Verlag Bertelsmann Stiftung, 2. Auflage, 2008, S.20.

核家族：一般に夫婦と未婚の子どもで構成される家族の一形態。

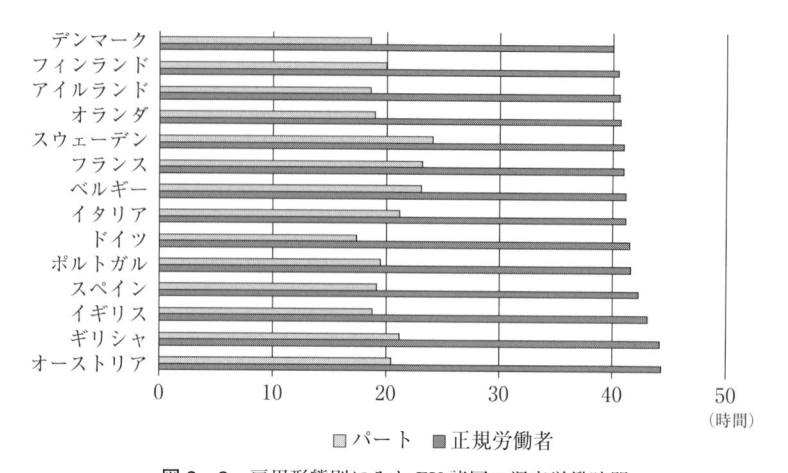

図2-2 雇用形態別にみた EU 諸国の週実労働時間

（出所） Werner Eichhorst, Lutz C. Kaiser, Eric Thode, *a.a.O.*, S.22.

からオーストリアの 44.3 時間に分布しているのに対し，パートタイマーでは，ドイツの 17.4 時間からスウェーデンの 24.1 時間となっている（**図2-2**）。ヨーロッパでは労働時間に，フルタイムとパートでは大きな格差があることがわかる。

　そこで次に雇用形態別に男女の働き方の違いをみてみよう。一般にパートや契約社員などフルタイム以外の働き方を**非典型雇用**と呼ばれるが，近年ヨーロッパでも，このような非典型雇用という形態で働く者が増えている。**図2-3**は，年齢階級別，男女別に非典型雇用，すなわちフレキシブルな働き方をする者の割合をみたものである。20 代前半までは男女ともにパートや契約社員といった働き方が多くなっている。

　男性の場合，25〜29 歳から非典型雇用の割合は 30% を下回り，55〜59 歳までその水準に留まっている。アイヒホルストらは 29 歳までに非正規雇用の比率が低下する理由として，採用の際に試用目的やオリエンテーションの段階として，パートや契約といった形態が取られており，25〜29 歳ころまでには正

実労働時間：労働者が使用者の指揮命令のもとにある時間を労働時間というが，このうち待ち時間などを除いた実際に働いている時間を実労働時間という。
非典型雇用：長期安定的な雇用関係に対する概念であり，一般にパートや派遣などを意味している。

男性
(%)

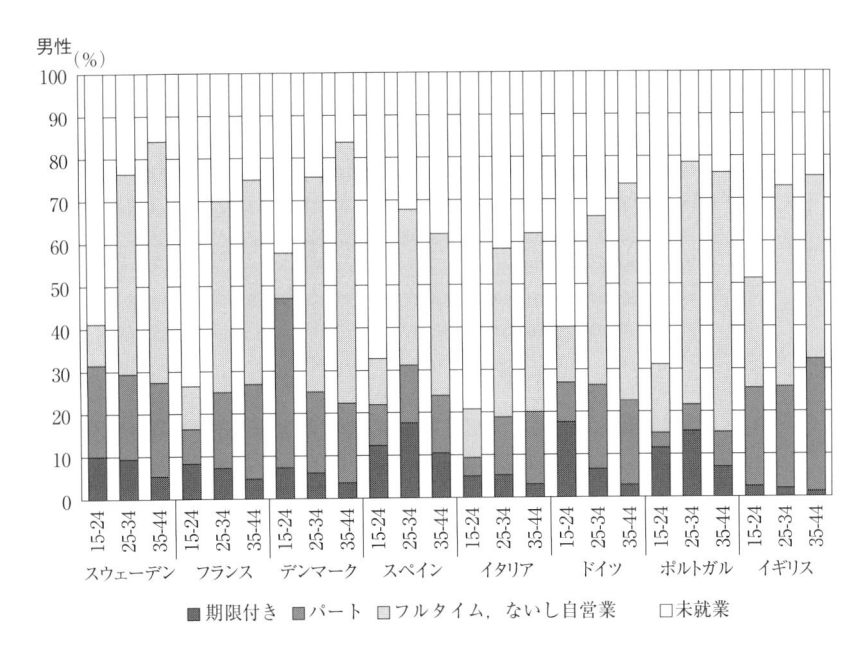

■期限付き　■パート　□フルタイム，ないし自営業　□未就業

女性
(%)

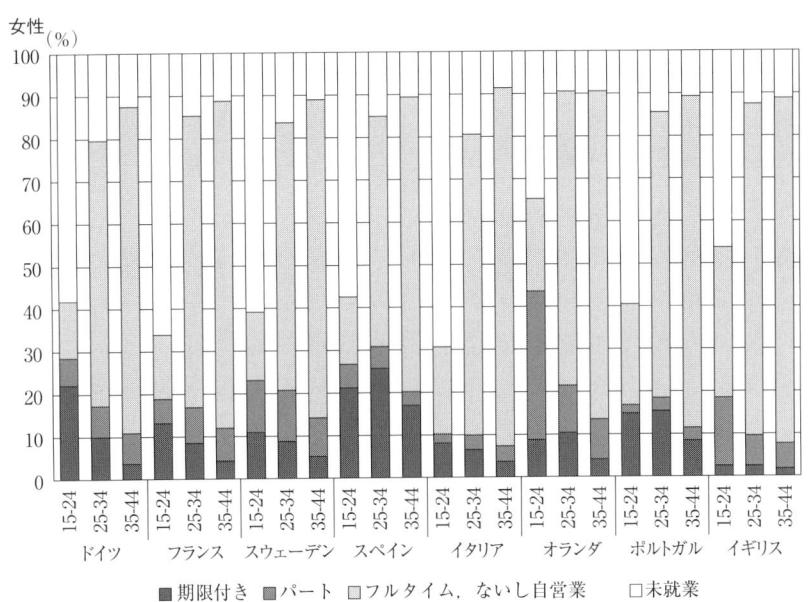

■期限付き　■パート　□フルタイム，ないし自営業　□未就業

図2-3　男女別，年齢階級別就労状況

（出所）　Werner Eichhorst, Lutz C. Kaiser, Eric Thode, Verena Tobsch, *a.a.O.*, S.31 f.

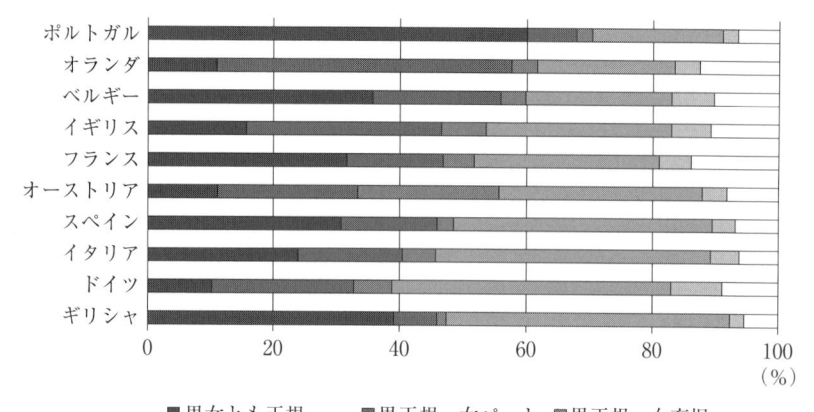

図2-4 5歳未満の子どもをもつ家族の就業形態

(出所) Werner Eichhorst, Lutz C. Kaiser, Eric Thode, Verena Tobsch, *a.a.O.,* S.35.

規従業員に移行するものとみている。女性についても，25～29歳になると非正規雇用の割合は低下しており，男性と同じように女性の場合にもこの年齢になると基本的な働き方が決められるとみられている。だが女性の場合，男性とは対照的に30歳以降も非正規の比率は高い水準にとどまっている。アイヒホルストらによれば，特にオランダやドイツなどでは，保育園などの施設が十分ではないために，多くの女性がフルタイムからパートに転換していることによるものとしている（Eichhorst u.a., *a.a.O.,* S.28 f）。

　次に家族状況ごとに女性の就業についてみることにしよう。夫などのパートナーがいる場合，ポルトガル，オランダ，ベルギー，フランス，オーストリア，さらにイギリスでは5歳以下の子どものいる女性の50％以上が働いているのに対し，ドイツやイタリアではその割合は50％を下回っている。**図2-4**は，5歳以下の子どものいる女性の就業状況についてみたものである。アイヒホルストらはこうしたパートナーの就労状況から，ギリシャ，スペイン，イタリア，さらにドイツでは，依然として世帯主モデル（Ein-Verdiener-Modell）が支配的であるとしている（Eichhorst, *a.a.O.,* S.34）。

　さらに5歳以下の子どもがいるシングルマザーの就業状況をみると，イタリア，ギリシャ，スペイン，オーストリア，ドイツ，そしてイギリスで就労して

いない女性の比率が50%を超えており，しかもスペインやオーストリア，ドイツ，イギリスでは正規で働く女性の比率が20%を下回っているのである。ドイツやオーストリアではシングルマザーの就業比率が減少しているものの，ギリシャやベルギー，イタリアでフルタイムの比率が，またスペインやオランダではパートの比率が増えている。全体としてみると，働くシングルマザーの割合が増えているといえる。

アイヒホルストらによれば，ヨーロッパでは小さな子どものいる女性の多くは，働くことを希望しており，その際，特にフルタイムや長時間のパートを希望しているという。だが「子どもをもつ両親の約半数が，母親がフルタイム，あるいはパートで働くことを望んでいるが，それを実現できたのはわずか3分の1にすぎない」(Eichhorst, *a.a.O.*, S.39) というのが現実である。その意味で女性の就業を規定しているのは，労働市場の状況であるといえる。いずれにせよ，ヨーロッパでは世帯主モデルは徐々に解体に向かっているとみられているのである。

4　ワーク・ライフ・バランスの国際的動向

1　政府の子育て支援

これまで検討してきたようにワーク・ライフ・バランスなる問題は，少子高齢化の進展に伴う労働力不足といった，いわば社会，労働政策的な問題意識から提起されてきたといえるだろう。そこで次に各国政府のワーク・ライフ・バランスに対する取組み，とりわけ子育て支援の問題をみておくことにしよう。ワーク・ライフ・バランスについての企業での取組みは，政府の政策に規定されると考えられるからである。

あえてワーク・ライフ・バランスと規定しなくても，政府による子育て支援は，古くから行われてきた。その内容は，アイヒホルストらによれば，資金面でのサービス，物的なサービス，そして税制面での優遇措置などに分けられる。図2-5は，国民総生産に占める子育て支援に対する政府の支出比率についてみたものである。この図からアメリカを除いてアングロサクソンの国々では，

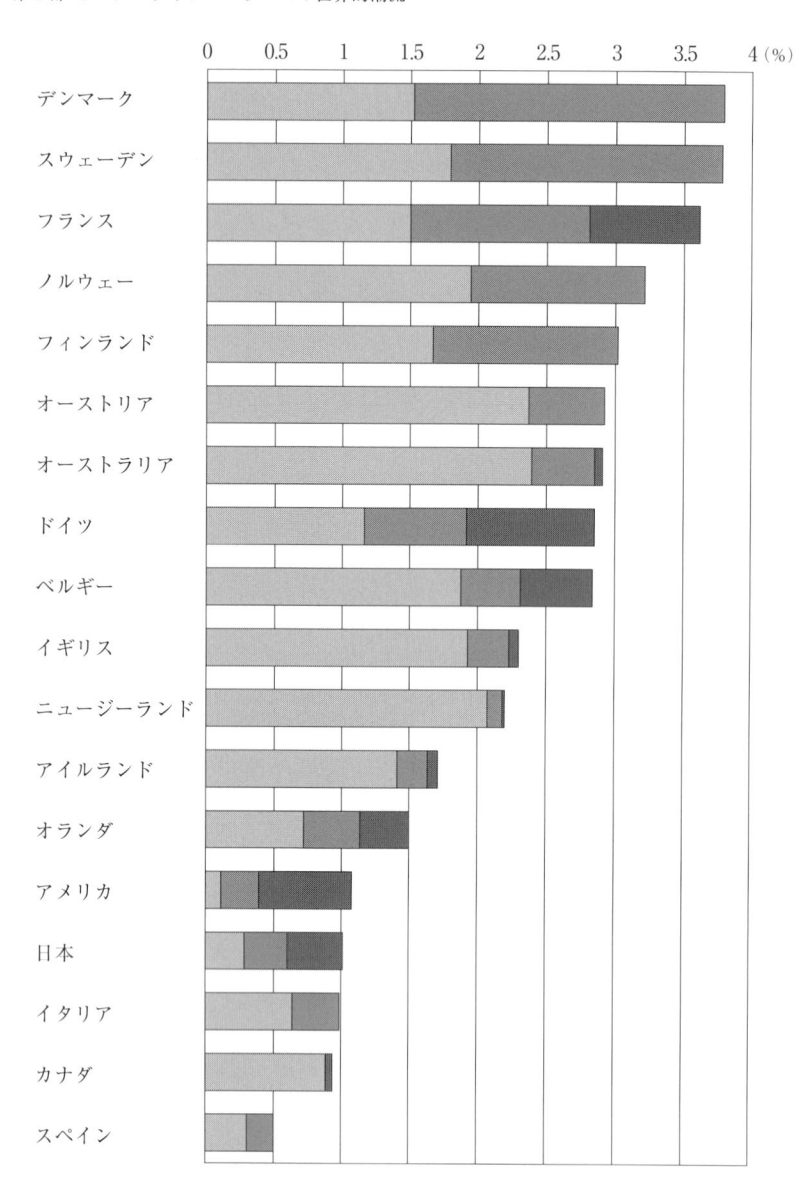

図 2 - 5 子育て支援に対する政府の支出比率

（出所） Werner Eichhorst, Lutz C. Kaiser, Eric Thode, Verena Tobsch, *a.a.O.*, S.56.

金銭面での援助が重視されているのに対し，ドイツやフランス，アメリカでは税制面での優遇が中心となっていることがわかる。それに対しスカンジナビアの国々では，保育園などへの公的支援が重視されているのである。

　税制面では，課税単位の変更などにより税負担のあり方が問われている。これに対し資金面での援助の中心になっているのが，児童手当である。表2-1は，ヨーロッパ各国の児童手当の規定についてみたものであるが，ヨーロッパでは世帯収入や児童の人数によって児童手当の額が異なるようになっている。こうした資金面での支援とともに政府から取り組まれているのが，両親休業制である。この休業期間は，スウェーデンやドイツの 14 週間からイタリアの 22 週間までとなっているものの，両親が若い場合，自らのキャリアに影響があるためにあまり長い間休暇を取ろうとしないといわれている。

　このように政府の子育て支援は，課税面での優遇措置から育児休業にまで及んでいるが，ワーク・ライフ・バランスの基本的な前提となるのが，幼稚園や保育所など保育施設の問題である。もちろんその場合，**待機児童**などの問題が考慮されなければならないであろう。表2-2は，ヨーロッパにおける保育施設の実態をみたものである。子どもが 3 歳までの場合，デンマークでは児童の55% が保育施設に入れるのに対し，イギリスやアイルランド，オランダでは，わずか 2% しか保育施設に入所できないことになる。

　だが，子どもが 4 歳以上になると，大半の児童が保育施設に入れるようになり，3 歳以下では保育施設への入所の可能性がほとんどなかったイギリスやアイルランドなどでは，すべての児童が保育施設に入れるようになる。しかし，保育施設の充実とともに重要になるのが，幼稚園や保育園の保育時間であろう。デンマークやスウェーデン，フィンランドなどをのぞいて，ヨーロッパでは半日保育という国が多くなっている。このことは，女性が正規として働くためには，二重保育にならざるをえないことを意味している。

　もちろん二重保育という問題は，小学校入学後も軽視できない。その意味では，小学校での授業時間と，その後の学童保育が問題になるのである。ヨー

待機児童：保育所など保育施設に申請を行っているものの，入所できずに待機している児童のこと。

表2-1 EU諸国の児童手当

	年齢制限	手当の額（家族，所得，年齢別の違い）
ドイツ	18歳 失業時，21歳まで，職業訓練を受けている場合，27歳まで受給。障がい者の場合，制限なし	3人まで154ユーロ，4人目から179ユーロ 年齢や所得による制限はない
フランス	20歳 子どもの所得が最低賃金の55%を上回らない場合に限る	1人 なし／2人 117.14ユーロ／3人 267.21ユーロ／4人 417.29ユーロ／5人 567.37ユーロ／6人 717.45ユーロ／7人目以降，1人ごと150.08ユーロ
イギリス	16歳 職業訓練を受けている場合，19歳まで受給	第一子 107ユーロ／2人目以降 72ユーロ控除対象／家族控除 66ユーロ／児童控除 66ユーロ／子ども控除 205ユーロ／障害者 277ユーロ／重度障害 112ユーロ
スペイン	18歳 障がい者の場合，制限なし	18歳以下，24.25ユーロ（障害者の場合，48.47ユーロの加算）
イタリア	18歳 障がい者の場合，制限なし	所得制限（4万7065.41ユーロの上限）と子どもの人数による加算。例えば，4人家族の場合，12,229.35ユーロまで250.48ユーロ，29,647.94ユーロから4万2549.63ユーロまで38.73ユーロ
デンマーク	18歳	0-3歳 152ユーロ／3-7歳 138ユーロ／7-18歳 108ユーロ 月当たりでは，所得による支給額に差はない例外とし，年金生活者（手当）
オランダ	17歳	1995年1月1日以降に誕生の者について，0-5歳 59.29ユーロ／6-11歳 72ユーロ／12-17歳 84.71ユーロ（以前は，子どもの人数に応じて手当が異なっていた） 障害者や家庭以外での訓練の場合，二重の手当ての可能性
オーストリア	18歳 職業訓練の場合，26歳まで。失業者では21歳まで受給。就労できない場合，無制限	0-2歳 105.4ユーロ／3-9歳 112.7ユーロ／10-18歳 130.9ユーロ／19歳以上 152.7ユーロ 子ども2人の場合，12.8ユーロ加算，3歳児から25.5ユーロ，障害者の場合，138.2ユーロ，所得4万5000ユーロ以下で，子どもが3歳以下の場合，36.4ユーロ
スイス	16歳 職業訓練の場合，25歳。病気・障がい者の場合，18-25歳（州により異なる）	99-221ユーロ 州，住居，子どもの数で異なる。4つの州では年齢によるランク付け

（出所）Werner Eichhorst, Lutz C. Kaiser, Eric Thode, Verena Tobsch, *a.a.O.*, S.97.

表 2 - 2　欧州諸国の保育制度

	0-3 歳			4 歳から小学校入学まで		
	充足率 (%)	税負担の 割合(%)	開園時間	充足率 (%)	税負担の 割合(%)	開園時間
デンマーク	55	75	10.5	90	75	10.5
スウェーデン	40	85	11	72	85	11
フランス	39	78	10	87	100	8
ベルギー	30	83	9	99	100	7
フィンランド	23	85	10	42	85	10
ドイツ	9	82	10	73	82	6
ポルトガル	12	80	7	72	100	5
オーストリア	10	82	7	70	82	6
イタリア	6	80	10	87	91	8
ギリシャ	3	80	9	48	100	4
スペイン	5	80	5	77	100	5
アイルランド	2	100	9	50	100	4
オランダ	2	65	10	66	100	7
イギリス	2	94	8	60	100	5

（出所）　Werner Eichhorst, Lutz C. Kaiser, Eric Thode, Verena Tobsch, *a.a.O.*, S.35.

ロッパでは授業時間は，ドイツやフィンランドを除き，比較的長いものの，学童保育については充実しているとはいえないように思われる（**表2 - 3**）。いずれにせよ，これまでみてきた政府の子育て支援のあり方が，企業におけるワーク・ライフ・バランスの前提となるのである。

2　ワーク・ライフ・バランスと企業

　ワーク・ライフ・バランスという議論では，「企業の役割がその本質的な要素」（Eichhorst, W. u.a., *a.a.O.*, S.95）とみられるようになっている。それは，企業でのファミリー・フレンドリーな働き方により，女性の就労を促すのに役立つと考えられるからである。もちろん企業でのファミリー・フレンドリー施策は，子育て支援などの国家の社会・労働政策と密接にかかわっているのであり，企業での取組みは，近年進められてきた新自由主義的な改革と密接にかかわっているとみることができる。

　たしかにアメリカに象徴されるように，企業での取組みは，労働力の確保や移動の防止などに寄与するとしても，ヨーロッパでは，アイヒホルストらの指

表2-3 欧米諸国における授業時間

	授業時間	昼食	学童保育の比率（％）
ベルギー	8：30-16：00	多くの場合提供	33 のワロン地域と 15 のフランドル
フランス	8：30-16：30	提供	0.2
イギリス	8：00-16：00	提供	
ポルトガル	9：00-15/16：00	提供	
スペイン	9：00-12：00 15：00-17：00	増加中	35
カナダ	8：30-15：30	取ることも可能	
デンマーク	7：00-15：00	提供	81
アメリカ	8：30-15：00	取ることも可能	
アイルランド	大体9：00-15：00	監視のもとでのみ可能	8
オランダ	8：30-14：00	提供	7
フィンランド	8：00-13：00	提供	10
ドイツ	7：30-12：30 （年齢により異なる）	ほとんどなし	13
スウェーデン	変動的	必要な場合	36
オーストリア	変動的		9.6

（出所）　Werner Eichhorst, Lutz C. Kaiser, Eric Thode, Verena Tobsch, *a.a.O.*, S.56.

摘するように，政府の子育て支援に代わるものではなく，それを補完するものと位置づけられるのである。そのため企業での取組みは，近年深刻な問題となった政府の財政破綻と，それを契機とする新自由主義的な改革に規定されているといってよいだろう。女性の就労を促進するには，たしかに企業での取組みが不可欠であるとはいえ，政府の財政問題を看過できないように思われる。その意味でワーク・ライフ・バランスなる問題は，国家の社会・経済政策の一環として問われているといえるだろう。

　もちろん経済状況や政府の規制に規定されているとはいえ，企業は自主的な経済単位であり，ワーク・ライフ・バランスにいかに取り組むかは企業の自発性に委ねられるのである。企業における子育て支援は，実証的な研究でも明らかにされているように，企業には多大なコスト負担をまねくことになる。そのため企業での子育て支援が，負担を上回るような効果を上げられるかどうかと

表2-4　企業の取組み

労働時間の弾力化	休暇の規定
・パートタイム ・ワーク・シェアリング ・テレワーク ・労働時間口座 ・フレックスタイム	・法定を超える休業規定 ・有給・無給の規定 ・妊産婦保護，教育休業，家族のための休業，キャリアの中断（サバティカル）
子ども育児	その他の支援策
・事業所独自の施設，企業との協約による（有利な，無料の）育児 ・金銭面での支援（チケット） ・育児施設の情報と斡旋などの支援	・問題に対する管理者の意識向上 ・生活の全領域でのアドバイスと支援 ・育児中のコンタクト ・金銭面での追加的な支援

（出所）　Werner Eichhorst, Lutz C. Kaiser, Eric Thode, Verena Tobsch, *a.a.O.*, S.97.

いう研究が進められている。いずれにせよ，ワーク・ライフ・バランスという要請のもとで，企業は独自の観点から様々な取組みを進めているのである。

表2-4は，ワーク・ライフ・バランスという社会的な要請が高まる中で，企業がどのような取組みを行っているかをみたものである。ワーク・ライフ・バランスに対する企業の取組みは，フレキシブルな労働時間の導入から育児への資金援助まで多岐に及んでいる。だが，ヨーロッパではそうした取組みは，あまり普及していないといわれている。例えば21カ国で活動する2万1000社を対象にしたヨーロッパ財団の調査では，経営内で子育てに対する援助を行っている企業は，調査対象の3%にすぎず，政府で行う以外に何らかの支援を行っていたのはわずか2%しかなかった。この調査によれば，このような支援を行っていたのは主に大企業であった。

たしかにオランダでは，調査対象の12%の企業に育児施設が設けられており，17%の企業でも事業所での託児所の設置以外の子育て支援を行っていた。けれども政府の子育て支援のあり方に企業の取組みが依存しているとはいえず，企業での取組みの違いは，むしろ文化的な要因によるとみられている（Eichhorst, u.a., *a.a.O.*, S.99）。

子育てに対する支援策としてヨーロッパで最も活用されているのが，パートタイムという働き方である。ヨーロッパでは3分の2の企業でパートタイム制が導入されている。もっともパートタイマーのあり方は，国によって異なって

いる。ドイツなどでは，法的にフルタイムからパートタイムに移行できるように
なっているが，実際には転換はかなり難しいといわれている。それに対し労
働時間の短縮は，ヨーロッパでは主として大企業，とりわけ労働協約の適用さ
れる企業で進められているのである。

　フレキシブルな労働時間制度も，ヨーロッパの約半数の企業で導入されてお
り，特にスカンジナビア諸国で導入が進んでいる。一般に大企業では労働協約
などに基づいて導入されているのに対し，中小企業では，協約などに基づかず
に，いわば非公式に導入されているといえる。フェルニィ（Fernie, S.）とグレ
イ（Gray, H.）によれば，これまでみてきたようなファミリー・フレンドリー
な施策は，従業員が労働組合に組織されている企業で導入されていることが多
いという。実際，ドイツでは，労働協約だけでなく，経営側と従業員代表との
経営協定をもとにフレキシブルな労働時間制度やテレワーク，さらに子育て支
援などの制度が実施されているのである。

5　ワーク・ライフ・バランスと管理問題

　これまでみてきたようにワーク・ライフ・バランスという問題は，先進国に
おける少子高齢化の進展を契機に注目されるようになった。もちろん少子化の
進展は，様々な要因が作用した結果であるとはいえ，その要因として特に女性
の就業行動が重視されてきた。ワーク・ライフ・バランスは，このような女性
の就業行動にかかわる政府の社会・労働政策として提起されてきたものだとい
える。

　けれども，国家財政の破綻や**新自由主義**的な構造改革とともに，少子化問題
に対する企業の役割が重視されるようになってきたと考えられる。実際，ヨー
ロッパでは企業でのワーク・ライフ・バランスの取組みは政府の社会・労働政
策を補完するものとみられている。しかも，社会的ミニマムを超えるような企

新自由主義：新自由主義には様々な理論が含まれているが，一般に国際競争力や経済システムを強化
　するために，企業の自由な競争や価格メカニズムを重視する思想とその政策をいう。

業での取組みについては，すでにみたように労働協約や従業員側の合意に基づ
いて行われているのである。

　それに対しアメリカでは，ワーク・ライフ・バランスは管理目的から行われ
ていると指摘されている。次に，ジョージア技術研究所の研究(Human Resources
Dept Dr. Parsons, Georgia Institute of Technology〔2002〕Work-Life Balance... ;
A Case of Social Responsibility or Competitive Advantage ?　http : //www.worklife-
balance.com/assets/pdfs/case-study. pdf　2009年1月12日アクセス，以下の叙述は
この研究に基づいている）をもとに，企業における具体的な取組みの違いをみ
ることにしたい。

　ジョージア技術研究所の研究によれば，ワーク・ライフ・バランスという問
題は，アメリカでも近年一般に知られるようになり，様々な取組みが行われて
いる。その具体的な例として，フレックス・タイムや育児休業，ワーク・シェ
アリングなどを指摘できる。もちろん，こうした取組みの多くは，ヨーロッパ
でも進められているのである。

　なかでも，近年，アメリカやヨーロッパで注目されるようになっているのが，
父親休業（Paternity Leave）であるといえる。たしかにデンマークでは，20年
以上も前から父親にも育児休業が認められており，2000年からは新しいルー
ルのもとで，子どもが3歳になるまで通常の給与の30%を支給されながら全
体で10カ月間の休暇を取れるようになっている。それに対しイギリスでは，
これまで父親の育児休業は認められていなかった。ヨーロッパでも状況は異
なっていたが，EU指令により父親に対しても2週間の有給の育児休業が認め
られることになったのである。

　アメリカでは，家族医療休業法（Family and Medical Leave Act）の制定ととも
もに，これまでワーキング・マザーの保護のために規定されていた権利が拡張
され，いまやトータルで12週間までの休業が認められている。だが，アメリ
カ企業の約19%が法律の定める基準を上回る休業を定めているというのであ
る。このようにワーク・ライフ・バランスという取組みは，国家の施策に規定
されているとはいえ，企業が独自に法律の基準を超える取組みを行っている。

　ここ数年，ワーク・ライフ・バランスの取組みとしてEUで注目されている

のが，保育園や子ども手当に象徴されるチャイルドケア（Childcare）という問題である。こうした関心は，労働市場における男女の均等な機会を促進することから生まれたといわれている。その際問題になるのが，育児支援のためのコストである。イギリスでは，そうしたコストの75%を両親が負担しているものの，EU全体では，両親が負担しているのはそうしたコストの25%となっている。こうしたコスト負担が，女性の仕事への復帰を妨げているというのである。

いずれにせよEUでは，育児支援の問題は，国家の政策として推し進められている。それに対しアメリカでは，62.8%の世帯が両親ともに働きに出ていることから，多くの企業が企業内保育所の設置や助成金の支給といった育児支援を行っているのである。もちろんこうした制度については，税制面での優遇などの政府からの援助が行われているものの，アメリカではワーク・ライフ・バランスは，基本的に企業の自発性に基づいて行われているといえる。

EUとアメリカとではワーク・ライフ・バランスに対する取組みは異なっており，ジョージア技術研究所によれば，こうした違いは，様々なプログラムの目的についての基本的な考え方から生じているというのである。つまりアメリカでは行政がワーク・ライフ・バランスというプログラムにはあまり関与しておらず，そのため企業にとってワーク・ライフ・バランスは「企業が最も優れた人材（the best candidates）を採用し，企業に対する忠誠心を高揚できるような競争上のメリットを与える」（Georgia Institute of Technology, op.cit., p.11）ものである。これに対しEUでは，一般に雇用に対し厳しい規制が行われており，そのためワーク・ライフ・バランスは，企業には「**社会的責任**（social responsibility）」であるとみられている。

たしかに「アメリカの企業は，ワーク・ライフ・バランスのメリットに注目し，EUでは，ワーク・ライフ・バランスをより広範な労働政策の一部とみている」（Ibid., p.14）としても，政府の基準を超える子育て支援などの取組みは，

（企業の）社会的責任：企業が経済的存在だけでなく，社会的な存在であるという認識に基づき，企業に求められる責任，近年では企業の戦略としても認識されている。

EU の企業でも優れた人材の確保や生産性の向上などに役立つとみられている
のである。このようなワーク・ライフ・バランスの取組みを経営学として検討
する場合の枠組みを，ドイツの経営社会政策を参考にみておくことにしたい。

　これまでドイツでは，働く者に対する福利・厚生といった施策は社会政策と
把握されてきた。ドイツにおける**経営社会学**の代表的な論者の一人であるゲッ
ク（Geck, L. H. A.）は，経営で行われる社会政策を，その担い手に着目して，
経営者が自律的に行う自律的経営社会政策と，政府などの経営外の社会構成体
が経営を通して行う他律的経営社会政策に区分した。シュヴェンガー（Schwen-
ger, R.）は，経営社会政策を「経営から提起されるすべての施策，ならびに社
会構成体としての経営に向けられるすべての方策の総称」（Schwenger, R.
〔1932〕*Die betrieblichen Sozialpolitik im Rhrkohlenbergbau*, S.5-6）と把握した。

　シュヴェンガーは，ゲックのいう自律的社会政策を経営生産との関連で実施
される経営内社会政策と，労働過程から離れた人間や，その家族をも対象とす
る経営外の社会政策に大別した。経営内社会政策は，ゲックのいう技術・経済
的経営目的の追求を行う社会的経営政策に対応し，経営外の社会政策は社会目
的を課題とする経営的社会政策に当てはまると考えられる。

　これまでみてきたように，ワーク・ライフ・バランスは政府の社会政策的な
課題を果たすために問題にされてきたのであり，財政問題などを背景に企業経
営において問題にされてきたといえる。その意味では経営社会政策論でいう他
律的経営社会政策に位置づけることができる。それに対し政府の政策的な介入
の少ないアメリカでは，政府の政策と密接に結びついているとしても，企業の目
的に寄与する施策として展開している。

　藻利重隆は，「経営の自律的政策は，それが端的に経営目的との関連におい
て理解された場合にのみ，はじめて発展的で」あり，「経営的社会政策は，経
営的見地の反省と自覚とを媒介として，やがて経営政策へと転化するべき運命
をになっていたものと解することが出来る」（藻利〔1976〕『労務管理の経営学

経営社会学：社会学の方法や概念を用い，経営の問題，とりわけ人間問題や社会的関係を研究する経
　営学の領域。

▶▶ *Column* ◀◀

中国のワーク・ライフ・バランス

　2013年，香港理工大学広報部の黎明輝さんがキャンパス内で自殺した。彼の遺書には，「私が死ぬことで，雇主が従業員のワーク・ライフ・バランスの重要性に気づくことを望んでいる」と書かれていた。中国では，従業員の自殺と聞くと，すぐにファーウェイ（華為）という会社を思い浮かべる。実際，ファーウェイでは，従業員の自殺が絶えず，しかもうつ病や不安障害の従業員が増えている。今日，中国では，従業員の労働時間は一般的に長く，家族との時間は減り，仕事のストレスが高まっている。仕事は物質的な生活の源ではあるが，このような働き方は個人の生活や家庭に様々な影響を与えている。またその一方で，家庭生活もキャリアに影響を及ぼすようになっている。

　中国政府は，1979年に一人っ子政策を実施し，そのため中国の家族構成は，祖父母4人，両親2人，子ども1人という「4-2-1」という構造になった。このような家庭構成のもとで，ほとんどの家事や孫の世話が祖父母たちによって担われるようになり，子どもたちのご飯の準備や洗濯など，両親が抱えていた家事ストレスも分担されるようになった。著者も「一人っ子」として祖父母に面倒を見てもらった。幼少時の印象としては，自分の両親だけでなく，友だちの両親も仕事から帰宅後，家事をすることはなかったし，一般に，家庭事由での退職も稀であった。

　多くの人は，中国は社会主義国家であり，男女平等になったと思っているかもしれない。だが2015年，中国政府は「二人っ子」政策に転換し，35年間続いてきた「一人っ子」政策に終わりを告げた。そのため，近年の中国女性は第二子出産後，離職することが多くなった。また一方では，仕事やキャリア形成により結婚や出産，あるいは恋愛すらできなくなっている。このような厳しい職場環境は女性従業員の生活に悪影響を及ぼし，中国労働市場においては女性差別問題さえ明確になっている。一部の女性は日本と同様，育児や介護のために仕事を中断しなければならない。このような仕事と家庭の間のコンフリクトは，中国でますます一般化している。そのため，生活と仕事のバランスは近代化プロセスにおいて，労働者たちの最も重要な課題になっている。

　かくして中国では，ワーク・ライフ・バランスに対する関心が高まっている。一般に労働法は労働者の労働時間や賃金などの保護を行うものであるが，実際には，従業員の生活に積極的な支援を提供する企業は少ない。また，ワーク・ライフ・バランスに関する政策も行われていない。こうした中で，政府や企業が労働者の生活と仕事のバランスをとるためのサポートをどのように実施するのかが重要な課題になっている。

（熊　霈）

（第二増補版）』千倉書房，224 頁）としている。ワーク・ライフ・バランスという問題も，財政問題や新自由主義の影響などを媒介に，経営における管理問題に変わりつつあるように思われる。それがいかなる形態になるのかは，各国における政府や労働組合の規制などに規定されることになる。各国の動向をみていくことにしよう。

推薦図書

柴山恵美子・藤井治枝・渡辺峻編著（2000）『各国企業の働く女性たち』ミネルヴァ書房
　　各国における女性の地位と企業での働き方が紹介されている。
筒井清子・山岡熙子編（2003）『グローバル化と平等雇用』学文社
　　「女性の地位向上」という視点から，WLB にとどまらず，世界的な男女平等の問題が扱われている。
武石恵美子（2012）『国際比較の視点から日本のワーク・ライフ・バランスを考える：働き方改革の実現と政策課題』ミネルヴァ書房
　　第Ⅱ部において欧米諸国におけるワーク・ライフ・バランスの取組みが紹介されている。

設　問

1．先進国でワーク・ライフ・バランスが注目される理由を整理してみよう。
2．各国政府の政策との関連で，企業でのワーク・ライフ・バランスの取組みがどのような意味があるかを考えてみよう。

（平澤克彦）

第**3**章

アメリカのワーク・ライフ・バランスと経営
――家族医療休業法（FMLA）の視点から――

　アメリカのワーク・ライフ・バランスを考察する上で肝要なのは，社会ニーズ，政策意義，経営面での問題点と現状の把握です。本章ではワーク・ライフ・バランスの中でも家族（育児）支援に焦点を当てます。アメリカの主たる国家政策にFMLA（家族医療休業法）がありますが，詳細は日本ではあまり紹介されていません。本章では，その政策背景を考察し，実際の職場での導入と問題点を明らかにし，企業ケースを挙げてアメリカのワーク・ライフ・バランスの一考察とします。

1　アメリカのワーク・ライフ・バランス

　ワーク・ライフ・バランス（以下WLB）は現代の最重要課題の1つである。その領域は時間面，育児支援やその他の個人的支援など多岐にわたる。序章でも紹介したように，企業によるWLBはアメリカが発祥であり，1930年という早い段階でW.K.ケロッグ社（W.K. Kellogg Company）が8時間3日制に代えて「6時間4日制」シフトを導入し，従業員の士気・効率を高めたとされる（Nancy R. Lockwood〔2003〕"Work–Life Balance : Challenges and Solutions," *Research Quarterly* 2, Society for Human Resource Management, p.2）。概念の一般化については1980年代にレーガン政権下での民間主導の「**ファミリー・フレンドリー**」政策として育児支援面を中心に展開され，家庭生活面での支援がまず定着した。メディアの役割も大きく，顕著な例としては『ワーキングマザー（*Working Mother*）』誌の役割が挙げられる。同誌は1986年以来，有子就業女性の仕

ファミリー・フレンドリー：1980年代および1990年代初頭には「ファミリー・フレンドリー」というフレーズが一般的となり，現在も家族問題に特化する際には重要なフレーズとして用いられている。

事と家族支援概念に注目し,「働く母親のための優良企業」特集を組み,従業員の報酬,昇進の機会,社の柔軟性や育児支援,家族支援,企業文化,施策等の職場環境・条件に基づく100社ランキングを毎年発表している。ランクインした企業はアメリカ企業文化の象徴的役割および実質的サポート役割を担い,先進的企業として高い社会評価を受けている。

　ファミリー・フレンドリー概念は「ワーク・ファミリー（**Work / Family**）」領域に包含される。ワーク・ファミリーというフレーズは1977年発行の著書のタイトルとしてもみられ一般化した（Kanter, Rosabeth Moss〔1977〕*Work and Family in the United States : A Critical Review and Agenda for Research and Policy brought the issue*, Russell Sage Foundation）。1986年には"work-and-life balance"が,1988年には"work-life balance"というフレーズが『インダストリー・ウィーク（*Industry Week*）』誌で使われ（Tom Brown〔1988〕"The model employee," *Industry* Week, August 1 *The Word Spy*〔2002〕http://www.wordspy.com/words/work-lifebalance.asp　2009年6月9日アクセス）,以来,中立かつ包括的な"ワーク・ライフ・バランス（**work-life balance**）"というフレーズが用いられるようになった。WLBの概念には休暇,時間,感情面の至福,経済的・法的問題,転勤,健康保険,福利厚生,育児,介護,その他の個人生活の幅広い領域が含まれる。アメリカでは特に仕事と家庭の両立,（特に育児・介護面や時

ワーク・ファミリー（**Work/Family**）：1980年代の上記誌に加え,1990年代以降,他のメディアにおいても頻繁に登場するようになった。『ビジネスウィーク（*Business Week*）』誌は1993年に「ワーク&ファミリー」を特集し,1996年には「仕事と家庭の優良企業（"Best Companies for Work and Family"）」のランキングを掲載した。『フォーチュン（*Fortune*）』誌も1998年にアメリカで「働き甲斐のある優良企業100社 "The 100 Best Companies to Work for in America"」を開始している。このような一連の動向は企業アメリカのニーズ変遷を示し,1990年後半のワーク・ライフ・バランスに関する関心の高まりを示している。

ワーク・ライフ・バランス（**work-life balance**）：従業員の職業支援を1984年以来行ってきたコンサルティング会社,WFC Resources（元 Work & Family Connection）は,WLBを以下のように定義している。「ワーク・ライフは,従業員が仕事をする間,業務に集中できるよう,よりフレキシブルで,支援的な職場環境を作る目的で,イニチアチブをとる慣行のことである。それは,ライフイベントのニーズに合致したプログラムを加えたり,慣行により従業員ができる限りコントロールできるようにしたり,労使双方のニーズである両方の課題に合った戦略として,フレキシブルな職場慣行を用いたりして,文化を一層支援することも含まれる。」（Work & Family Connection http://www.workfamily.com/open/work_life_definition.asp　2006年12月1日アクセス）

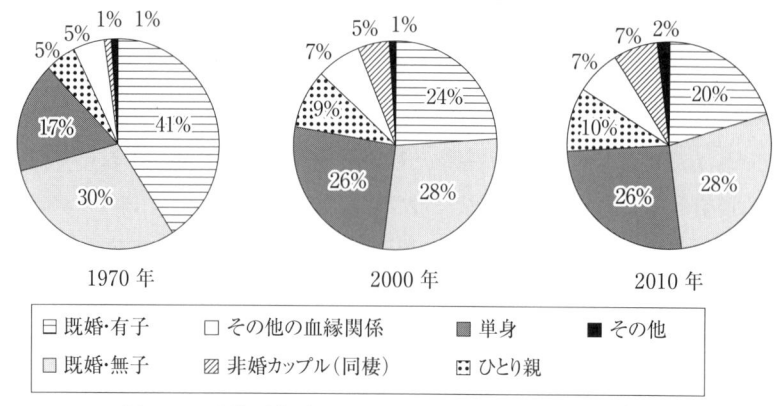

図 3-1 家族形態（1970-2010 年）「多様な家族の標準化」

（出所）　2000 Census - American Association for Single People（AASP）Report. http：//www.un-married america.org/Census%202000/households-type-trends-family%20 diversity.htm　2007 年 6 月 1 日アクセス。/2017 年 6 月 1 日アクセス　Households and Families, 2010　https：//www.census.gov/prod/cen 2010/briefs/c 2010 br-14.pdf 2017 年 6 月 1 日アクセス。

間管理）が課題となっており，フレックス制や育児支援をはじめとして様々な取組みがみられる。しかしながら，育児休業関連での制度に関しては他国に比べ進展が遅い。また，その内容は仕事と家庭の両立の中でも日本では詳細には知られていない。そこで本章では，日本の育児介護休業法に当たるアメリカの家族医療休業法（Family and Medical Leave Act：以下「FMLA」）に焦点を当てて考察し，同国の WLB と経営の問題点と課題を探る。

2　社会変化と WLB ニーズ

　WLB 概念の一般化は，家族形態および仕事形態の多様化に起因している。アメリカでは 1970 年代以降，子のいない夫婦，別居家族，単身世帯，ひとり親世帯，再婚家族など，家族形態の多様化が顕著になった（図 3-1）。例えば，シングルマザー世帯は 1970 年の 300 万から 2000 年は 757 万，2010 年には 837 万世帯へと増加し，同時期のシングルファーザー世帯も 39 万 3000 から 179 万（2000 年），そして 279 万世帯（2010 年）へと大幅に増加した（図 3-2）。家族の定義も，いわゆる夫婦と子どもたちで構成される「伝統的」世帯から多様な

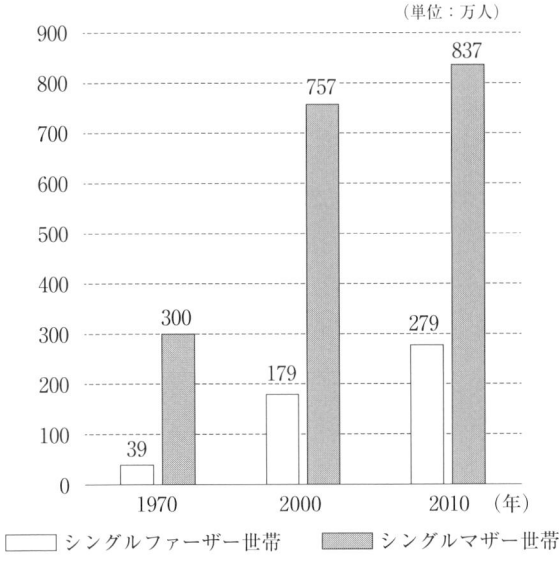

図3-2　1970年から2010年へのひとり親世帯数の変化

（出所）（Jason Fields and Lynne M. Casper〔2000〕, U.S. Department of Commerce, U.S. Census Bureau "America's Families and Living Arrangements 2000," *Current Population Reports*, June 2001, pp. 7-8. および United States Census Bureau〔2012〕"Households and Families : 2010," Table 2. Households by Type : 2000 and 2010. *2010 Census Briefs,* April 2012, p.5)。

形態へと変容し，それに伴い WLB の概念も中立的で個人ベースのものになっていった。1970 年以降，女性の社会進出が顕著になり，6 歳以下の子をもつ女性の就業率は 1975 年の 39.0% から 2000 年の 65.3% へと上昇した（その後 2015 年まで微減。）（Bureau of Labor Statistics〔2017〕"Women in the labor force : a databook," *BLS REPORTS*、April 2017, Table 7. https : //www.bls.gov/opub/reports /womens-databook/2016/home.htm 2017 年 8 月 1 日アクセス）。アメリカは「女性も働くべきか」を問う社会から「女性も男性も働く」社会へと変遷を遂げ，父親の育児関与も日本と比して高い。また，母親が就労する間の主たる保育者は他の保育者へと代替されている。就労中の主たる保育はファミリー・デイケア，一般の保育所や近親者によって担われている。ただし，国家政策としての保育政策を欠くこの国の保育料は概して高く，質の良い保育を得るための情報は少

ない。そのため保育は親たちの大きなストレス要因となっている。

　WLB は労働者にとって重要課題である。それはすなわち，経営管理上の課題でもある。経営を潤滑に行っていくためには，労働者の現状とニーズをくみ取り，効率良く働けるシステムを構築する必要があるためである。働き方は1970 年代から急速に劇的な変化を遂げてきた。グローバル化やハイテク化により，従来の仕事はより速いペースで「24/7（24 時間・7 日間）」の長時間労働となっている。米国労働省統計局によると，従業員の 24% は自宅で平均 3.2 時間，仕事（の全体または一部）を行い，複数の職を掛けもつ人も多い。単一職保有者 67% に比べ，「ダブルシフト」（あるいはトリプルシフト）での複数職の保有者（80%）は平均的な日に働いている（U.S. Department of Labor, Bureau of Labor Statistics, *American Time Use Survey*, June 24, 2016）。これは物価，保育費，教育費，および住宅費の高騰による単一収入・単一職での家計維持の不十分さの反映である。いうまでもなく，働く人々は職業生活と並行して家庭生活との調和も図る必要があり，従業員の女性 85%，男性 67% は家庭生活では平日に何らかの家事を担っている。この家庭生活従事率における男女差は男性よりも女性にパートタイム労働者が多いことによって生じている。フルタイム労働者（週労働時間が 35 時間以上）の場合，1 日の平均労働時間は男性 8.2 時間，女性 7.8 時間と大差なく，家事時間も女性 2.7 時間，男性 2.2 時間とほぼ同等である（米国労働省統計局，2016）。しかし，有子労働者になると WLB の調和要因が増し，生活費の高騰，有償労働，家事，育児間の調整を余儀なくされて非常に高いストレスを抱える。このような労働関連のストレスを考慮して企業組織側は経営管理していく必要がある。

　WLB が喫緊の課題であるとの認識の下，アメリカは民間主導で WLB を推進してきた（これについては，後述する）。しかしながら，厳しい社会変化の中で，民間主導に任せてきた政府側でも，労働者への家庭生活支援を公の議題とする傾向がみられた。2007 年には仕事と家庭の両立について初の公聴会が開かれた。第 1 回（2007 年 6 月 21 日）は下院の教育・労働委員会の労働人口保護小委員会による「仕事と家庭の両立：アメリカの家族を最も支援する政策とは？（Balancing Work and Family : What Policies Best Support American Families?)」が，また，翌年2008年6月9日には「ファミリー・フレンドリー休業政策：労働者の仕事と家庭の両立方法を改善して（Family-friendly Leave Policies：Improving How Workers Balance Work and Family）」と題した第2回公聴会が開かれた。家庭生活支援における連邦政策が限定されてきたアメリカにとって，この種の内容が公聴会で取り上げられたことは1つの重要な歴史的転換点をマークしたといえる。

3　FMLAと経営管理

1 　FMLA政策

　アメリカの支援策は政府主導で社会保障を提供する国家福祉型ではなく，市場で就労を通じて雇用主が個人へ提供する，「個人・市場型」である。このため，育児支援の連邦法は限定的であるが，主たる連邦政策として **FMLA**（家族医療休業法）がある。FMLAとは，「家族」が病気や世話を必要とする際の休暇取得を定めたものである。対象は，半径75マイル以内に50人以上の従業員を有する事業主のもとで，休業取得までの12カ月間，最低1250時間（残業を含む）の勤務経験がある従業員とされている（2008年11月より兵役や雇用主が認める適切な理由があれば断続的に12カ月となっても可となった）。休業後は同一または同等のポジションへの復帰を保障しているが，休業取得期間はわずか12

FMLA：家族医療休業法（Family and Medical Leave Act）は，1978年の妊娠差別法の通過を支持した女性と家族のための全米パートナーシップ（The National Partnership for Women and Families）という組織によって原案が作成され，通過に至った。対象となる家族とは，親（実の親，養父・養母，実親の配偶者，法律上の保護者）を指すが，従業員自身の配偶者の親（いわゆる「義理の親」）は含まない。子は18歳以下の実子，養子，里子，配偶者の子，法律上の子，または精神障がい，身体障がいにより「日常生活上」自立困難な扶養する18歳以上の子を指す。配偶者は，州法で認められている婚姻上の夫あるいは妻を指す（カリフォルニア州では配偶者とは，同性あるいは異性のパートナーも指す）。同法は，2008年1月にブッシュ大統領（当時）が調印した2008年度のFMLA修正の「国家防衛認可法（the National Defense Authorization Act for FY 2008：NDAA）で，①米軍従事者については，軍従事者が軍役にあるか，出動命令あるいは軍役命令が下された場合，「認められる事態」にある12カ月間で当該家族が12週間，雇用保障のある休暇取得が可能で，②当該家族が重症か疾病である軍従事者である家族を26週間世話することがFMLAの範疇で可能となった（http://www.dol.gov/esa/whd/fmla/finalrule.htm　2009年1月10日アクセス）。

週間で，取得中は「無給」である。このような FMLA の内容は働く親たちのニーズを反映したものとは言い難い。

　したがって，アメリカの WLB における主要課題の1つは，FMLA の運用確立と有給化である。18〜34歳の従業員の 82% は「FMLA の有給化に賛成」で，働く女性で「家族の世話をするための有給休暇は幾分および非常に重要」とする回答は 81% を占める。しかしその一方で，実際に休暇を取得したのは 42% に留まっている（National Partnership for Women and Families〔2005〕*Expecting better : A state-by-state analysis of parental leave programs*, p.10）。広大な国土を有するアメリカでは，統一政策は連邦制度によるが，実質的政策は各州により決定される。そのため，FMLA の推進状況は州ごとに異なり，有給化が実現している州もある。2017年時点では，カリフォルニア州，ニュージャージー州，ロードアイランド州の3州が有休で家族休暇と医療休暇を提供している。加えて，ニューヨーク州で 2016年に有給化法案が成立し，2018年1月1日施行で実施予定である。4州のこれらのプログラムはすべて，従業員給与の給与税によって資金が供給され，それぞれの職業不能保障制度（disability program）で管理される（http : //www.ncsl.org/research/labor-and-employment/state-family-and-medical-leave-laws.aspx　2017年6月1日アクセス）。

　初の有給化は 2002年，カリフォルニア州においてであった（2004年7月1日発効）。同州では障害保険プログラム（State Disability Insurance program : SDI）が創設され，**有給家族休業**（California's Paid Family Leave : CPFL）が保障された。これにより 12カ月中に6週間の有給休業を取得できる。運営はカリフォルニア雇用開発省（State of California Employment Development Department : EDD）が当たり，財源は保険加入者従業員の給与天引き（年間平均 27ドル）による SDI 基金で賄われる。これにより加入者の所得保障は 55% レベルで，週最低 50ドルから最高 1067ドルとなっている。また，ワシントン州は6

有給家族休業：カリフォルニア州の有給家族休業（CPFL）は「家族が病時あるいは新生児誕生時に休業する賃金保障をする」ものとする上院法案（SB 1661）を同州上院議員（民）シーラ・クェル（Sheila Kuehl）が導入し，当時の州知事グレイ・デイビス（Gray Davis）が承認して成立した。これにより同州では障害保険プログラム（State Disability Insurance program : SDI）が創設されて有給取得が保障された。

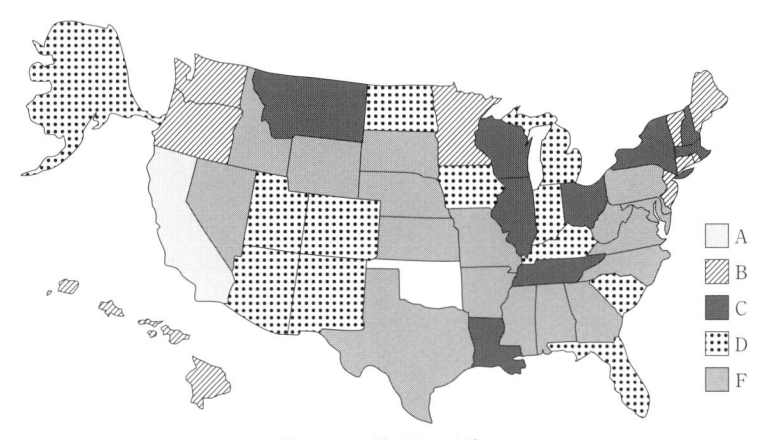

図3-3　州ごとの評価

（出所）　National Partnership for Women and Families, *Expecting better : A state-by-state analysis of parental leave programs*, 2005, p.1. http : //www.nationalpartnership.org/site/ DocServer/ParentalLeaveReportMay 05.pdf?docID=1052

表3-1　家族休暇状況評価基準

有給家族休暇・有給育児休暇	25点
有給病時休暇・産休	20点
AHIC（At-Home Infant Care）	15点
柔軟な病時休暇（家族休暇への転用）	15点
FMLAを上回る雇用保障，家族休暇：	25点
病時休暇および産休	20点
FMLAの期間延長状況，州独自の家族休暇法	10点
公務員を対称とした有給FMLA	15点
FMLAの期間延長	10点

（出所）　National Partnership for Women and Families, *op. cit.*

年間の審議を経て2007年に同法の6週間の有給化と週250ドルの賃金保障を可決したが，2009年10月に発効した後，同法は実施されず，無期限に延期されている。

　各州の休業制度の推進状況を考察する上では全米女性・家族パートナーシップ（National Partnership for Women and Families）の報告書（2005）が参考になる。同報告書では，各州のFMLAの評価が図3-3のように地図上で識別されている（2005年時点）。州ごとに異なる家族休暇の状況は表3-1にある基準（10

～25点）によりA～D（落第点F）で評価されている。この評価基準では上述の
ように，有給でFMLAを提供するカリフォルニア州が合計125点でA⁻と最も
評価が高い。次いでB⁺のランクには，ハワイ，首都ワシントン，オレゴン州
があるが，その他19州は「F」評価と芳しくない。FMLAの評価はいわば各
州の支持母体，議員勢力，有給休暇連合（Paid Family Leave Coalition）や全米
女性・家族パートナーシップ等の関連団体によるFMLA推進状況を表すもの
である。

　概して経営陣や富裕層を支持母体に多く有する共和党と，労働者層・マイノ
リティを多く有する民主党ではFMLAに対してのスタンスが異なる。例えば，
FMLA法案は1990年および1992年に共和党政権のジョージ・H.W.ブッシュ
大統領に拒否された経緯をもつが，1993年の民主党クリントン政権では直ち
に成立をみた。AFL–CIO等の労働者側の意見では，FMLA導入は「家族の世
話を行う上でWLBが容易になる」としている。また，1997年当時の労働省従
業員雇用基準局次官は「FMLAが妥当でない管理上の難点を生じたり，従業
員の生産性を妨げたりするという事態はほとんど，あるいは，まったくない」
との見方をしている（Alicia Ault Barnett, "Fixing Dysfunctional Family leave :
Family and Medical Leave Act," *Business & Health, BNET Business Network*,
March, 1997 http : //findarticles.com/p/articles/mi_m 0903/is_/ai_19240774?tag=art-
Body ; col 1 2008年9月13日アクセス）。しかし，その後2005年には，商工会議
所や全米製造業協会（National Association of Manufacturers）を含むアメリカ実
業界の経営者らが，FMLAによって生じうる問題を懸念してFMLAの規模縮
小へと動いた（*Seattle Post-Intelligencer,* June 27, 2005, http : //seattlepi.nwsource.
com/business/230093_familyleave 27.html　2008年9月1日アクセス）。

　FMLAをめぐる状況は労使拮抗の背景や政治の支持母体により一喜一憂す
る傾向にある。民主党のオバマ政権下では，FMLAは「国家と州との協力の
下で推進すべき目標」として掲げられ，FMLAの対象企業の拡大と育児以外
の家庭生活目的でFMLAが適用できるよう拡大計画が盛り込まれた＊。そこで
次にFMLAが具体的にどのような問題を抱え，どのような改善を必要として
いるのかを考察する。

＊　ここでは以下のように適用範囲を拡大する旨が記されている。

　　「FMLA は，50 人以上の従業員規模の事業所のみを対象としている。バラク・オバマ氏ならびにジョー・バイデン氏は，FMLA が 25 人以上の従業員規模の事業所を対象とするよう，FMLA を拡大する意向である。両者は FMLA の目的についても，いっそう拡大し，従業員の介護休業取得，親が子どもの学校行事に参加する 24 時間以内の休業取得，および 6 カ月以上同居する者の世話をするための休業取得を可能にし，DV や性的暴行への対処も，FMLA の対象として拡大する意向である」(Barack Obama and Joe Biden's Plan, http : //www.barackobama.com/issues/family/　2009 年 1 月 24 日アクセス)。

2　FMLA の問題点

①所得保障：ワーキングプア層も視野に

　FMLA が無給であるという所得保障の欠如は制度利用に結びつきにくい。一般従業員の場合には，所得保障がなければ「休業したくても，利用し難い」。実際，「FMLA を利用したかったが利用できなかった」という従業員の 78% がその理由に「所得保障」を挙げている (National Partnership for Women and Families, *Expecting better : A state-by-state analysis of parental leave programs*, 2005, http : //www.nationalpartnership.org/site/DocServer/ParentalLeaveReportMay 05.pdf? docID=1052　2008 年 7 月 3 日アクセス)。また，FMLA は企業規模によっても取得の可，不可が分かれる。同制度が適用される対象企業規模は現在 50 名以上であり，それ以下の規模の零細企業では FMLA の取得は対象外である。このため，オバマ政権では適用される対象を 50 名以上から 25 名以上へとする FMLA 充実計画を表明 (前掲, Barack Obama and Joe Biden's Plan) したが，実現には至らなかった (Barack Obama and Joe Biden's Plan)。経営層が支持母体の共和党との折衝，予算，景気が複雑に絡み合い，FMLA の拡大は容易ではない。また，資力があり福利厚生も充実している大企業に比べ，中小零細企業で働く低所得者層は FMLA の恩恵に預かりにくい。一般の労働者にとっても所得保障は重要課題であるが，特に貯蓄率が低く，FMLA が提供されない状況での就労傾向がある「**ワーキングプア**」にとって，これは死活問題である。

　米国国勢調査局によると，2015 年には，約 4310 万人（国民の 13.5%）が貧困ラインを下回っており，同年の労働貧困層の割合は 5.6% であった (https : //

www.bls.gov/opub/reports/working-poor/2015/home.htm　アクセス日 2017 年 6 月 1 日）。パートタイム労働者の 14.1% およびフルタイム労働者の 3.4% がこの層に入る。同年の貧困線以下の世帯は，2015 年の米国では，65 歳未満を対象とした貧困線は年収 1 万 2331 ドル，4 人家族で子どもが 2 人の世帯では年収 2 万 4036 ドルで，男性世帯主の世帯では 9.6%，女性世帯主の世帯では 18.3% が貧困線以下を占める。1996 年には一般に福祉改革として知られる個人責任・就労機会調整法（Personal Responsibility and Work Opportunity Act：PRWOA）が成立し，主としてシングルマザーなどを対象として福祉から就労へ戻ることが規定された。しかし，多くのシングルマザーの場合，男女の職業機会・職種差や保育支援の欠如等の影響で低所得者層に留まる傾向があり，安定した水準への移行は容易ではない。また一方で，既婚世帯についても，有子，無子で格差がみられ，有子（18 歳以下）既婚者世帯のワーキングプア化は無子世帯に比べて約 5 倍にも上る。このようなワーキングプアをはじめ，自ら以外に家族のケア方策が得られない労働者たちが休業を余儀なくされれば，休業中の所得と復帰後の雇用保障の両方を失う二重のリスクにさらされて職を失う可能性は一層高くなる。

　FMLA には所得保障の欠如の課題があるにもかかわらず，真に支援を必要とする層は利用できる状況にはない。

②人的資源管理からみた FMLA の問題点

　FMLA は，所得保障以外に人的資源管理からみたどのような問題点を抱えているのだろうか。経営管理上の課題の 1 つとしては，**断続的休暇**（intermittent leave）を取得する際の日程管理が挙げられる。FMLA は，状況によっては単一理由で数回に分けるか，週または 1 日の勤務時間を短縮する短時間勤務で断続的に取得することが可能である。しかし，家族の病時理由での取得は数日前，

ワーキングプア：ワーキングプアは労働市場で年間 27 週間以上就労する（もしくは職を求めている）にもかかわらず，公的な貧困線を下回る所得しか得られない（16 歳以上の）人々である。多くは非就労者の子どもや高齢者である。

断続的休暇：FMLA は，状況によっては単一理由で数回に分けるか，週または 1 日の勤務時間を短縮する短時間勤務で断続的に取得することが可能である。断続的に取得する形態は断続的休暇と呼ばれている。

あるいは当日になってからの突発的な取得になりがちで事前通知が難しい。このような突発的な事態での代替要員の確保は難しく，雇用主側にとって日程管理は容易ではない。この点の難しさを 10 社中 8 社が指摘している（Jessica Frincke et al., SHRM™ Survey Brief FMLA An Overview of the 2007 FMLA Survey, May 2007, http：//www.protectfamilyleave.org/research/survey_2007_fmla.pdf 2008 年 9 月 3 日アクセス）。特にスタッフ数やシフトが定められている製造業やサービス産業等の分野ではこの影響は少なくない。

　また FMLA 取得時の従業員による乱用も指摘されている。すなわち，FMLA を通常の勤務時間内に取得し，「残業手当をもらうために」同じ週の残業時間帯に働くケースである。2008 年 2 月 7～12 日実施の全国の有権者 1000 人への電話アンケート調査では，この件についての回答で「そう思う（More Likely）」が圧倒的 75％（「そう思わない（Less Likely）」は 20％）を占める。また，決まって金曜日などに週末の休日とリンクさせて取得する「乱用」ケースや無断欠勤もみられる。同アンケート調査では，過半数の 63％ が「欠勤の仕事上の影響はない」とする一方で，34％ は「無断欠勤は生産性に害を及ぼす」との結果となっている（National FMLA Survey, the polling company™ inc., "Woman Trend for The National Coalition to Protect Family Leave," *TOPLINE DATA*, http：//www.protectfamilyleave.org/research/2008_fmla_poll.pdf　2008 年 8 月 3 日アクセス）。このような状況の中，従業員と担当部署（ひいては企業）との間で，FMLA 関連の手続き，復帰後の処遇，解雇をめぐる訴訟が増加している。労使双方にプラスになると考えられた FMLA 施策が従業員はおろか担当部署・雇用主にとってネガティブな結果も生じている（Bill Leonard, "Relieving FMLA Headaches–Family and Medical Leave Act," July, 1999 *HR Magazine*, http：//findarticles.com/p/articles/mi_m 3495/is_7_44/ai_55307138　2008 年 9 月 3 日アクセス）。

　③FMLA 問題点への対処

　このような問題点に対処するために，FMLA の新規制が発効された（2008 年 11 月 17 日決定，2009 年 1 月 16 日発効）。これまでの訴訟内容やクレーム事態を踏まえ，いくつかの改善が FMLA 取得上の手続き上でなされている。まず，

雇用主から従業員への FMLA 適用の通知を確実に行えるよう，以前の 2 営業日から 5 営業日内へと変更する配慮が図られた。また，従業員からの FMLA 申請後，重病時には規定どおりの受診が必要となった（本人あるいは家族が重病である場合には，疾病の初日から 7 日以内に受診し，慢性である場合は年間 2 回の受診が必要）。また，雇用主側は医療機関などの医療提供側で直接証明を入手可能になった。これにより，従業員の手間を省き，かつ雇用主がより迅速に状況把握できる点で双方の便宜を図ることになる。

　さらに家族の病時等に FMLA を取得する際に提出する申請書（**form WH-380-F**）が改善され，医療提供者（医療機関）の専門，患者の状態に関する医療事実，および断続的休暇や短時間スケジュールが療養上必要かについて明記が義務づけられた。この情報に基づいて雇用主は従業員の FMLA 取得資格の有無を決定でき，事務手続きの改善，FMLA 乱用やクレームを防止する効果が増している。また労働省の Employment Standards Administration Wage and Hour Division のファクトシートにも従業員の FMLA 乱用抑制を求めて「計画的に治療を行うために休暇が必要であれば，従業員は職場での活動を不当に乱さないために，日程管理に支障をきたさぬよう務めなければならない」と明記されている（U.S. Department of Labor, Employment Standards Administration Wage and Hour Division, Fact Sheet#28 : The Family and Medical Leave Act of 1993, http : //www.dol.gov/esa/whd/regs/compliance/whdfs 28.pdf　2009 年 3 月 1 日アクセス）。これらの新規制の対処により本章で挙げた FMLA の問題点の多くが改善されうる。では次にこの FMLA の利用度や問題対処についてさらに優良企業のケースを挙げて考察を重ねる。

4　WLB 政策と企業のケース

1　優良企業の水準

　米国議会の合同経済委員会（The Joint Economic Committee）の *Paid Family*

---

form **WH-380-F**：Certification of Health Care Provider for Family Member's Serious Condition は家族の病時等に FMLA を取得する際に提出する申請書。

Leave at Fortune 100 Companies（フォーチュン 100 社の有給家族休暇）（U.S. Congress Joint Economic Committee, *Paid Family Leave at Fortune 100 Companies: A Basic Standard, But Still Not A Gold Standard*, March, 2008, http://jec. senate.gov/index.cfm?FuseAction=Files.View&FileStore_id=62cb8dba–3f30–4d56–a966 –9601dc92a50a　2008 年 8 月 3 日アクセス）は米国優良企業の家族休暇状況を報告している。同報告書によると，2007 年に『フォーチュン』誌が選んだ優良企業 100 社*のうち，有給休暇を設けている企業の 4 分の 3 社が母親に親休暇（有給家族休暇あるいは障害休暇）を中間値で 6〜8 週間提供している一方，父親にはわずか 3 分の 1 社が中間値約 2 週間を提供した程度であることを明らかにした。また優良企業の 75% では従業員が新生児誕生時に病気休暇を取得し，9 割の企業では，家族休暇，妊娠障害休暇，病気休暇等の何らかの有給休暇を従業員が取得している。これら優良企業 100 社のうち 40% は無給休暇に加えて有給休暇を提供し，連邦法の FMLA の 12 週間を若干上回る中間値で 14 週間を提供している。したがって，同優良企業の従業員は企業が提供する有給に加えて 26 週間，無給休暇と雇用保障のある親休暇を取得することが可能である（U.S. Congress Joint Economic Committee, *Paid Family Leave at Fortune 100 Companies: A Basic Standard, But Still Not A Gold Standard*, March, 2008, http://jec.senate.gov/index.cfm?FuseAction=Files.View&FileStore_id=62cb8dba–3f30–4d56–a966–9601dc92a50a　2008 年 8 月 3 日アクセス）。しかし，優良企業であってもその水準は同報告書の副題（*A Basic Standard, But Still Not A Gold Standard*）にもあるように，「基本的水準であり，まだ金色の水準には至っていない」レベルであるといえよう。

＊　実際に調査協力した企業は 100 社中 95 社であり，このうち完全回答した企業は 53 社である。34% が保険・金融部門で，次いで石油，小売，軍事，製造部門が 64% を占める。調査協力した企業のうち 18 社が『ワーキング・マザー誌』の 2007 年女性にとっての優良企業に掲載され，報告書においても WLB を重視傾向にあるとされている。

2　ケーススタディ

　そこで，以下では FMLA をめぐる問題対処への糸口を探るために，上記フォーチュン 100 社優良企業に限らず，WLB 支援での優良企業として評価が

表 3-2　優良企業の休暇政策特徴比較

	SAS インスティチュート社	パタゴニア社	マーリン・スチールワイヤープロダクツ社
所在地 産　業	ノースカロライナ州ケーリー コンピュータソフトウェア メーカー	カリフォルニア州ベンチュラ アウトドア製品開発・製造 業	メリーランド州ボルチモア スチールワイヤー製造メー カー
従業員数 FMLA 休暇	4,159 名 従業員自身の病時休暇期間 に限度なし 子どもの病時には休暇取得 や早退可	674 名 8 週間有給その後 8 週間無 給取得	26〜50 名 有給フレックス休暇 （病時休暇, 休暇, 忌引き）
断続的休暇 問題	ソフトウェア開発中心で 代替要員問題は特になし	アウトドア製品開発中心で 断続的休暇問題特になし	製造業であるため 断続的休暇に代えて 子連れ出勤可
関連制度	企業内保育所 企業内診療所（無料） 自由な勤務時間	企業内保育所 病時には看護師対応 在宅勤務 ドミノ方式	在宅勤務
WLB 効果	従業員の満足度高 保険料軽減 離職率 3〜5%	従業員の満足度高 人員コスト減, 研修効果 離職率 4.5%	従業員の満足度高 N.A. ただし, 子育てで離職せず 企業への強い忠誠心で 就労継続可

（出所）　SAS, パタゴニア社は現地調査に基づき筆者独自に作成。マーリン・スチールワイヤープロダクツ社に
　　　ついては同社 HP http://www.marlinwire.com/docs/marlin-steel-wire-products-great-place-to-work.
　　　pdf

高く特徴のあるケースをモデルケースとして取り上げる。巨大企業（従業員数
4159 名），中堅大企業（従業員数 674 名），小規模企業（26〜50 名）という規模
の異なる企業 3 社を取り上げ，その特徴について比較する（表 3-2）。
○SAS インスティチュート（SAS Institute）社*
　ノースカロライナ州ケーリー市にあるコンピュータソフトウェアメーカーの
SAS インスティチュート社は，フォーチュン優良企業 100 社や他のファミリ
ー・フレンドリー企業として選出され，その働き方の柔軟性と手厚い支援で他
を圧倒している。1976 年創業以来，WLB 支援が非常に充実し，柔軟性に富ん
だ柔軟性のある企業として知られている。手厚い WLB 支援の例としては，次
のようなものが挙げられる。

* 中村艶子（2009）「アメリカの先進的ワーク・ライフ・バランス企業：SAS インス
ティチュートの事例を通して」『労務理論学会誌』第 18 号（労務理論学会），151-163 頁。

　同社の病時休暇期間に「限度はない」。また，子どもの病時などには休むこ
とや早退も自由にできる。通常の育児支援としては企業内保育所も有し，月額
250 ドルという極めて良心的な保育料で保育が提供されている。また，家族の
医療についても企業内診療所が無料で利用できる。同社ではこのような家族支
援の施設によって保険料軽減の効果がみられる。また，勤務時間の柔軟性に
よって高度な WLB が容易になっている。従業員の満足度は高く，通常離職率
17〜30% という高さで知られるコンピュータ産業において，SAS インスティ
チュート社の離職率は 3〜5% という極めて低い水準で推移している。ソフト
ウェア開発中心の職場で，断続的休暇での代替要員問題は特にない。

○パタゴニア（Patagonia）社*

　カリフォルニア州ベンチュラにあるパタゴニア社は 1972 年創業の衣料を中
心としたアウトドア製品の開発・製造業者である。『ワーキングマザー』誌の
優良企業 100 社等に選出され，様々な WLB 支援や自由な発想を重視するファ
ミリー・フレンドリー企業として知られる。同社の FMLA は 8 週間は有給，
その後 8 週間は無給で，合計 16 週間の取得が可能である。SAS 同様，企業内
保育所を提供している。診療所はないが，病時には看護師の対応が可能である。
また，家族と過ごす必要がある場合には，FMLA 取得に代えて在宅勤務の利
用も可能である。

* 中村艶子（2003）「企業による育児支援の有効性」（第 9 章）筒井清子・山岡熙子編
『グローバル化と平等雇用』学文社，171-188 頁。

　同社の休業政策の特徴としては，比較的長期（数週間レベルでの）FMLA 取
得の場合には，従業員の代替策となる「ドミノ方式」を採用している点である。
これにより，人員補充のコスト削減と研修の 2 つのメリットがある。SAS 同様，

ドミノ方式：ドミノ方式とは，パタゴニア社で採用されている代替補充要因システム。誰かが休暇を
取得する際の欠員ポジション（A）を他者（B）によって埋め，空いた（B）のポジションをまた別
の（C）で埋め，（C）のポジションは（D）によって埋める，というように，次々にドミノ倒しの
ようにポジションを埋めて要員を代替していくシステムである（この動きがドミノ倒しを連想させ
ることからこの呼称がある）。

ファミリー・フレンドリー支援が充実しており，満足度も高い。離職率は4.5％と極めて低水準を維持している（Chouinard, Yvon.〔2005〕*Let My People Go Surfing*, Penguin Group）。同社はアウトドア製品開発中心の職場であり，働き方も柔軟であるため，断続的休暇についての問題はみられない。

○マーリン・スチールワイヤープロダクツ社（Marlin Steel Wire Products, LLC.）*

メリーランド州ボルチモアにある1998年創業のマーリン・スチールワイヤープロダクツ社は，スチールワイヤー製造業者（バスケット，フック，ラック等のワイヤー製品を製造）でグローバルに活動している。同企業は製造部門で数少ない先進的ファミリー・フレンドリー企業であることを自負するボルチモア地域事業主賞（Baltimore Regional Employer Award）の受賞企業である。従業員26〜50人という小規模企業ながら優秀な人員確保をしつつ人的資源を活用し，製造業のロールモデル的存在としてWLBを推進している（Marlin Wire Products, Great Place to Work, http://www.marlinwire.com/docs/marlin-steel-wire-products-great-place-to-work.pdf　2008年7月20日アクセス）。

* Marlin Wire Products, Great Place to Work, http://www.marlinwire.com/docs/marlin-steel-wire-products-great-place-to-work.pdf　2008年7月20日アクセス。簿記を担当している従業員のメリサ・リンゼイ（Melissa Lindsay）氏は，2006年11月に娘を出産し，週40時間体制から現在のパートタイム労働に切り替え週30時間超の労働に従事している。リンゼイ氏は6週間の産休を取得し，2007年1月4日に職場復帰して，消防士の夫と日程調整しながら子育てを行っている。この内容はリンゼイ氏の公聴会での証言（Melissa Lindsay, Marlin Steel Wire Products, Statement of Melissa Lindsay, Bookkeeper, Marlin Steel Wire Products Before the House Subcommittee on Workforce Protections, June 21, 2007）に基づく。

同社には有給病時休暇，休暇，忌引きがあるが，企業内保育所は提供されていない。従業員が所得の10%を企業側が40%を負担する401Kプラン，在宅勤務は提供されている。突発的事態において保育の都合がつかない場合は，断続的休業取得の代わりに職場に子どもを連れて行く方法を採用しており，ファミリー・フレンドリーな雰囲気で受け入れられている。子育てのために欠勤することもなく，職場への支障はないとされ，若い女性でも子育てで離職するこ

となく勤務できる。従業員の証言からは，そのような企業であるからこそ両立が可能で，企業への強い忠誠心も強まることが述べられ，小規模企業ならではのファミリー・フレンドリー企業文化がうかがわれる。

3 モデル企業のケース分析

　フォーチュン100社の有給家族休暇同様，SASおよびパタゴニアのケースでは両社とも連邦制度を上回る期間でFMLAが提供されている。3社の特徴（前掲表3-2）の共通点をまとめると，①FMLAの有給化，②突発的な状況下での臨機応変な対処，③家庭生活との両立での配慮と企業文化といえる。これらの企業ではFMLAは有給取得が可能であり，連邦制度水準以上のFMLA制度が提供されている。また，自由度の高い働き方が可能で，労使ともに良好な"win-win"の関係となっている。SASおよびパタゴニアのケースではFMLA取得に至る前段階での配慮となる保育所提供が提供されている。子どもの病時対応には診療所や保育所がFMLA取得以前の予防策ともなっており，容態が悪化する前の早期改善が可能でFMLAの長期取得に至りにくくなっている。また，優良企業の中でも特に自由裁量のある柔軟な労働時間や形態が認められ，かつ断続的な休暇取得による問題はみられない。

　ただし，上記2社のようなケースについては，資力のある企業であり，かつ自由度の高い研究職，クリエイティブな分野であるため，FMLA取得が可能なのではないか，との指摘もあるだろう。たしかに，そのような分野に比べれば，製造業や販売等サービス業でシフトの組まれた業種の日程管理はより複雑で，FMLA取得時の労務管理の悩みとなっている。マーリン・スチールワイヤープロダクツにおいては，突発的な状況下での臨機応変な対処としては，小規模企業のファミリー・フレンドリー的企業文化により子連れ出勤が可能で，他社でみられるような突発的欠勤は起こりにくい。本来ならば家族の病時，出産に伴い離職せざるをえなかった従業員の離職率がWLB方策と企業文化により低下し，士気向上にもつながっていることが示唆される。

　小規模でファミリー・フレンドリーな職場であれば，このようなマーリン・スチールワイヤープロダクツ社のようなケースも可能ではあるが，より大規模

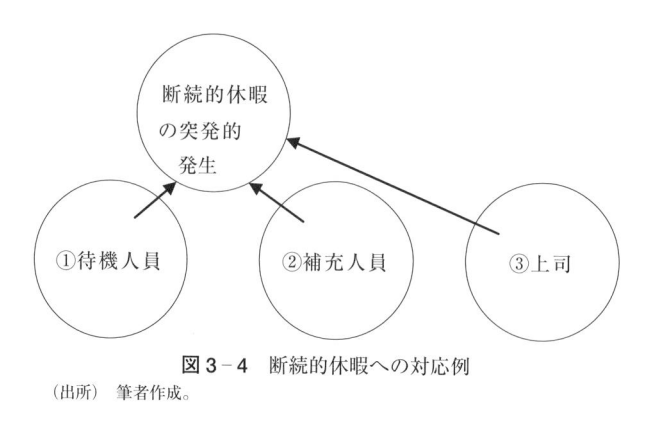

図3-4　断続的休暇への対応例

(出所)　筆者作成。

な製造業でシフトのある職場での労務管理になれば，次のような職場における
システム化された対応例（図3-4）を考慮する必要が生じよう。①の待機人員
には，断続的休暇の突発的取得の是非にかかわらず，定期的な研修枠で他部署
からの人員および高齢者や離職者等あらかじめプールし，突発的な状況が生じ
た際に活躍してもらう待機人員枠を整えておくことである。②の補充人員はア
ルバイトや派遣社員，大学（院）生等のインターンなどを配属する。そして③
では，①，②で代替する際に何らかの理由で完全補充が達成できない場合に上
司がカバーに入る。このような複数層を事前に用意し，突発的な状況に対処で
きるシステムをあらかじめ導入しておくことが，FMLAの断続的利用をスムー
ズに行うためには不可欠である。

5　FMLAの考察からの展望

　本章では，アメリカのWLB政策の中でも，特にFMLAに焦点を当ててその
施策経緯と実態を考察した。アメリカでは働き方や家族形態などの社会変化伴
いWLBニーズは高い。労働者，特に親たちへの育児支援はその中心課題であ
る。連邦政策としてもWLB支援へ向けた転換期にあるものの，働く人々のニー
ズに見合う支援は極めて限られているため，アメリカでのWLBは経営に委
ねられている。考察で明らかになった第1点は，FMLA政策は支持母体と政

党の方針で左右され，各州で格差が生じていることである。FMLA の有給化の動きは中心課題として徐々に推進されてきてはいるものの，現段階では州や社会階層で格差がみられ，一貫して進展するには難しい局面が存在している。

　第2点には FMLA の導入時の問題点である所得保障の欠如が課題として存在する。無給制度は利用に結びつきにくく，特に WLB 支援を享受できない低所得者層の問題は極めて深刻である。所得保障を欠く FMLA は一般労働者にとっても不十分であるが，ワーキングプアにとっては一層空虚な制度だといわざるをえない。企業規模やワーキングプア層も視野に入れた，真に支援を必要とする層も対象化された制度への転換が求められている。

　また，第3点として，上記 FMLA 有給化を阻む FMLA の労務管理上の問題点を考察した。それらは，①断続的休暇の突発的取得への管理対応と②従業員による FMLA 乱用の可能性である。しかし，FMLA 取得の十分な情報の提出により FMLA 取得休暇の資格判断がしやすくなり，FMLA 乱用や訴訟防止のための改善が図られている。個人・市場型の WLB 支援を行うアメリカでは，フォーチュン優良企業 100 社等優良企業をエンジンとして支援推進してきたが，その FMLA 取得水準は万全とはいえず，さらなる利用度の改善や関連支援の充実が求められる。

　第4点として，そのための補足的示唆となりうる優良企業のモデルケースからは，①FMLA が有給で実際に利用されて従業員の働きやすさにつながっており，また，同時に②FMLA を取得する以前の保育所や柔軟な働き方がシナジー効果をもたらすことが示唆される。また，③代替要員の確保の労務管理システム化が課題となっているが，ドミノ方式による代替要員確保がモデル企業の1つではみられ，働きやすさや自由度を高める支援システム化と代替要員確保導入改善策のヒントが見出された。突発的な取得によりシフトやスタッフ数へ影響が起こりうる自由裁量度の低い職場では，事前に人員確保のシステム導入も必要である。

　女性の就労率が高く，個を単位とするアメリカ社会では，国家政策よりもむしろ企業を中心とした民間主導型の「個人・市場型」支援を推進してきた。それがアメリカのダイナミズムであり，資本主義形態となっている。しかし本章

で考察したような問題点や課題があり，低所得層と優遇層の格差は大きい。WLB 支援を享受できない低所得者層とファミリー・フレンドリー企業のエンジンとしての比較的優遇された WLB 政策というアメリカ型資本主義社会の光と陰の中，連邦政策，州の WLB 政策の充実化を伴った FMLA 有給化と利用度拡大の推進が課題となっている。1993 年の FMLA 導入以来，この面での WLB 政策も州単位で徐々に浸透している。今後は本章で指摘した個人・市場型 WLB を包括的で所得保障と利用度の伴った施策遂行レベルに至らしめられるか，また，経済不況の厳しい時期にアメリカの WLB が後退することなく推進可能であるかについて，その変容をより詳細で包括的な考察を重ねていくことが研究課題となる。

　［付記］　本章は，日本学術振興会科学研究費助成事業（学術研究助成基金助成金）「グローバル時代の女性労働：女性活躍と企業支援」（平成 28〜31 年度）16 K 02056 の成果の一部である。

[推薦図書]

伊藤健市（2008）『資源ベースのヒューマン・リソース・マネジメント』中央経済社
　　人的資源管理面から「ヒトの働かせ方」を考察する書。人材は企業にとって最も大切な資源であるため，従業員の育成や能力開発に投資し，人材の定着を図ることが重要と説く。

斎藤智文・Great Place to Work Institute Japan（2008）『働きがいのある会社：日本におけるベスト 25』労務行政
　　働く人たちの視点からみた企業ランキングを掲載。「従業員の生きがい」が競争力につながるとして，具体的な施策を掲載しているため，企業に関心のある人にとって参考になる書。

柴山恵美子・守屋貴司・藤井治枝（2005）『世界の女性労働：ジェンダー・バランス社会の創造へ』ミネルヴァ書房
　　世界的な男女平等の実現への歩みを理解するために，背景にある様々な要因を視野に，女性労働の現実と今後の進展をグローバルな視点から探る書。

[設　問]

1．本章の内容を参考にしながら，アメリカの FMLA 政策の問題点と改善策を考えてみましょう。また，日本の育児・介護休業制度についても調べてみましょう。

2．アメリカの WLB 支援が充実している企業の特徴はどのようなものでしょうか。
　これからの働く職場はどのような制度をもつと望ましいか考えてみましょう。

（中村艶子）

第4章

イギリスのワーク・ライフ・バランス

英国企業のワーク・ライフ・バランスの主要な施策として，①flexible working（柔軟な働き方），②特別な休暇の制度，そして③家族・健康・生活などの従業員支援の3つが挙げられます。特に，柔軟な働き方はイギリスのワーク・ライフ・バランスの主要なテーマになってきました。この柔軟な働き方とはどのようなものでしょうか。また企業の経営者と労働者はこの柔軟な働き方に何を期待しているのでしょうか。

1 イギリスにおけるワーク・ライフ・バランスの焦点

1 ワーク・ライフ・バランスへの取組み

イギリスにおけるワーク・ライフ・バランスは，育児休業などの法整備を進める一方で，政府主導で労使がWLBキャンペーンに参加するなど，ワーク・ライフ・バランスは労使双方が課題としてきた。

本章では，イギリスにおけるワーク・ライフ・バランスの主題といえる柔軟な働き方に注目し，労使の動向と考え方に着目しながら，イギリスのワーク・ライフ・バランスの特徴をみていく。

イギリスでは2000年3月，労働党のブレア政権のもとで，**政府主導**のワーク・ライフ・バランスのキャンペーンがスタートした。このキャンペーンの目的は，「『従業員の仕事と生活のバランス向上を支援することは，企業の利益に

政府主導：英国政府におけるワーク・ライフ・バランスの担当機関は，2000年当時の貿易産業省（DTI）から，組織再編により，ビジネス企業規制改革省（Department for Business Enterprise & Regulatory Reform：BERR），ビジネス革新技能省（Business Innovation & Skills：BIS）を経て，現在はビジネス・エネルギー・産業戦略省（the Department for Business, Energy and Industrial Strategy：BEIS）である。

もなる』と，使用者に認識してもらう」ことであった（DTI〔Department of Trade and Industry〕〔2001〕*Essential Guide to Work-Life Balance*, p.3）。このキャンペーンでは，ワーク・ライフ・バランスの宣伝および先進事例についての情報提供，先進的な企業の宣伝，企業がワーク・ライフ・バランスの施策を導入する際のコンサルタントによる支援など，多くの取組みが行われている。

　キャンペーンは，政府主導で，使用者団体の英国産業連盟（The Confederation of British Industry：CBI）と労働組合会議（Trade Union Congress：TUC）が名を連ねている。また，ワーク・ライフ・バランスをリードする22社の企業経営者たちは，ビジネス界にワーク・ライフ・バランスの利益を宣伝するために，EfWLB（Employers for work-life balance. 現在のThe Work Foundation）という連盟を結成している。EfWLBは，ワーク・ライフ・バランスが従業員だけでなく使用者側にも利益のあるものだと英国企業の経営者たちに訴えた。さらに，政府により「ワーク・ライフ・バランス・チャレンジ基金」が創設され，企業はWLBのスタート時に定期的にコンサルタントを無料で受け，働き方やビジネス目標について診断を受けることができるという仕組みがつくられた。（DTI〔2001〕p.3）。

2　ワーク・ライフ・バランスの3つの主要な政策

　イギリスのワーク・ライフ・バランスについては，様々な定義が存在するが，2001年の英国貿易産業省（DTI）のガイドブックには「ワーク・ライフ・バランスは家族や育児に関することだけではなく，また仕事の量を減らすということでもない。賢く働く（working smart）ということである。仕事でも家庭でも，いずれをも犠牲にすることなく，十分に生き生きとした自分でいられること。すべての人にとって，自分の人生のどのステージにおいても必要不可欠なことである」と記されている（DTI〔2001〕p.4）。

　また，別の定義としてWork Foundationには次のように記されている。「ワーク・ライフ・バランスとは，人々が，最も質の高い生活を享受するために，いつ，どこで，どのように働くかコントロールする方法を手に入れることである。有償労働と，それ以外の人生との両方の満足のために，個々人の権利が尊

重され受け入れられることが規範となったとき，ワーク・ライフ・バランスの目的は達成される」（IDS〔2008〕*HR Study* 873, p.3）。

そして，英国企業のワーク・ライフ・バランスの主要な政策は，①flexible working（柔軟な働き方），②特別な休暇や労働時間短縮の制度，そして③家族ケア・健康・生活の面での従業員支援策の3つである（IDS〔2008〕*HR Study* 873, p.5）。

①flexible working（柔軟な働き方）には，以下のような種類がある。

・**パートタイム勤務**（part time work）：短時間勤務。英国ビジネス・イノベーション・技能省（BIS）の定義によれば，週30時間未満。

・期間限定の時間短縮勤務（Reduced hours for a limited period）：一定の期間（例えば1カ月，6カ月）だけ労働時間を短縮して契約を結び，後に通常の時間に戻す。

・圧縮労働時間制（Compressed hours）：通常よりも短い期日で週総労働時間数の勤務に就く。例えば週4日勤務で，総労働時間は40時間働く。2週間で9日だけ働く「圧縮勤務週（Compressed Working Week：CWW）」と呼ばれる方法もある。

・フレックス・タイム（Flexitime）：月，週の労働時間の契約内で，出勤時刻や退勤時刻を労働者が決定できる。

・ジョブ・シェアリング（Job-sharing）：パートタイム契約の一種で，通常は2人の労働者が1人分のフルタイムの仕事を分けて，引き継ぎ時間を挟んで異なる時間帯で働く。各自はそれぞれに契約し，働いた分に応じてフルタイム分の賃金や手当を分け合う。

・学期間勤務（Term-time working）：学校の登校期間のみ勤務する。

・在宅勤務（Working from home）：通常はすべての時間，あるいは一部，を自宅で働く。

・1年単位の総労働時間（Annualized hours）

パートタイム勤務：イギリスでは，日本とは異なり，単に，短い時間，働くことを表すもので，期間限定の雇用形態を意味するものではない。したがって，ここでは，雇用形態にかかわらず，短時間勤務を意味する。

（BIS〔2013〕*The Fourth Work-Life Balance Employee Survey*, p.xv.）

②特別な休暇や労働時間短縮の制度としては，出産前後の休暇，育児休業，**父親休業**，学習のための休暇，家族のための緊急の休暇，宗教や信仰のための休暇，**サバティカル**などがある。

③家族ケア・健康・生活の面での従業員支援策としては，**育児バウチャー制度**・育児手当・企業内保育などの育児支援，ストレス・マネジメントや**従業員支援プログラム**などがある。

これら3つの，ワーク・ライフ・バランスの中で，英国企業のワーク・ライフ・バランスで，最も重視されているのは，flexible working（柔軟な働き方）である（IDS〔2008〕p.5）。キャンペーンの内容をみても，flexible working あるいは flexibility は，ワーク・ライフ・バランスの代名詞のように使われている。

以下，労働に関してイギリスが抱える問題についてみていく。

2　2つの問題と柔軟な働き方

1　長時間労働の問題

イギリスにおいて，ワーク・ライフ・バランスのキャンペーンが起こる背景には，労働上の2つの問題があった。その一つは，EUの先進諸国の中で最も長いイギリスの労働時間の問題である。2000年において，週40時間以上を働く労働者の割合はフランス23.7%，デンマーク26.5%，イギリス50.1%で

父親休業：2002年に創設された法定父親休業により，父親に2週間の育児休業（給付つき）の権利が付与された。2015年4月以降は，父親休業に加え，新生児や養子縁組を対象に，50週間の育児休業（3〜39週は給付つき）は父母いずれが取得してもよいことになった。

サバティカル：使途を問わない長期休暇のこと。従業員は，留学，自国での通学，研究，他の職を経験する（競合企業で働くことは禁止されている）などに利用する。

育児バウチャー制度：育児責任を負う労働者への補助制度。給与の一部をチャイルド・ケア・バウチャーで受け取り，保育料にあてることで，利用者は保育料分の給与が非課税になる。

従業員支援プログラム：仕事と私生活の両立のため，私生活面を企業が支援するもので，企業内で行う，あるいは企業外の専門業者にアウトソーシングするケースがある。健康診断・相談，人生相談，法律相談，家事サービス（社内でクリーニングを取り次ぐ等）などを行うことで，従業員が私的な問題から解放され，仕事に専念できるように支援する。

あった（OECD Database http://stats.oecd.org/）。イギリスは伝統的に，労働時間など労働条件を法的に規制することはほとんどなく，労使の任意の決定事項としてきた。したがって，他の先進的なヨーロッパ諸国に比べ，法的規制の面で遅れをとっていた。

EU には「労働時間指令（労働時間の週 48 時間規制，時間外労働の規制）」が存在する。この労働時間規制の意義について欧州労働組合総連合会（European Trade Union Confederation：ETUC）は以下のように説明している。

「ヨーロッパ域内のフェアな競争のために労働時間規制の必要性がある。EU は以前よりも拡大し，より多様化したことにより，EU の新しいメンバーの中には，国内における比較的長い労働時間，弱い（労働者側の）交渉のしくみ，そして限定的なインパクトしかない（労働時間）規制の国があるが，それらは EU メンバー国すべての労働時間基準を脅かす（TUC〔2006〕*Challenging Times: Innovative ways of organizing working time: the role of trade unions*, p.6.）。

このことは，比較的新しい加盟国における労働条件の低さや政府による規制の弱さが EU 域内での公正な競争と労働環境を乱すことへの警戒を表したものである。**EU 指令**は，フランスや北欧諸国などの先進国の平均的な労働時間に比べると緩やかなものである。したがって，先進国であるイギリスの労働時間の長さは，たとえ EU 指令の範囲内であっても，同様の理由で批判の的になるのである。

イギリスでは，1996 年に雇用権法（Employment Right Act）が制定され，労働者の権利義務の規定は，この法のもとに統合されるかたちで策定されていく。1997 年に発足した労働党政権の下，ブレア首相による EU（欧州連合）条約の社会政策条項に署名し，それ以降，EU 指令の国内法制化が進められた。1998 年に労働時間規則（Working Time Regulations 1998）が実施され，2003 年にはその適用範囲が拡大された。労働時間以外にも，「パートタイム勤務に関する指令」（不利な取扱いからの保護について 2000 年に英国内の規則施行），「期限付き

EU 指令：EU（欧州連合）の理事会あるいは委員会が指令を策定し，それを受けて加盟国は自国の国内で法律を策定・改正し施行することで，欧州連合としての統一の目的達成をはかる。

雇用に関する指令」（不利益扱い防止に関して 2002 年に英国内規則施行）などの規制が設けられた。

　しかし，労働環境における規制を強めてきた他のヨーロッパ諸国からみれば，EU 指令は大枠での合意であり，最低限の水準にすぎない。その遵守は先進国としての充分条件とはみなされず，イギリスにとっては，EU の一員として他の EU の先進諸国と歩調を合わせ，労働条件を改善する圧力がかかっていた。こうした中，労働時間の改善のための方法の 1 つとして，柔軟な働き方による労働時間の短縮がイギリスのワーク・ライフ・バランスの目的の 1 つとなる。

［2］「仕事と家族の統合」の遅れ

　2 つめの問題として，イギリスにおける「仕事と家族の統合(work family integration：WFI)」の遅れ，つまり，他のヨーロッパの進んでいる国々に比べ，家族ニーズに対する社会的な基盤整備の面での遅れが指摘されている。OECDの報告書は，イギリス・アメリカ・オーストラリア・日本について，「仕事と家族の統合が遅れている」と指摘している。報告書は，その原因について，これらの 4 つの国は「家族の役割とジェンダー平等に関して，イデオロギー上の立場が異なる。…（中略　筆者）…ヨーロッパに比べるとイギリス・アメリカ・オーストラリア・日本は，ファミリー・フレンドリーな働き方の制度導入について強制的権利が少ししかないという特徴がある。その結果，相対的に公的な子育て支援が少なく，法的な出産前後の休暇，父親休業，育児休業制度のレベルが低い」と分析する（OECD〔2001〕Employment Outlook, Bailyn, Managing Human Resources, Blackwell, p.158）。

　このように，ワーク・ライフ・バランスのキャンペーンがスタートした 2000年当初のイギリスは，他のヨーロッパ諸国からみれば，労働時間が長く，家族と仕事に関する法的な基盤も整備されていない，ワーク・ライフ・バランスの面で後発的な国であった。

　ようやく 2002 年に，育児期の親に，柔軟な働き方を選択し職場に申請する権利を与える法律（The Flexible Working Regulations）がスタートした。その内容は，「6 歳未満の子ども，または 18 歳未満の障害児の親は，柔軟な労働の

選択について申請する権利がある。多様な働き方の選択が可能であり，雇用主は，正当な業務上の理由がない限り申請を拒否することはできない」（CBI〔2006〕*The best of both worlds : A guide to flexible working*, p.16）というものであった。対象者は，26 週間以上の雇用継続が条件であり，前述の年齢の子どもの世話に責任を負う者とされた。対象者の範囲には，母親，父親，養父母，里親，後見人，あるいはそれらの人々の配偶者およびパートナーが含まれる。

　この法律の施行が 1 つのきっかけになり，企業内において，家族ケアの責任をもつ従業員のニーズに応える両立支援のための施策の 1 つとして，柔軟な働き方の導入が一段と進んだ。その後も法律は仕事と家族ケアとの両立支援に向け改正され，2007 年 4 月からは，フレキシブル・ワーキングの申請権の適用範囲が拡大され「成人ケアの責任をもつ」従業員をも含むことになった。このことにより，高齢者介護や成人障害者のケアに責任をもつ労働者にも申請権が適用されることとなった。

　2009 年 4 月からは，申請権が「17 歳未満の子どもの世話に責任をもつ者」に拡張された。その後，2014 年 6 月には，この法的申請権はすべての従業員に対象が広がった。つまり，家族ケアの有無にかかわらず，従業員の誰もが，連続 26 週の雇用が経過した後に，フレキシブルな働き方に関する契約期間や雇用条件の選択について申請する権利をもつことになった。

3　柔軟な働き方の普及

　英国政府はワーク・ライフ・バランスのキャンペーンをスタートした 2000 年に調査（ワーク・ライフ・バランスに関する事業所調査）を始め，合計で 4 回，ワーク・ライフ・バランスについての事業所調査と従業員調査を実施している。ここでは，柔軟な働き方を中心にみていく。

　イギリスのワーク・ライフ・バランスの中心は柔軟な働き方であり，その普及の背景には，2002 年からスタートした親の柔軟な働き方の選択申請権に関する The Flexible Working Regulations の存在がある。

　まず**図 4 - 1** では，8 種の柔軟な働き方それぞれについて，制度を導入して

（単位：％）

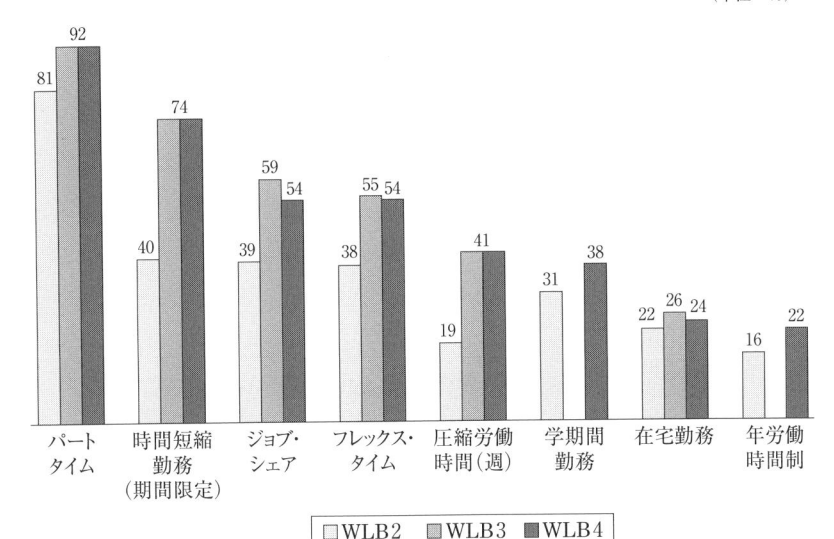

図4-1　柔軟な働き方の制度を導入している事業所の割合

（注）　1：調査対象：従業員規模5人以上の事業所
　　　　2：グラフは，各調査での回答（2003年1056件，2007年1462件，2013年2011件）をもとに比率
　　　　　を計算した。
（資料）　Second Work-Life Balance Employer Survey, 2003, Great Britain ; Third Work-Life Balance
　　　　　Employer Survey, 2007, Great Britain ; Fourth Work-Life Balance Survey, 2013, Great Britain.
（出所）　BIS（2013）*The Fourth Work-Life Balance Employer Survey*, Great Britain, Figure 3. 1, p.27.

いる事業所（従業員規模5人以上）割合を示している。最も普及しているのが
「パートタイム」で，「期間限定の時間短縮勤務」「ジョブ・シェア」「フレック
ス・タイム」についても，過半数の事業所で導入されている。全体的にWLB
2（2003年調査）からWLB3（2007年調査）の4年間で制度導入が大きく進ん
でいる。しかし，WLB3からWLB4（2013年調査）の6年間はあまり変化が
なく，なかには若干の低下もみられる。このことは，柔軟な働き方が可能な事
業所には導入され安定したことを意味すると考えられる。

　次の**図4-2**では，利用実績について4回の調査結果を比較している。なか
でも「パートタイム」の制度の利用割合は最初から7割を超えるほど高い水準
であった。他の制度については，WLB2（2003年）に利用率が高まっているこ
とから，2002年の柔軟な労働の選択権付与の効果があがっていることがわか

（単位：％）

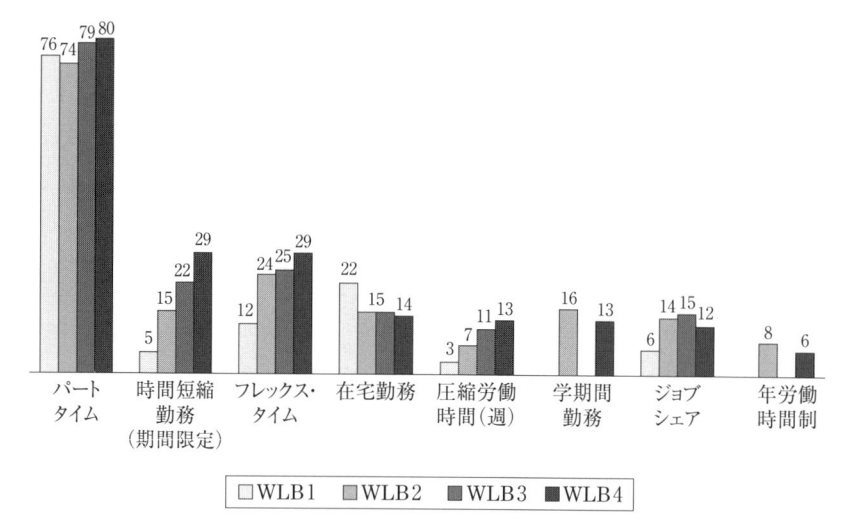

図4‑2 過去12カ月に柔軟な働き方についての申請に応じた事業所の割合

（注） 1：調査対象：従業員規模5人以上の事業所

2：グラフは、各調査での回答（2000年2,500件，2003年1,506件，2007年1,462件，2013年2,011件）をもとに，調査前の12カ月間に制度を利用した従業員が1人以上いた事業所の比率を計算した。

（資料） First Work-Life Balance Employer Survey, 2000, Great Britain; Second Work-Life Balance Employer Survey, 2003, Great Britain ; Third Work-Life Balance Employer Survey, 2007, Great Britain ; Fourth Work-Life Balance Survey, 2013, Great Britain.

（出所） BIS（2013）*The Fourth Work-Life Balance Employer Survey*, Great Britain, Figure 3. 3, p.32.

る。特に，「時間短縮勤務」「フレックス・タイム」について実績のある事業所が年々増えている。

　以上，柔軟な働き方について，制度導入の一定の広がりが確認できた。また，2003年における制度利用の伸び，特に「時間短縮勤務」の利用の増加がみられた。育児との両立支援に関する The Flexible Working Regulation が制定され，6歳未満の子どもと18歳未満の障害児のいる親に柔軟な働き方の選択申請権が付与されたことの影響は大きい。2009年には，17歳未満の子どものいる親へと対象が拡張し，さらに2014年には従業員すべてに対象が広がった。このことが柔軟な働き方に影響を与えるのかに注目したい。また，今後は，こうした短時間勤務や柔軟な働き方がどれだけ広がるのか，自ら働き方を変える

労働者がどこまで増えるのかが注目される。

4　ワーク・ライフ・バランスの取組み事例

1　企業の取組み事例：The Britannia Group

　The Britannia Group は，金融業（住宅ローン・貯蓄・投資・保険）を中心とする企業グループであり，イギリスに 254 の支社を展開する従業員数 5000 人の民間企業である。

　この企業グループは，ワーク・ライフ・バランスのプログラムを実践し，その柔軟な働き方の制度が事例として政府に認められ，また，2007 年には「オポチュニティ・ナウ（Opportunity Now：女性を登用している企業を調査し評価する NPO 組織）」から表彰されるなどの評価を得ている。以下，The Britannia Group の事例について紹介する。

　この企業は，2003 年に新たな企業戦略のもとで，ワーク・ライフ・バランスのプログラムをスタートしている。その中核となる目的は，すべての従業員が柔軟な働き方（flexible working）を選択できるというものである。育児や介護などの家族ケアのためのジョブ・シェアリングやパートタイム勤務はよくあることだが，このような家族責任のためだけではなく，自分自身の学習や旅行など，多様な理由で柔軟な働き方をすることを選択できるようにしている。

　The Britannia Group がこのような施策を行うのは，柔軟な働き方は，従業員のワーク・ライフ・バランスの実現につながるが，それだけでなく，会社にとっても多くの潜在的な利益を生むと考えているからである。この場合の利益とは，人材確保，モチベーションの向上，ビジネス上の柔軟性の向上，欠勤・残業・離職の減少，女性管理職（特に上級管理者）の増加などである。

　人材確保に関連しては，The Britannia Group 内で最大の従業員をかかえる事業所が Leek（地名）という地方に立地しているので，柔軟な働き方を提供し，遠距離からの応募を増やすことが，より多くの上級レベルの人材を集める 1 つの方法となる。また，ビジネスの柔軟性の向上については，多様な働き方により，通常の 9 時から 5 時の時間枠を超えた顧客サービスが可能になってい

る。

The Britannia Group では，柔軟な働き方の選択肢を含む以下のようなワーク・ライフ・バランスの制度を導入している。

①雇用の一時中断（無給）

雇用契約を一時中断し仕事から離れることができる。期間は 6 カ月の比較的短期から 5 年間の長期にわたることも可能である。雇用契約が切れるので，中断しているあいだの賃金保障はないが，期間終了後の雇用の再契約が保障されている。

従業員は，「他社での雇用」以外の理由であれば申請可能であり，例えば，再教育を受ける，旅行，高齢者介護，子どもの養育など様々な理由での申請がある。

②短期休暇（無給）

時間単位での休暇取得（最大で年間 70 時間まで），あるいは，連続休暇（最大 6 カ月）の取得ができる。この場合は上記の雇用期間の中断と異なり，雇用契約は継続する。休暇終了後はもとの仕事に復帰するか，あるいは同じような役割の職に復帰することができる。

申請理由には，例えば，勉学，学校の休み期間の児童の養育，高齢者介護などがある。

③家族休暇（有給）

両親・パートナー・子どもなど，同居の扶養家族の緊急事に休むことができる。例えば，家族が死亡した際などの休みに利用されている。勤務 12 カ月間につき，5 日間以内の取得が可能である。

④出産休暇（養子縁組に要する休暇も含む）は，法定日数の 12 週間（この間は法で定められた賃率を超える額を会社が支給）に加え，27 週間まで（法で定められた賃率を適用）を会社が付与する。合計で 39 週間の休暇を取得することができる。

⑤一時的な在宅勤務

随時，ライン管理者の同意を得た上で，在宅勤務を行うことができる。在宅勤務は固定ではなく，一定期間，特別なプロジェクトに取り組む際，仕事や思

索が中断されないようにするための働き方である。

　以上のように，柔軟な働き方については，希望する従業員からの申請により，従業員と管理者が話し合いを行った後にその適否が判断される。わずかだが申請が却下されることがある。例えば，時間圧縮のケースでは，従業員が「5日間の仕事を4日で行いたい」と申請しても，小さな組織の場合，管理者が「仕事が窮屈になり過ぎて管理できない」と反対することもある。このような場合，話し合いの末に「2週間で9日間働く圧縮パターンで」という妥協が成立することもある。

　先に述べたように，The Britannia Group では，「柔軟な働き方は従業員と会社の双方にとって良い状況を生むことを目的とする」と掲げているので，従業員からの申請が提出されても，それが会社のニーズに沿わない場合，管理者は許可しない。申請が却下される主な理由として，その休暇付与により追加コストが発生する場合，顧客に不利になる場合，従業員間で仕事のやりくりができない場合，増員できない場合，品質やサービスの質および業績にマイナスの影響がでる場合がある。また，柔軟な働き方が可能かどうか判断しかねる場合に，柔軟な働き方を試行した後に判断する場合もある。

　また，この会社のプログラムには，これらの柔軟な働き方のほかに，育児バウチャー，従業員支援プログラム（Employee Assistance Program : EAP）などの制度も導入されている。

　The Britannia Group では，上記のワーク・ライフ・バランスのプログラムを実践した結果，スタートの2003年から2007年の4年間で次のような成果がみられる。つまり，欠勤率（3.5→2.4%）の低下，離職率（19.3→13.0%）の低下，出産後の職場復帰率の上昇（73→80% 以上），上級レベルの女性比率の増大（18→26%）などである。さらに，従業員に対する調査では，ワーク・ライフ・バランスのプログラムをスタートする前の2003年には従業員の50% が「ワーク・ライフ・バランスの権利がない」と回答していたが，プログラムをスタートした後，「The Britannia Group は，あなたの仕事と家庭生活のバランスをとることを支援する会社である」ことを認める従業員が2004年には83%, 2007

年には93％に上昇している。この会社では，ワーク・ライフ・バランスおよび柔軟な働き方の促進が，従業員の満足と定着をもたらし，人的資源管理面での成果を上げている。（事例はIDS〔2008〕*HR Sttudy* 873より）

② 介護の社会的な取組み事例：Employers for Carers

　近年のイギリスにおいて，介護を必要とする高齢者が増えたことに伴い，家族をケアをする働き盛りの労働者が増え，家族ケアの負担から仕事をあきらめる者も増えている。こうした問題を背景に企業は対応を迫られている。

　そこで，イギリスの企業は，高齢者や障害者を「介護する人を支援」する民間団体であるCarers UKのもと，職場において「介護者を支援する経営者支援」を行うEmployers for Carersという団体を立ち上げた。専門家集団であるCarers UKが，介護や介護者についての専門知識の提供を担当し，Employers for Carersは，加盟する企業経営者のあいだでの情報交換や支援活動を行っている。

　組織，はリーズ大学等をリーダーに，大小企業の経営者が加入するメンバーシップ・フォーラムであり，ブリティッシュ・ガスがチェアを担っている。この団体の主な目的は，職場の介護者を支援することにより，職場の介護者（介護に責任をもっている従業員）を支援し，離職を防止し，欠勤を削減し，従業員の技能や経験の確保，生産性の向上，採用および訓練にかかる費用の節約をはかることである。

　そして，ここでも，職場で働く介護者のニーズとして，柔軟な働き方，フレキシブルな休暇が挙げられている。

　以上，介護と仕事の両立においては，この民間の任意団体のネットワークが目立った動きである。ちなみに，この2つの団体の特徴は，支援者の支援に焦点が当てられている点にある。つまり，Carers UKは被介護者ではなく介護者に，Employers for Carersは介護する労働者ではなく，企業に焦点を当てている（事例は，Employers for Carers公式サイト　https://www.employersforcarers.org/　2017年4月17日アクセス）。

5　柔軟な働き方をめぐる労使のねらい

1　使用者のねらい

　前述では，個別企業の事例について紹介したが，イギリスの労使それぞれの団体は，このワーク・ライフ・バランスや柔軟な働き方をどのようにみているのだろうか。以下に，使用者団体 CBI の見解と，労働組合会議の見解について比較し考察する。

　CBI は，「働き方を柔軟化することで，需要の山と谷，市場の変化に即応することが可能になる。また，柔軟な働き方はワーク・ライフ・バランスを実現するので従業員にとってもよい」と考えている（CBI〔2006〕*The best of both worlds: A guide to flexible working*, p.4）。

　さらに，柔軟な働き方は，「伝統的なステレオタイプの従業員，つまり，男性，働く時間は9時から5時，場所は1つの事業所，契約は期間の定めなしという典型からの脱却」を意味するとしている。また，柔軟な働き方を①Flexible time（働く時間の柔軟化），②Flexible place（働く場所の柔軟化），③Flexible contract（〔雇用〕契約の柔軟化）の3つの局面でとらえている（CBI〔2006〕p.5）。つまり，使用者側の労働のフレキシビリティの考え方には，雇用契約の柔軟化，すなわち労働市場における労働力の流動化も含まれることが明示されている。

　また，CBI は，柔軟な働き方に関連して，次の3つの圧力，つまり労働力の変化による圧力，競争的圧力，雇用関連の法的規制の圧力の存在を挙げている。

　第1の労働力の変化による圧力とは，女性や高齢の労働力の増加や失業問題への対処が迫られていることである。第2の競争的圧力とは，コスト削減，顧客サービスの向上，また，そのための従業員すべての可能性の最大活用という課題である。

　第3の雇用に関する法規制の圧力とは，将来，柔軟な働き方に関する法律が拡大することが予想されている。それは柔軟な働き方の権利に関する法律の拡大のみではなく，性差別禁止法，障害者差別禁止法，労働時間規制法の強化のことである。これら，すべてが，柔軟な働き方の拡大に関連し影響されると考

えている。

　上記は，企業が，ワーク・ライフ・バランスを実現しやすい環境をつくり，多様な労働力を活用し，また，より多くの労働者を活用する必要に迫られていることを意味する。従業員の確保と維持にとって，誰もが働きやすい環境をつくることは，人口減少と高齢社会の中で企業を維持する上で必須となっている。これらは，労働者確保，モチベーションの上昇による生産性の向上，離職の減少による採用コストの減少，評価の高い従業員の定着，さらに欠勤・病気・ストレスの減少につながるというメリットがある。

　また，柔軟な働き方はビジネス上の要請でもあることが重要なポイントである。雇用期間や労働時間に関する契約の柔軟性は，労働量のフレキシビリティであり，企業を取り巻く環境変化に対応しコスト調整に寄与する。また，働く時間帯や曜日（夜間や週末など）に関する契約の柔軟性は，ビジネス顧客と消費者が求める時間的制約のない柔軟な取引を可能にすることでビジネスの収益に貢献する。

　使用者側にとり，柔軟な働き方に関する従業員の申請権をマネジメントすること，つまり，柔軟な働き方と，効果的なビジネスとのバランスをとることが，今後10年間，極めて重要な課題になると考えている（CBI〔2006〕p.5）。

［2］ 労働組合のねらい

　一方，労働組合会議（TUC）は，「雇用されている者は私生活と仕事のバランスを良くするために柔軟な働き方を求め，企業は競争とより良いサービス提供のために労働の柔軟化を求める」，「TUC は労働組合と経営者が，管理者とスタッフが，変化を達成し利益を共有するために，いかに協力することができるかを証明する」（TUC〔2001〕*Changing Times*, p.1）と述べる。つまり，柔軟な働き方について労使それぞれが第一義的に求めるものが異なると理解した上で，共有の利益と，労働者側の利益を求めて，柔軟な働き方を推進するという姿勢である。

　しかし，一方で，従来，柔軟な働き方が労働者にマイナスの影響を及ぼしてきた点について TUC は懸念を表している。それは，第1に，パートタイム勤

務の不利な賃金についての問題，および第2に，男女の役割分担にまつわる格差の問題である。これらのことは，2003年に施行された柔軟な働き方の申請権が，男女の不平等の強化につながる危険性をはらんでいることを示唆する。

　イギリスにおいては，いまだにフルタイムからパートタイム勤務に移行すれば大きなペナルティをこうむる。実際に，パートタイムを申請した女性は低賃金の問題をかかえており，その賃金ギャップが狭まったという証拠はない（TUC〔2006〕*OUT OF TIME*, pp.10-11, p.41）と指摘されている。また，男女の固定的役割分担が解消されない以上，柔軟な働き方とケア責任との結びつきが強化されることにより，育児と短時間労働の結びつきが男女の雇用や賃金の不平等の強化を招く危険性があると指摘される。実際に，2005年にイギリスで柔軟な働き方を申請したのは男性では10%，女性では19%（TUC〔2006〕p.43）であった。

　しかし，上記の懸念にもかかわらず，TUCが柔軟な働き方を推進する理由について，以下の3点を挙げて説明することができる。

　第1に，柔軟な働き方が長時間労働の是正の手段となること。第2に，EUというバックボーンの存在と，そのことによるEU指令の国内法制化が進み英国内の労働法が整備されつつあり，それによるリスクの低下が考えられること。そして，第3に，イギリスの労使関係が**パートナーシップ**へと変化し，社会的な問題を話し合いで解決する土壌が期待できることが挙げられる。

　まず，第1の柔軟な働き方が長時間労働の歯止めになることについては，柔軟な働き方を選択することにより，労働時間調整の主導権を部分的に労働者側に移行できるという可能性が挙げられる。つまり，TUCの短期的で第一義的な目的は，労働時間の短縮であるが，長期的で最終的な目的はより自由な働き方にある。その意味を込めて使用されるキーワードとして「ポジティブ・フレキシビリティ（positive flexibility）」という言葉がある。このことについてTUCは「ポジティブ・フレキシビリティとは，働く人々がより多くの裁量と選択の

パートナーシップ：イギリスの労使関係は長いあいだ，利害が対立する問題について，主に団体交渉を行うことで決定してきた。1990年代のブレア政権は，「職場におけるパートナーシップ」の推進を図り，労使が協議により合意形成し，互いの利害を統合し共同する方向へと転換していった。

権利をもち，使用者は能力開発と訓練に投資し，労働者とのパートナーシップが機能する状態である…（中略　筆者）…経営者が，意見や欲求を言う機会のない労働者に，労働組織の形を一方的に押し付けるものとは異なる」（TUC〔2001〕p.4）と述べている。つまり，このポジティブ・フレキシビリティは，経営側が用いるフレキシビリティ，つまり「フレキシブルな経営モデル」上で考えられているフレキシビリティとは異なる狙いと意味をもつ。こうした労働者の裁量と選択による働き方が実質的に可能になれば，労働時間の調整は労働者の手によって行われることになる。つまり，柔軟な働き方は，労働時間の調整可能性により，時間短縮にも効果をもつと考えられている。

　また，第2に，TUC が柔軟な働き方によるマイナスの影響を防止するための，1つの拠り所としているのが EU 指令であり，その国内法制化であると考えられる。労働時間指令（労働時間の週48時間規制，時間外労働の規制），パートタイム勤務に関する指令（不利益扱いからの保護），期限付き雇用に関する指令（不利益扱いの防止）が国内法制化されている。こうした法律により，実際に，柔軟な働き方を選択した際のパートタイム勤務者について，法律で一定の保護が与えられる。これらは，パートタイム勤務者を保護する最低限の法律である。だが，従来，法的規制の少ない中で，労使がせめぎ合う方法で任意のルールを規定してきたイギリスの経緯からみると，より広範で安定しているといえる。

　第3に，さらに，EU の労使関係の方向性が，企業の生産性に協力しながら発言権を高めていくパートナーシップ路線であることが，イギリスの労使関係にも影響を与えている。つまり，イギリスの労働組合も使用者とのパートナーシップの構築に向け，柔軟な組織形成に協力し情報共有と雇用の安定を獲得する方向に転換してきている。

　以上のように，EU の存在，法律によるパートタイム勤務の保護規制と，パートナーシップによる労使の対話は，柔軟な働き方に対する労働側の挑戦的な方針を支えているといえる。

6　ワーク・ライフ・バランスと柔軟な働き方についての展望

　英国政府は，柔軟な働き方に代表されるワーク・ライフ・バランスが「企業の成功の条件づくりを牽引する。それは，企業・消費者・従業員にとっての価値の創造につながる競争的で柔軟な市場を通じて実現される」（BERR〔2007〕p. iii）と訴えてきた。英国政府はワーク・ライフ・バランスが社会共通の利益につながることを強調し，2000年以降，キャンペーンを推し進めてきた。

　ワーク・ライフ・バランスの中核をなす雇用の柔軟性および柔軟な働き方は着実に普及してきた。しかし，その目的と狙いが労使のあいだで一致しているとはいえない。労働者側には，長時間労働是正，および仕事と家族の統合課題があり，労働者個人のための私的な時間の確保，就労継続による経済的生活の安定という目的があり，使用者側には企業の生産性向上のための時間管理と労働力確保の適正化という目的がある。

　労使はともにワーク・ライフ・バランスをスローガンとしたキャンペーンに参画し共同で働き方の柔軟性を推進し普及させてきたが，双方はどこまで協調的に働き方の柔軟性を進めていけるかが課題となっている。その象徴的な現象として，イギリスにおける「**ゼロ時間契約**」の増加とそれをめぐる意見の対立がある。

　今後のイギリスにおいて，EUからの離脱が決まったことで，EU指令を国内法化する中で充実してきたイギリスの労働規制がどうなるのかも注目すべき点である。

　さらに2014年から従業員すべてに，柔軟な働き方への変更を申請する法的権利が付与されたことで，企業では多様な働き方の調整がマネジメントの課題となるであろう。従業員は，家族のために必要な時間帯，生体としての労働者

ゼロ時間契約（zero-hour contract）：週・月当たりの労働時間の契約ではなく，仕事があるときに呼ばれ，その就労に応じて賃金が支払われる働き方。仕事の日時・時間・賃金額の保証がないため生活が不安定になりやすい。イギリスでは，近年，大手企業，公的サービス等で，この契約での労働力の使用が増えており，問題となっている。

▶▶ *Column* ◀◀

イギリスの欠勤問題とワーク・ライフ・バランス

　英国企業にとって，欠勤は常に頭の痛い問題です。欠勤による損失は直接的なもの，間接的なものを合わせると相当な額になります。英国人事協会の調査（CIPD〔2016〕*Absence Management*）によると，イギリスでは欠勤が 1 人当たり平均 6.3 日／年，欠勤による直接的な損失は年間従業員 1 人当たり平均 522 ポンドです。欠勤は，組織のモラル低下といった間接的影響も及ぼしますので，採算への影響はもっと大きな額に上ります。イギリス全体でみると欠勤による損失は莫大です。

　ところが，2009 年以降の不景気をきっかけに，イギリスでは病気欠勤が減る傾向にあります。他方で，職を失う恐れなどから，presenteeism（体調が悪くても出勤する）文化の復活がみられるようになりました。ほぼ 4 人に 1 人が，体調が悪いにもかかわらず出勤するようになり（IDS〔2009〕*HR Study* 889, p.2），2016 年は，75％ の企業で presenteeism がみられ，いま，イギリスでは presenteeism の増加が問題になっています（CIPD〔2016〕）。どこか，日本の組織にも似ていますが，体調の悪いときに無理して出勤する傾向は，ワーク・ライフ・バランスが叫ばれる時代に逆行する現象ですね。

　さて，話は戻りますが，欠勤の原因の 1 つに長期の病気欠勤の問題があります。特に，事務職などのノンマニュアルワーカーのケースでは，その最も大きな原因はストレスといわれています。イギリスの 63％ の経営者が職場のストレスの把握や削減に取り組んでいます。多くの企業が取り組んでいるのは，「従業員調査」（68％），「柔軟な働き方／ワーク・ライフ・バランス向上」（61％）です（CIPD〔2016〕）。いまや，柔軟な働き方やワーク・ライフ・バランスは，欠勤やストレス対策としても重視されています。

の生活リズムのための時間，労働者が就労継続のためにライフイベントや体力に合わせて労働力提供を調整することを求め，一方企業は，ビジネスにとって必要な時間帯，ICT の普及とともに高速で 24 時間眠らないグローバルなビジネス環境や便利な消費環境のための時間での労働力の使用を必要とし，企業が競争のために適正な労働力の調整をしながらマネジメントしなくてはならない。

　イギリスでは，2000 年以降，労使双方がこうした矛盾する部分に触れずに，パートナーシップを保ち，それぞれの問題解決をはかる姿勢で，労働の量的・時間的・場所的フレキシビリティを推し進めてきた。この先，労使の利益を同

時に成り立たせるような統合的なフレキシビリティモデルが確立するのかが注目される。それは今日の日本の労働市場と企業のマネジメントにヒントを与えるものかもしれない。

[推薦図書]

ヒュー・コリンズ／イギリス労働法研究会訳（2008）『イギリス労働法』成文堂
　　イギリス労働法に込められた考え方が書かれている一冊。労働に関する歴史や哲学を学ぶことができる。

[設　問]

1. 柔軟な働き方について，企業側・労働者側のそれぞれの視点から，そのメリットとデメリットを考えてみよう。
2. イギリスと日本の社会や働き方の共通点を考え，イギリスのワーク・ライフ・バランスから学ぶことは何か。また，日本とイギリスの状況のちがいについて考えてみよう。

（中川香代）

第5章

ドイツのワーク・ライフ・バランス
──男性中心の就労社会は変わるか?──

　ドイツは,日本と同じく男性稼ぎ主モデルの社会です。2000年以降,政府主導のもとにワーク・ライフ・バランス政策が推し進められてきました。その政府が取り組み始めた背景には何があるのでしょうか。どのような枠組みで進められてきたのでしょうか。企業ではどのような施策が行われたのでしょうか。働く人や労働組合はどう受け止めているのでしょうか。男性稼ぎ主モデルのあり方はどう変化するのでしょうか。

1　ドイツのワーク・ライフ・バランスをみる視点

　本章では,ドイツにおけるワーク・ライフ・バランス(以下,「WLB」)の取組み状況を考察する。WLBの議論では,しばしば北欧諸国の先進事例が注目されるが,ドイツは日本と同様に男性稼ぎ主モデルという特徴をもつ。こうしたドイツの取組みを検討することは,日本の取組みを考える上でも興味深いであろう。

　本章では,仕事(ワーク)と生活(ライフ)の2つの領域のうち,仕事の領域,すなわち企業における取組みを主に検討する。しかしそれに入る前に,生活の領域および政府による政策推進の枠組みについても触れたい。生活の領域に触れるのは,WLBでは仕事と生活の関係性が問題となるため,生活領域も視野にいれる必要があるからである。政策的枠組みに触れるのは,ドイツでの取組みが2000年以降,政府の強いイニシアティブのもと,経営者団体や労働組合を巻き込みながら,国を挙げて取り組まれてきたことによる。企業における取組みも,こうした枠組みの中で理解される必要がある。

　以下では,まずドイツにおけるWLBの取組みの背景,政策の枠組みと進め方を概観し,次に生活領域の取組みを素描する。その上で仕事領域の取組みを

検討する。具体的には，どのような取組みが行われてきたか，普及度はどうか，導入の動機は何か，働く者の受け止めはどうか，労働組合はどのように対応してきたのか，という点を検討する。最後に，評価と展望を述べる。

　なお WLB に対応するものとして，ドイツ語では「家族と仕事の両立 (Verein-barkeit von Familie und Beruf)」という言葉が用いられている。WLB と異なり，「家族」が明記されており，単身者を考慮しない印象を与えるため，労働組合は「仕事と私生活と家族の両立 (Vereinbarkeit von Beruf, Privatleben und Fami-lie)」という表現を用いることもあるが，これは普及していない。WLB 政策は，連邦家族・高齢者・女性・青年省（BMFSFJ，以下「家族省」）が担っており，企業レベルの取組みについても経済省や労働省ではなく家族省が統括している。「持続可能な家族政策の一部としての家族にやさしい労働世界」という表現にみられるように，家族政策を広義に理解した上で，下位政策として就労政策を位置づけている。このようにドイツの WLB は，家族政策に軸足をおいて進められている。ただし政策としては，出生率と女性就業率の上昇を目標とする点，女性とりわけ子どもをもつ既婚女性を主要な対象グループとしている点などは，他国の WLB と共通している。なお WLB は，理念的には性別や世帯状況にかかわりなく，仕事と生活との調和を目指すものであるが，実際の厳しさから女性の就業条件が焦点として扱われてきた。本章でもここに絞って検討する。

2　取組みの背景と政策の枠組み

　2000 年以降，ドイツでは WLB が政策課題として大きく取り上げられるようになってきた。その背景には，他の先進諸国同様の社会システムの持続的発展に対する危機感がある。出生率は隣国フランスでは 2.0 に回復しているのに対し 1.3 台に停滞し，欧州連合の中でも南欧諸国とならび低水準にある。現時点で 8200 万人である人口も 2050 年には 6500〜7000 万人まで減少し，就業人口も 3 分の 2 に減ると予測されている（Eichhorst, W./ Thode, E.〔2002〕*Verein-barkeit von Familie und Beruf: Benchmarking Deutschland Aktuell*, Bertelsmann Stiftung. S.7）。こうした中，社会保障システム維持のため，移民労働力導入の

議論と並んで注目されるようになってきたのが，1つには女性就労の促進であった。専門資格を活かすとともに，社会保障の担い手として期待された。もう1つは出生率を向上させることであった。こうして家族と仕事との両立が大きくクローズアップされることとなった。

　政策を進めるに当たっては，**コーポラティズム**的あり方，すなわち政府が労働組合や経営者団体と連携をとりながら進めている。この三者について簡単にみておきたい。

　三者の中では政府の強いイニシアティブが際立っている。政府の取組みには，国内外の背景がある。まず国外的な要因としては，欧州連合（EU）での90年代からの取組みがあった。欧州連合では1999年に**ジェンダー・メインストリーミング**が基本原則に加えられ，2000年のリスボン戦略ではEU全体の女性就業率目標が60％に，2002年バルセロナ欧州理事会では3歳以下の子どもの託児所設置目標が30％に設定された。2006年3月には両性平等促進のための欧州協定が議決され，2010年に向けての行程表も採択された。

　また国内では，1998年の社会民主党と緑の党を連立与党とするシュレーダー中道左派政権の成立が大きなきっかけとなった。これにより，WLBが初めて政府の政策プログラムに掲げられた。政府部門では家族省が統括している。本格化するのは2002年，第2次シュレーダー内閣でレナーテ・シュミット（社会民主党）が家族大臣に就任して以降である。シュミットは，育児施設の全日制化，育児手当の拡充など，その後の政策の基本方向を打ち出すとともに，社会の主要なアクターのネットワークとして「家族のための連合」（2003年）や「家族のための地域同盟」（2004年）を立ち上げた。2005年メルケル大連立政権下で家族大臣となったウルズラ・フォン・デア・ライエン（キリスト教民主同盟）は，保守政党の政治家であったが，シュミットの路線を継承した。キリスト教民主同盟の有力政治家の家に育ったフォン・デア・ライエンは，博士

コーポラティズム：全国レベルで強力に組織された労働組合と使用者団体が，経済政策決定において制度的に関与し，大きな役割を果たす意思決定モデル。
ジェンダー・メインストリーミング：政府の政策策定や事業実施において，女性の地位向上やジェンダー格差解消の視点を中心に据えること。

号を有し7人の子どもを育てながら政治家としてのキャリアを積んできたが，強い個性も手伝い，WLBをメルケル政権の目玉政策の1つに押し上げた。

　次に**労働組合**であるが，労働組合も政府のイニシアティブを基本的に肯定的に受け止めている。女性政策については長年，労働組合も取り組んできたものであり，また労働条件の改善，とりわけ労働時間短縮はとりもなおさずWLBの改善であったといえる。ただしこれまでの比重が，処遇平等や管理職比率向上などといった企業内での男女平等を主眼にしていたこと，またWLBが政府主導ででてきた経緯などから，受身の姿勢がみて取れ，労働組合としてのスタンスを確定するのに時間が必要であったようである。この背景については後述する。

　最後に経営者団体についてであるが，一見意外なのが経営者団体の積極的姿勢である。経営者団体は，WLBの方策を導入することにより，優秀な人材の維持，人材調達コストの節約，企業への信頼向上，社会的イメージアップ，受注変動への柔軟な対応，生産性向上などの点で企業にメリットがあるだけでなく，女性労働者の参加，出生率上昇などのマクロ的メリットもあることを強調し，企業での積極的導入を呼びかけている。また経営者団体は，労働組合よりも早い時期から政府と連携して多くのプロジェクトに参加している。2005年に始まった「家族に優しい企業」コンクールである「成功要因としての家族」への協力，すぐれた企業の事例紹介や啓蒙活動，コンサルタント活動を通じ，企業へのWLB導入を援助している。

3　男性稼ぎ主モデルの国ドイツ

　ドイツには女性の就労促進という点では必ずしも有利な条件がみられない。その状況をいくつかの事例で確認しておきたい。

　女性の就労状況をいくつかのデータでみておきたい。2005年の就業率でみ

労働組合（ドイツ）：日本の労働組合が主として企業別に組織されているのに対し，ドイツでは企業を横断して産業ごとに組織されている。職種，地位（事務職，現業職）にかかわらず，当該産業分野のすべての労働者が対象となり，企業の枠を超えた横の連帯を支えている。

表 5-1　5 歳以下の子どものいる世帯での母親の就労形態の希望と実態

(単位：%)

		夫フルタイム 妻フルタイム	夫フルタイム 妻パートタイム	夫フルタイム 妻就労せず	その他
ドイツ	希望	21.4	28.1	44.1	6.4
	実態	10.1	22.5	50.4	17.0
フランス	希望	45.2	18.6	26.3	9.8
	実態	31.7	14.9	34.0	19.4
イギリス	希望	12.6	59.0	20.8	7.6
	実態	11.1	46.4	26.0	16.5
スペイン	希望	36.7	21.7	34.1	7.6
	実態	30.7	15.1	43.6	10.6
イタリア	希望	22.4	35.1	29.3	13.2
	実態	15.5	30.9	36.5	17.2

(出所) Eichhorst u.a., (2007) S.40.

ると，北欧諸国が 70% 以上であるのに対し，ドイツは 59.6% にすぎない（日本は 58.1%）。また**パートタイム就労**が多い。2005 年にはパートタイム就労者のうち 81.4% が女性であり，OECD 諸国ではオーストリア，スイスについで 3 番目に高く，女性就労者のうち 39.4% がパートタイム就労である。なお日本は 42.3% である（Eichhorst, W. u.a.,〔2007〕*Vereinbarkeit von Familie und Beruf im internationalen Vergleich*, Bertelsmann Stiftung, S.20-21）。

　これは男女の賃金格差に反映される。2007 年のドイツの平均女性賃金は男性の 76.3% であり，スウェーデン 89.5%，イギリス 83.1%，アメリカ 80.2% に比べ低い。日本は 66.9% である（労働研究・研修機構〔2009〕『データブック国際労働比較 2009』）。

　また就労に関する希望と実態とのズレをみると，やむをえず専業主婦になっている状況がみて取れる（Eichhorst u.a.,〔2007〕S.40）。**表 5-1** は，5 歳以下の子どものいる世帯での母親の就労形態の希望と実態について，いくつかの国の状況を示したものである。ドイツでは，男女ともにフルタイム就労を希望す

パートタイム就労（ドイツ）：日本ではパートタイム就労は非正規雇用という身分と直結しているが，ドイツでは労働時間のみを目安としている。そのため正社員の短時間就労者も含まれている。

る世帯は 21.4% に対し，実際は 10.1% であり，男性フルタイム／女性パートタイムの場合は，希望 28.1% に対し，実際は 22.5% である。合計すると，約半数の世帯の母親が何らかの形で就労を希望しているが，実際には 3 分の 1 にとどまっている。他方，男性フルタイム／女性主婦を希望する世帯は 44.1% であるが，実際には 50.4% となっている。他の国と比較すると，ドイツにおける夫婦フルタイム就業世帯の低さ，専業主婦世帯の高さが顕著である*。

> ＊　2001 年 OECD 『雇用アウトルック』のデータでは，ドイツにおける希望と実態の格差はさらに大きい（OECD〔2001〕*Employment Outlook*, p.136, Table 4.3）。3 つの就労形態の希望が，それぞれ 32.0%，42.9%，5.7% であるのに対し，実態は 15.7%，23.1%，52.3% となっている。特に専業主婦の希望（5.7%）と実態（52.3%）の格差が著しい。

　出産とともに女性の就業が減る状況もみられる。育児休暇 3 年後に 40% が復職しない。第 1 子後には 65% が就業を続けるが，第 2 子出産後には 58%，第 3 子以降では 41% と減少している。これはヨーロッパの中で最も低い水準である（BMFSFJ〔2008〕*Arbeitsbericht zum Unternehmensprogramm „Erfolgsfaktor Familie"*）。

　この背景には育児施設の未発達がある。例えば，2005 年のデータによると，3 歳以下の乳幼児の受け入れは 9%（フランス 39%，デンマーク 55%，スウェーデン 40%），4 歳以上の幼稚園の受け入れは 73%（同 87%，90%，72%）である。特に乳幼児は母親が付きっきりで世話をすることを理想とする考えが根強く，育児施設の整備が放置されてきた（Eichhorst u.a.,〔2007〕S.78）。また小学校も基本的に 8 時から 12 時 30 分までの半日制であり，昼食や宿題補助は伝統的に母親の仕事とみなされており，母親の負担が大きい。「キャリア女」「カラスの母親」（カラスがヒナの面倒をみないという迷信による）といった就労女性に対する否定的言葉があるが，政府も第 2 次家族報告書（1974 年）で，家族の社会的機能の低下の原因を「既婚女性の就労が残念ながら増大したこと」にみていた（Opielka, M.〔2002〕„Familie und Beruf. Eine deutsche Geschichte," *Aus Politik und Zeitgeschichte*〔B 22–23〕）。

　さらに所得税制や社会保険制度においても，既婚女性が就労を控えた方が有利になる仕組みがみられる。所得税においては，夫婦合算分割方式がとられ，

夫婦所得は合算して二分したものに課税されるため，妻の所得が低いほど課税
される平均所得が低くなり課税率が下がる。これが就業抑制に作用する。また
社会保険制度においても，健康・介護保険における専業主婦の保険料免除がみ
られる。日本と同様に，租税制度や社会保険制度が男性主要稼ぎ主世帯をモデ
ルとしてつくられている。

　現在ドイツで取り組まれているのは，「母親に昇進機会が与えられず，父親
の育児参加がさげすまれるような社会には後継世代は生まれてこない」（シュ
ミット前家族大臣）ことへの反省に立ち，男性稼ぎ主モデルを転換させる試み
である。こうして 2006 年の家族省第 7 次家族報告書では，「幅広い選択可能性
を伴った，時間・金銭・育児インフラの 3 つの調和」が強調されることとなっ
た。すなわち，育児時間が保障され，労働時間と調整しやすいか，育児におけ
る金銭的保証は十分か，育児・教育のためのインフラは整備されているか──
これら 3 つを相互に連動させながら条件改善を進める試みがなされてきた。こ
のうち最も改善が必要とみなされたものが育児インフラであり，これは仕事と
生活のうち，生活領域にかかわるものであった。次にこの領域をみることとし
たい。

4　生活領域における取組み

　ドイツでは育児支援のインフラ整備は遅れていたが，育児のための金銭的支
援は充実している。児童手当は 2005 年で第 1 子から第 3 子まで毎月 154 ユー
ロ（1 ユーロ＝ 130 円として約 2 万円），第 4 子以降は 179 ユーロ（約 2 万 3000
円）が 18 歳まで支給される（進学，職業教育の場合，最長で 27 歳まで延長され
る）。これは国際的にみても極めて高い水準にある。これに加えて乳児期には
2 年間の育児手当が支給されてきた。この背景には，母親が育児を担うべきで
あるが，育児への財政的支援は国が責任をもつという政策思想があった。

　こうした状況のなか，2 つの大きな転換がみられた。1 つは，2007 年 2 月に
連邦家族省が発表した 3 歳未満の育児受け入れ数の 3 倍化計画である。2013
年までに 25 万人から 75 万人へと受け入れ数を拡大すること，育児施設への入

所を権利化することを目指していた。その後，連邦，州，自治体間の財政調整を行いながら，具体化が進められている。また小学校の全日制への転換も取り組まれている。これは国際学力比較調査（PISA調査）の成績不振を背景とした教育制度改革の一環としての側面も併せもっていた。

　もう1つは，2007年1月に育児手当に代わって導入された両親手当である。従来の育児手当は，所得と無関係に毎月300ユーロが2年間支給されており，また高所得者にとっては収入減を意味したため，就労インセンティヴを弱めるものであった。これに代わる新しい制度では，最終所得の67%（上限1800ユーロ）が12カ月支給され，また配偶者（大部分は夫）が最低2カ月の育児休暇をとれば，合計で14カ月まで受給できるものとなった。就労しない女性には300ユーロの最低額が保障される。所得比例の手当てとなったことで，女性就労が積極的に位置づけられたこと，男性の育児参加促進を法律上初めて規定したことは，画期的であった。他方で，「育児放棄につながる」「3歳未満の育児には母親が必要」「専業主婦が差別され不利益を被る」といった保守派からの批判があり，男性の育児休業も「おむつボランティア」と揶揄される状況もある。促進する側からは，男性の育児選択へのインセンティヴの弱さが指摘されている。しかし脱男性稼ぎ主モデルへ舵がきられたことは確かだった。導入前の2006年に3.5%であった男性の育休取得率は，2008年には18.5%へと大きく上昇した（BMFSFJ〔2008〕*Arbeitsbericht zum Unternehmensprogramm „Erfolgsfaktor Familie"*）。

　以上，生活領域での状況をまとめると，女性就労においてインフラの未整備が大きな障害であったが，保育施設の拡充で打開しようとした。インフラ未整備の背景には，育児は母親が担うものとみなす考えがあったが，これも両親手当の導入により政策的に変わりつつある。こうして生活領域における取組みが進む中，今度は仕事領域における取組みが問われることになる。家庭・育児の条件が整ったのに，女性就労が厳しいのはどうしてか，女性が管理職になるほど少なくなるのはなぜか，男性の育児休業取得が少ないのはなぜか，これを明らかにするには仕事領域固有の条件をみる必要がある。次に，仕事領域での取組みをみていくこととしたい。

5 仕事領域における取組み

　仕事領域での取組み，すなわち企業レベルでの取組みは，政府の強いイニシアティブのもとに進められてきた。本節では，最初に政府主導の取組みを素描した上で，企業レベルでの取組みについて，具体的措置，普及度，導入の理由，従業員の反応をみていく。そして，最後に従業員代表委員会，労働組合のスタンスを確認する。

1 政府の取組み

　すでに述べたように，WLB 政策は 2000 年以降，政府の強力なイニシアティブのもと推し進められてきた。この間の仕事領域に関する政府の取組みは，以下の 3 点にまとめられる。

　第 1 に，WLB 改善に向けた法的整備である。経営組織法の改正（2001 年）により**従業員代表委員会**の任務として「家族と就業活動の両立」が新たに加えられた（80 条 1 項 2 b）。また両親時間法（2001 年），パートタイム労働法改正（2001 年）により，育児休業条件が改善され，パートタイムとフルタイムとの移行可能性が広げられた。2007 年には育児手当法の改善がみられた。

　第 2 に，政策推進の大枠として，戦略的パートナーシップの強化を目的として，WLB にかかわるアクターのネットワーク形成が進められた。全国レベルでは，2003 年シュミット家族省大臣により「家族のための連合」が呼びかけられ，経済界，労働組合，財団，研究者の参加がみられた。地域レベルでは同大臣により 2004 年「家族のための地域同盟」が提起され，企業，**商工・手工業会議所**，自治体代表，福祉団体，教会，労働組合，学校などの地域の様々なアクターの結集が呼びかけられた。2008 年 7 月時点では全国で 500 以上の地域同盟が作られ，4000 以上の企業，1 万 3000 のメンバーの参加のもと，5200

従業員代表委員会：経営組織法に基づき従業員 5 名以上の事業所で作られる従業員の利益代表機関。人事，経営上の事柄につき幅広い権限をもつ。産業別労働組合が締結した労働協約を具体化させ，遵守させることも重要な役割である。

のプロジェクトが行われている。2006年にはメルケル首相，フォン・デア・ライエン家族省大臣，労使代表らの参加のもとに頂上会談が開かれ，「ドイツは家族に配慮した労働世界を必要としている」という共同声明を発表している。こうした中で，WLBは政府の主要政策の1つとして認知されてきた。

　第3に，こうした大枠のもとで，企業でのWLB導入を促進するために様々な措置が実施されてきた。ここでは4つの具体的取組みを取り上げたい。

　1つ目は，家族に優しい企業の認証の取組みである。これは企業における家族志向の人事政策を促進することを目的として，1999年より公益法人「仕事と家族」社により担われているものであり，家族省や経済省，**欧州社会基金**（**ESF**）などの支援のもとに行われている。2002年からは高等教育機関も認証対象となった。認証においては，企業における対話状況，具体的成果，家族を配慮する企業文化という3つの観点からチェックされている。認証された企業はロゴを3年間利用できるが（再審査により延長），これは外部への企業イメージ向上，対内的には従業員のやる気向上に役立てられている。2017年3月時点で971以上の企業・機関が認証を受けている。

　2つ目に，2005年から家族省と経済省により取り組まれている「成功要因としての家族」というプロジェクトを挙げることができる。経営者や人事担当者を主対象とし，WLBのコンテストを実施するほか，ベスト・プラクティスの紹介，ノウハウの共有化，企業間ネットワークの形成を行っている。2007年からは商工会議所が連絡事務所の機能を担っている。

　3つ目に，2008年から欧州社会基金の支援を受けて，事業所での託児施設設置支援が推進されている。設置後2年間は，年間6000ユーロを上限として運営費の50％が支給される。

　4つ目に，調査研究報告，提言などの啓蒙支援活動が挙げられる。家族省の

商工・手工業会議所：日本では商工会議所に一元化されているが，ドイツには歴史的な経緯から，商工会議所とならんで手工業会議所がある。後者は小規模な手工業事業所を会員とし，手工業独自の利害を代表する。ともに強制加入の公的法人である。
欧州社会基金（ESF）：欧州連合の基金の1つ。加盟国の雇用や社会的・経済的均衡を促進するために活用される。欧州連合の全予算の約10％に相当する財源をもつ。

支援のもと，労使団体，財団，大学や民間研究所と協力して，事業所での実態調査，提言，実践に向けたアドバイスを行い，宣伝，啓蒙活動を行っている。そこでは経営者や人事担当者向けには，WLBのコストとベネフィットを比較してメリットが強調されている（BMSFSJ〔2003〕）。そこでは具体的なメリットとして，人材調達の容易さ，人材移動（流出）の減少，再採用コストの節約，育児休業期間の短縮，事業所環境の改善，やる気の向上，欠勤減少，生産性向上などが強調されている。これにより，従来，社会政策的観点から扱われていたテーマを，経営学的観点から扱い，コスト計算によってメリットがあることを示している。

　政府委託のある調査では，10の中規模企業をサンプルとしてモデル企業を設定し，WLB施策導入のコスト計算のシミュレーションを行っている。1500人規模の事業所で約8万ユーロ節約できると算出しているが，着目したいのは具体的な数字やそこでいわれる効果よりも，こうした効果を企業に呼び掛けてWLB導入を進めようとしている政府の積極的姿勢である。

　他方で，労働組合や事業所レベルの従業員代表委員会メンバー向けにもWLBを呼びかける提言を行っている。従業員へのメリットを説くとともに，労働協約や事業所協定の事例紹介や，活動の可能性へのアドバイスが行われている。経営者団体系のケルン経済研究所によるものであるが，労働組合が作成したものと見間違うほどである。

2 企業レベルでの取組み

　次に企業レベルでのWLBの導入実態をみよう。規制のあり方，具体的措置とその普及度，導入の理由の順にみていきたい。

　ドイツでは，労働法および企業横断レベルの**労働協約**により，就労領域は高度に規制されている。企業レベルにおいても**共同決定制度**により，労働組合や従業員代表委員会の関与が法的に保障され，賃金や労働条件においては比較的

労働協約（ドイツ）：ドイツでは賃金や労働条件は，企業レベルではなく，使用者団体と労働組合により産業レベルで締結される。この集団的労働契約を労働協約といい，法律に準じた効果をもつ。個別企業では，労働協約を下回る取り決めを行ってはならない。

良好な状況にある。

　ドイツの労働規制の手段は，大別すると労働法，労働協約，**事業所協定**の 3 つがある。大まかな関係としては，法律（労働法）が土台をなし，産業別の労使団体によって締結される労働協約がその条件を上積みすることとなり，さらに企業・事業所レベルの労使によって締結される事業所協定が法律や労働協約の具体化，上積みするという関係にある。労働組合としては，逆に事業所協定での成果を積み重ねて，労働協約や法律へと一般化することが目指される。新しいテーマである WLB についてもこうした枠組みで取り組まれてきた。成果もあるが課題もある。以下具体的にみていこう。

　まず企業レベルでの具体的取組みについて，ケルン経済研究所が 2003 年と 2006 年に経営者と人事担当者を対象に行った 2 つの調査をもとにみてみたい。調査項目は比較可能であり，3 年間の趨勢をみてとることが可能である。2003 年調査は 1 万企業へのアンケート（回収 878 社，9%）をもとにしており，2006 年調査は 1128 人の経営者，人事担当者へのインタビューをもとにしている*。

　　*　2003 年調査データは Flüter-Hoffmann, Ch.〔2003〕„Wie familienfreundlich ist die deutsche Wirtschaft？" *iw-trends* 2003/4 に，2006 年データは，Flüter-Hoffmann, Ch.〔2006〕„Work-life balance policies： a win-win situation for all."（http：//www.eurofound.europa.eu/ewco/2006/05/DE 0605019 I.htm　2009 年 9 月 25 日アクセス）による。

　まず 2003 年の調査結果によりながら導入状況を確認しよう。

　取り決めの方法をみると，労働協約によるもの 29.3%，事業所協定によるもの 12.4%，企業指針によるもの 13.5% であり，これらのいずれかがみられる企業は 46.4% であった。企業規模が大きいほど導入率は高いが，中小企業でも非公式な形で行われている場合がみられた。経営者は，労働協約や事業所協定により権利化することを回避する傾向がある。また女性管理職比率が高いほ

共同決定制度：資本家と労働者が対等の立場で，経済の管理運営を共同で行うという思想と制度。19 世紀以来，ドイツ語圏諸国の労働運動に根づき，制度化されてきた。社会主義とは異なり，資本家を追い出すのではなく，資本家と労働者が共同管理するという発想に基づくものであり，カトリック社会理論に依拠している。
事業所協定：事業所ごとに従業員代表委員会と事業所側とのあいだで締結される集団的労働契約。ただし事業所協定よりも，産業別労働協約が優先する。

表5-2 企業における WLB の具体的措置の導入状況

(単位：%)

	2003 年	2006 年
労働時間の柔軟化，テレワーク	76.8	88.9
柔軟な労働時間（日・週単位）	58.0	67.4
個人ごとに取り決められる労働時間	56.4	72.9
一時的なパートタイム労働	40.4	−
裁量労働時間	22.1	51.4
柔軟な労働時間（年単位・生涯）	18.3	32.0
ワークシェア	9.1	14.3
テレワーク	7.8	18.5
サバティカル	4.1	12.3
子どもや家族の世話	41.9	62.3
子どもの病気時の就業中断	41.5	47.7
家族の介護時の就業中断	23.4	34.6
事業所付設の幼稚園	1.9	3.5
事業所付設の託児所	1.8	−
介護サービス，短時間介護	1.6	3.7
幼稚園の一時的利用	1.4	−
デイマザー・サービス	1.0	
家族サービス，情報・助言サービス	20.0	38.8
健康予防，健康保持プログラム	12.7	−
子どもの食堂利用	7.7	5.2
従業員と家族への余暇サービスのプログラム	6.3	7.4
法律相談（例えば育児休業）	6.2	25.4
家事関連のサービス提供	4.1	5.0
両親や女性への支援	15.7	84.3
職場復帰プログラム	12.4	22.1
女性への特別のキャリア支援	5.9	
育児休業中の従業員への継続教育	5.9	14.8
女性支援プログラム	3.9	
父親支援プログラム	3.5	9.9
育児休業中の代父プログラム	2.4	16.1

(出所) BMFSFJ (2006) *Unternehmensmonitor Familienfreundlichkeit 2006.*

ど導入率は高かった。

　2003 年には，約 4 分の 3 の企業が何らかの WLB 措置をとっていた。これを 4 つの分野に分けてみたものが**表5-2**である。「労働時間の柔軟化，テレワーク」が 76.8%，これに「子どもや家族の世話」41.9%，「家族サービス，情報・助言サービス」20.0%，「両親や女性への支援」15.7% と続いている。1 つ

の措置も導入していない企業は全体の5分の1（19.6％）であった。

　導入の理由は高い順に，①従業員の満足度を高めるため（75.8％），②高スキル従業員の獲得と維持（74.7％），③疾病や流出減少による人件費節約（64.3％）となっている。逆に導入しない企業の理由は，①事業所として必要性を感じない（4つの分野で67〜71％），②従業員から要求されない（労働時間柔軟化で36％，残り3つの分野で50％前後），③事業所の課題ではない（25〜30％），④コスト，組織的負担（10〜12％）となっている。導入・非導入ともにコスト要因の比重は大きくなく，むしろ事業所における要求表出の有無が大きなポイントとなっているようである。

　これを3年後の2006年に行った調査結果と比較し，実施状況と経営者の意識の変化をみてみる。まず，表5-2からは，4つの分野すべてで実施率が高まっていることが確認できる。導入していない企業は，2003年の19.6％から4.8％へと大幅に減少した。また経営者の意識も大きく変わった。「家族への配慮」について，「企業にとって重要」という回答が46.5％から71.7％へ，「従業員にとって重要」が54.6％から82.2％へと，それぞれ大幅に伸びた。わずか3年の間にこれだけ大きな意識変化が起こったのは驚きであるが，こうした変化において政府と経済団体の啓蒙活動が果たした役割は少なくないであろう。

　具体的措置をみていきたい。ここでは，①労働時間の柔軟化，パートタイム就労，テレワーク，②育児休業，介護休業，③職場復帰支援，④企業内託児施設の4つを取り上げる＊。

　＊　以下のデータは Flüter-Hoffmann, Ch.（2005）*Familienfreundliche Regelungen in Tarifverträgen und Betriebsvereinbarungen. Beispiele guter Prasix*, BMFSFJ による。邦語による具体的取組みの紹介として，こども未来財団（2009）『ドイツにおける家族政策の展開とワーク・ライフ・バランス推進に関する調査研究報告書』を参照。

①労働時間の柔軟化

金属産業における週労働35時間制への段階的移行をきっかけに，すでに

テレワーク：情報通信機器等を活用し，事業所以外の場所で柔軟に働くことができる形態。会社に出勤しないあり方を広く指すが（営業先を回りながらの作業），WLB において在宅勤務が注目される。

1980 年代半ばに導入された。なかでも，一定の期間内に超過・短縮労働時間分を調整する**労働時間口座**は広く普及している手段である。フレックスタイム制による勤務時間の調整も普及している。

　家族にやさしい措置としては，平日 18 時 30 分以降，土日勤務については育児・介護を要する就労者への配慮をする労働協約がある。また学校の長期休暇の時期に，子どもがいる従業員に優先的に休暇を取得することを認める事業所協定もある。

　パートタイム就労については，2001 年にパートタイム法が改正され，フルタイム正社員からパートタイム正社員への移行が容易になり，パートタイムからフルタイムへの復帰を望む者は新規採用の際に優先的に考慮されることとなった。また労働協約や事業所協定による条件の上乗せがみられた。銀行，印刷，ホテル業界では，労働協約により 4 年までフルタイムからパートタイムへの一時的転換が認められた。また大手保険アリアンツ社では，事業所協定により従業員の 16% まで正規パートタイム職として認められている。

　テレワークも家族に配慮した働き方の 1 つである。勤務形態，従業員の地位，自宅での機器，職務内容について規定した労働協約や事業所協定がある。

②育児・介護休業

　育児休業については，法律で 3 年間が保障されており，うち 12 カ月までは 8 歳までの間に分けて取ることが可能となっている。労働協約により，さらに 6 カ月から 1 年を上乗せしている事例がある。さらに事業所協定で，3 年を超える育児休業を認めたり，育休期間を企業年金の勤続年数へ算入することが認められている。

　子どもの病気欠勤においては，法律では健康保険から実質賃金の 90% の支給が認められているが，労働協約で 100% 支給を実現したり，有給化している事例がある。

労働時間口座：労働時間を調整する個人の口座。労働協約による労働時間を超える場合，超過分を上乗せし，不足する場合はそこから差し引くが，賃金は一定水準で支払われるという制度。従業員にとっては賃金と雇用の安定，企業にとっては受注に対応して操業時間を柔軟に調整できるというメリットがある。

　家族の介護に関しては，労働協約により医師の診断書を条件として有給扱いにしている事例がある（産業分野により1日から5日）。さらに無給でより長期の介護休職を認めている労働協約や事業所協定もある（バイエルン小売業，IBM）。なお2008年7月より法律により6カ月までの介護休暇が認められている。

　③職場復帰支援

　育児休業後の職場復帰を促進するための措置を，事業所協定で取り決めている事業所がある。具体的には，育休期間中における会社とのコンタクト維持，一時的就労機会の提供（病欠者や有休取得者の代替勤務，簡単な補助業務への従事，プロジェクトへの参加），スキル維持と向上の措置などが取り決められている。また育休後には，復帰後の支援，継続教育プログラム提供などが定められている。

　なお育児休業直後にはフルタイムに復帰する権利があるが，法律上は，いったんパートタイム就労に設定するとフルタイムに戻る権利を失う。しかし労働協約や事業所協定によって，段階的にフルタイムへの復帰が可能となっている事例がある（金属産業，小売業）。

　④企業内託児サービス

　企業内託児サービスについては，事業所協定により導入されている企業がある。託児サービスの仲介や相談を行うことを取り決めている事業所協定もある。欧州社会基金の支援を受けた政府の託児施設設置の支援政策により，さらに増えると思われる。

③　就労者の反応

　就労者の側はWLBの企業での取組みをどうとらえているのであろうか。

　ここでは，労働時間の柔軟化，パートタイム就労，育児休業と復帰支援をみてみよう。

　①労働時間の柔軟化

　まず労働時間の柔軟化についてである。就労者は労働時間の柔軟化をWLBにとって重要な手段と考えている。2005年12月アレンスバッハ世論調査研究

表5‐3　改善の必要性のある分野

	男女別		東西ドイツ別		上位2つ（男女別）		上位2つ（東西別）	
	男性	女性	西	東	男性	女性	西	東
家族に優しい労働時間	27.7	35.6	32.6	30.8	47.2	56.9	52.8	53.1
金銭的援助	21.7	14.0	16.2	22.8	43.7	36.7	38.2	47.3
要介護の休業可能化	16.5	13.4	14.5	15.7	36.8	28.6	31.7	34.0
託児施設の紹介	6.7	11.4	10.2	5.1	17.6	23.6	22.2	15.3
職場の雰囲気	11.6	10.7	10.6	13.5	29.9	28.9	29.1	30.6
育児休暇中のサービス	9.1	7.6	8.6	6.4	18.8	20.5	20.9	13.9

（出所）　Klenner（2008）*Erwartungen an einen familienfreundlichen Betrieb.*

　所により実施された，就労者に対して制度の「家族に優しい」寄与度を尋ねた調査によると，労働時間の柔軟化が83％，次いで就労復帰支援（休職中の教育訓練を含む）が67％，在宅勤務52％，企業内託児施設51％，パートタイム就労51％という順番になっている（Flüter-Hoffmann, Ch./ Seyda, S.〔2006〕*Unternehmensmonitor Familienfreundlichkeit 2006. Wie familienfreundlich ist die deutsche Wirtschaft? Stand, Fortschritte, Bilanz*, BMFSFJ）。また金属・電機産業の労働者へのアンケート調査でも，3分の2が労働時間の柔軟化が最重要と答え，利用した者のうち4分の3がWLBの改善に役立ったと答えている（Flüter-Hoffmann, Ch.〔2005〕*Familienfreundliche Regelungen in Tarifverträgen und Betriebsvereinbarungen. Beispiele guter Praxis*, BMFSFJ）。

　しかしこのことは，労働時間の柔軟化が十分であることを意味しない。就労者は労働時間についてさらなる改善が必要と考えているからである。2003年末にWLBへの期待度に関して2000人を対象に行われた調査では，改善の必要性のある分野について問うている（Klenner, Ch.〔2008〕*Erwartungen an einen familienfreundlichen Betrieb. Erste Auswertung einer repräsentativen Befragung von Arbeitnehmerinnen und Arbeitnehmern mit Kinder oder Pflegeaufgaben*, BMFSFJ）。これをまとめたものが**表5‐3**である。必要性について最も多かったものは家族に優しい労働時間であり，単答で3割前後，上位2つに挙げたものでみると5割前後を占めている。これに続き，②金銭的援助，③要介護時の休業取得，④託児施設の紹介，⑤職場の雰囲気，⑥育児休暇中のサービスが挙げられてい

表5-4　希望する労働時間の長さ

	男　性	女　性
実際の週労働時間（平均）	44.3	30.2
希望する週労働時間（平均）	37.1	25.7
短縮を希望	77%	54%
ちょうどよい	19%	22%
より長時間を希望	4%	24%

（出所）　Klenner（2008）*Erwartungen an einen familienfreundlichen Betrieb.*

る。回答は，男女別，東西ドイツ別に差がみてとれるが，全体として女性は時間を，男性は金銭給付を選好し，また女性は育児，男性は介護をより強く意識していることがわかる。

　柔軟化の重要性が認識されつつも，不十分であると認識されているが，これは「柔軟化イコール家族に優しい」とはいえないことを示している。リュールップらは，労働時間の柔軟化を，経営志向のものと家族志向のものに分けている（Rürup, B./ Gruescu, S.〔2005〕*Familienorientierte Arbeitseitmuster. Neue Wege zu Wachstum und Beschäftigung*, BMFSFJ）。深夜労働，三交代制，週末労働，裁量労働などは，市場変動への対応などの経営の観点からなされる柔軟化であり，家族の要請に適合的でないとみなされている。これに対し「家族にやさしい」柔軟化として，パートタイム就労，フレックスタイム制，在宅勤務などが挙げられている。就労者自身の判断が尊重されるか否かが鍵となっている。

　②パートタイム就労

　パートタイム就労については，希望があるにもかかわらず実現しにくい状況がみて取れる。**表5-4**は，労働時間の長さに関する調査の結果である。「短縮希望」が男性では77%，女性では54%，「ちょうどよい」が男性で19%，女性22%，「延長希望」が男性で4%，女性で24%となっており，全体として短縮を希望する状況がみて取れる。具体的には，男性で実労働44.3時間に対し希望は37.1時間，女性で実労働30.2時間に対し希望は25.7時間となっている。女性の希望時間が男性よりも短いのは，所与の育児インフラの未整備を考慮する必要があろう。また女性が時間延長を望むものが比較的多いのは，もと

表5-5 育児休暇中の希望 (単位：%)

	全　体	単純労働者	一般職員	管理職	実際に事業所にある
同僚との連絡	89	89	88	91	69
継続教育の機会提供	74	62	74	76	17
パートタイム就労との組み合わせ	78	64	79	81	29
一時的就労の提供	69	59	71	69	29

（出所）Klenner（2008）*Erwartungen an einen familienfreundlichen Betrieb.*

　もとパートタイム就労が多いためである。パートタイム就労への切り替えが困難な状況の背景には，法律上の制限とともに（15人以上の事業所，正当な理由があれば経営者は拒否できる），「フルタイム・メンタリティ」の存在が指摘されている（Klenner, Ch.〔2007〕„Familienfreundliche Betriebe. Anspruch und Wirklichkeit," *Aus Politik und Zeitgeschichte*, 2007/34）。経営者の中で，「パートタイム就労が家族との両立に効果的」と考える者は40％にとどまっている。従業員代表委員会のある事業所でも3分の1で実施されていない。

　③育児休業と復帰支援

　育児休業中に会社とのコンタクトを希望しながら，それが十分に満たされていない状況がある。**表5-5**によると，希望の高い順番で，同僚との連絡（89％），パートタイム就労との組み合わせ（78％），継続教育の機会提供（74％），一時的就労の提供（69％）である。このうち，同僚との連絡については，ある程度満たされているもの（69％），継続教育については満足に行われていないことがわかる（17％）。パートタイム・一時的就労の機会についても未整備である。個別面接により，職業上の見通しについて面談があったのは41％である。これらを職位ごとにみると，管理職における希望が他よりも高い。

　職業のスキルアップを考える女性にとって，制度はあっても職場の雰囲気の中でとりづらい状況がみられる。戻った後は，育児休業取得前とは別の職場に配置され，その後別の理由で解雇されるという事例もある。育児休業期間が長引くほど復職が厳しくなるため，3年とらずに早期復帰したり，復帰後の処遇を心配して無理してとらないといった状況がある。職場にいることを重視するあり方の根強さ，企業にとって従業員を自由に利用できることが忠誠の証とみ

られ，競争に有利という状況も強まっている (Klenner〔2007〕)。企業への帰属を前提として，長期的なスパンで就業者のスキルアップ，キャリア形成に配慮するあり方にはまだ距離がある。

[4]　従業員代表委員会，労働組合のスタンス

　最後に，従業員代表委員会と労働組合は WLB をどうみているであろうか。

　全体として従業員代表委員会の取組みは活発とはいえない (Klenner〔2007〕)。WLB に取り組んでいる従業員代表委員会は 3 分の 1 に留まる。また労働者の 78% が従業員代表委員会のある事業所で働いているが，WLB の事業所協定のある事業所で働いているのは 8% のみである。従業員代表委員会は WLB を「女性の問題」とみなし，優先順位が低かったといえる。「家族にやさしい企業」の認証についても，従業員代表委員会は「会社側の取組み」とみており，概して受け身の姿勢がみられる。

　こうした背景の 1 つとして，2001 年の経営組織法改正で WLB が従業員代表委員会の課題として明記されたが，比較的新しいテーマであることが指摘しうる。もう 1 つ，従業員代表委員会においても男性稼ぎ主的発想が根強いことが挙げられよう。男性労働者からも，従業員代表委員会は WLB の担い手としては考えられていない。

　では労働組合はどのようなスタンスで臨んでいるであろうか。実は，こうした受け身の姿勢は従業員代表委員会のみの問題ではなく，労働組合にも当てはまる。ドイツ労働総同盟が WLB を独自の課題として取り組み始めたのは，ようやく，2007 年 6 月の「家族と仕事の両立を作り上げよう」からであった。こうした遅れと受け身の姿勢には 4 つの背景が考えられる (Dettling W.〔2004〕*Work–Life Balance als strategisches Handlungsfeld für die Gewerkschaften*, Hans-Böckler-Stiftung)。

　1 つは，労働組合にとってフルタイムの男性基幹労働者がモデルとなっており，家族観が男性稼ぎ主モデルであったことである。「土曜日のパパは僕のもの」という 50 年代半ばの労働時間短縮を象徴するスローガンも，「平日は家にはママがいる」という暗黙の前提に乗っかっていたのである。

　2つ目は，WLB で念頭に置かれるグループが労働組合にとっての主要対象グループでなかったことである。WLB で対象とされる女性は，キャリア志向の高所得・高スキルの女性であるが，労働組合の本来の母集団ではない。他方で，低スキルの女性労働者は就業中断などで，これも労働組合の中核メンバーとはならなかった。

　3つ目は，労働組合の伝統的な女性政策との違いであった。労働組合の中の政策的優先度は低かったとはいえ，組合は独自に女性政策に取り組んできた。ただしこれまでの比重は処遇平等や管理職比率向上といった，就業レベルに限定された男女平等を主眼としていた。仕事の領域（生産領域）が主要な参照枠であり，生活の領域（再生産領域）は付随的に考慮されることはあっても，それ自体が主要に取り上げられることはなかった。労働組合の伝統的女性政策は，就労中心主義の枠組みから抜け切れておらず，個人の生活とのバランスという観点は弱く，職場復帰支援，スキル維持，再訓練などは意識的に取り上げられなかった。

　4つ目は，政府主導の取組みであることによる戸惑いと警戒である。1994 年に公務領域における均等処遇法が成立した後，労働組合は，民間領域における均等処遇法実現を要求していたが，2001 年に経済団体の反対にあって頓挫し，代わりに，政労使三者の間で男女の機会平等促進のための措置をとるという協定が結ばれるにとどまった。均等処遇法のこうした挫折の後であるだけに，政府の意図への警戒がみられ，組合の女性政策担当者からは「疑いをもって臨む必要」が語られた（Klenner〔2004〕„Gender — Ein Fremdwort für Betriebsräte?“, *WSI-Mitteilungen*, 2004/5）。労働組合は，WLB の積極面をみつつも，それだけでは不十分であり均等処遇政策が同時に必要と考えていた。

6　男性稼ぎ主モデルを超える鍵

　以上のドイツの取組みをまとめてみよう。ドイツでは女性就業率の向上と出生率上昇を目的として，2000 年以降，政府の強力なイニシアティブのもと WLB が取り組まれてきた。政策決定方法としては，政労使のコーポラティズムを基

礎に，ネットワーク形成を重視しながら進められてきた。その内容は，ドイツの特徴である男性稼ぎ主モデル，就労と家事・育児の古典的性別分業を転換することを大きな柱とし，仕事領域と生活領域の全体にわたって，従来のあり方を大きく変えようとするものであった。

　生活領域では，育児インフラの整備，就労とリンクした育児手当の導入により，女性就労促進への転換がみられた。

　仕事領域では，まず労働時間短縮の取組みなどの結果，元来，労働条件は比較的良好であった。WLB についても，労働協約や事業所協定を枠組みとしながら多くの施策が試みられた。そうした中，WLB の施策も徐々に広まってきており，経営者や従業員の意識も高まってきた。他方で，「経営志向の」労働時間の柔軟化，パートタイム就労のとりにくさ，職場復帰支援の未整備にみられるように，不十分な面もみられた。企業レベルのアクターに注目すると，経営者による「上から」の取組みの限界とともに，労働組合や従業員代表など「下から」の取組みの弱さ，受身姿勢もみられた。

　では今後はどのように進んでいくのであろうか。2つの観点が大切であろう。

　1つは，景気状況との関係である。企業の中には，WLB は余裕のあるときに導入する贅沢な施策と受け止めるところがあり，不況期に導入が滞る可能性がある。また失業率の上昇，雇用の不安定化の中，働く側も不利な処遇や解雇への不安から要求水準を下げる可能性がある。WLB は余裕のある企業だけが行う贅沢な施策ではなく，経営上もメリットがあるものであることが強調されてきた。これが実際に試される状況にある。

　もう1つの観点は，現在の WLB の取組みにみられる限界である。当面 WLB の施策を採用する企業は広がっていくであろうが，ある時点で壁にぶつかる可能性がある。突破できるかどうかの鍵は，長期的なライフサイクルにあわせた処遇のあり方を作り出せるかどうかである。結婚・出産・育児・教育・介護などのライフサイクルの中で，スキルの維持と向上，キャリア形成を考慮した就労モデルを作ることができるかどうかである。このためには企業レベルでフルタイム・メンタリティや「職場にいることを重視する文化」の克服が必要であろう。また育児・介護など，稼得労働以外の労働に対する見方の転換も必要で

▶▶ *Column* ◀◀

時短先進国ドイツ

　ドイツは労働時間が短いことで有名です。2014 年の全就労者の年間平均実労働時間は 1371 時間ですが，アメリカ 1789 時間，日本 1729 時間，イギリス 1677 時間，フランス 1473 時間と比べるとその短さがわかります。日本とドイツの差は 358 時間となります。1 日 8 時間労働とすると日本人は年間 45 日分多く働いている計算となります（以上，『データブック国際労働比較 2016』）。この数値には，約 200 時間と推定されている日本のサービス残業が含まれないので，これを含めると日独の差はさらに広がるでしょう。

　ドイツで労働時間が短いのは，決して国民性や文化によるものではありません。1980〜90 年代にかけて金属産業で週労働が 40 時間から 35 時間へと短縮されましたが，これは粘り強い労働組合の闘いの結果でした。

　ドイツでは労働時間は主に法律と労働協約の 2 つによって規制されています。法律は週 48 時間，残業 1 日最長 2 時間と定めています。しかし法律は最低限の水準を定めているだけです。産業別に労使のあいだで労働協約が締結され，企業を超えて適用されていますが，労働協約による労働時間は産業平均で 37 時間となっています。画一的，硬直的と批判される中，企業レベルでの裁量も広がってきていますが，その場合でも産業別労働組合の事前了解が必要となっています。

　日本では法律で原則週 40 時間を上限としていますが，実際には 36 協定により際限のない長時間労働が可能となっており，過労死や過労自殺など大きな社会問題になっています。

　ドイツから学べることは横断的規制の大切さ，横並びの硬直性の大切さです。この視点抜きでは，柔軟な働き方も歯止めのない長時間労働につながります。ドイツのような産業別の労働協約がない日本では，企業横断的ルールの厳格化のために法律の役割が大きくならざるをえません。具体的には 36 協定の厳格化，残業上限時間の厳格化，罰則の強化などが不可欠でしょう。

あろう。

　この壁は，言い換えれば男性中心の就労社会のあり方の壁ということができる。男性中心の就労社会という観念は，経営者だけでなく労働者代表の側にも未だに根強い。経営者には，より長期的な人材育成が求められていくであろう。労働組合も，従来は狭い就労世界だけを考えていればよかったが，その視野を

広げることが求められている。もちろん，男性中心の就労社会の克服という課題は，企業レベルだけで解決できる問題ではなく，企業を超えた制度転換が必要になるのはいうまでもない。しかし就労モデルの核は企業レベルで作られる。経営者と労働組合による新たな企業文化の形成が不可欠となろう。

推薦図書

本澤巳代子，ベルント・フォン・マイデル編（2007）『家族のための総合政策：日独国際比較の視点から』信山社

> 日独の家族政策の専門家による国際会議の記録。『第7次家族報告』（2006年）の意義が論じられている。

こども未来財団（2009）『ドイツにおける家族政策の展開とワーク・ライフ・バランス推進に関する調査研究報告書』財団法人こども未来財団

> ドイツの家族政策についての現地調査報告書。家族，育児，仕事などの全体について具体的事例を紹介している。

G.エスピン＝アンデルセン／京極高宣監修，林昌宏訳（2008）『アンデルセン，福祉を語る：女性・子ども・高齢者』NTT出版

> 福祉国家の国際比較研究の一人者が，福祉国家の現状と今後の課題を論じた書。ドイツは保守的福祉国家ととらえられる。

設　問

1．ドイツで女性の就労と育児の両立を困難にしている要因として，生活領域と就労領域でそれぞれどのようなものが考えられますか。
2．男性稼ぎ主モデルの転換の可能性と問題点について，日本とドイツを比べなさい。

（大重光太郎）

第Ⅱ部

日本のワーク・ライフ・バランス

第6章

ワーク・ライフ・バランスと財界の戦略

　　ここ数年，日本では女性の就労に対する支援が政府の重要な政策として注目されるようになりました。女性の社会進出が注目されるようになったのは，今から50年以上も前の高度経済成長期からでした。それ以来，女性の就労促進という問題が注目を集めてきました。なかでも注目されるのが，1986年に施行された男女雇用機会均等法でしょう。一般にこの法律は，海外からの圧力で生まれたものといわれています。しかし，近年の女性活躍に対する支援は，少子高齢化の進展に伴う日本経済の活力の低下を背景に重視されてきたと考えられます。こうした女性活躍に対する関心が高まる中，日本企業はこの問題にどのように取り組もうとしているのでしょうか。この章では，日本企業の取組みを規定するワーク・ライフ・バランスに対する財界の見解をみることにしましょう。

1　ワーク・ライフ・バランスのとらえ方

　一般にワーク・ライフ・バランスという概念は，主として女性従業員の育児支援を内容とするファミリー・フレンドリー施策から発展したものといわれている。例えば経済同友会は，「活力ある高齢社会」（経済同友会）という報告書において，「『ワークライフバランス』の原点は，1980年代に女性の職場進出が顕著になった米国の『ファミリーフレンドリー』概念に，性別・人種・年齢に対する差別感や結婚の有無といった環境差などの考え方を排除する広義のダイバーシティ概念が溶け込むことで徐々に形成されてきたのではないかと考えられる」（経済同友会〔2006〕8頁）と把握している。

　ワーク・ライフ・バランスという概念は，ファミリー・フレンドリー概念から生まれたものであり，そのためワーク・ライフ・バランスでは，育児支援という問題が重視されるとはいえ，明確な定義は行われていない。実際，ワー

ク・ライフ・バランスという理論と政策を整理した伊田広行は，ワーク・ライフ・バランスという用語は，フェミニズムや女性労働運動のみならず，「新自由主義の労働市場政策」との関連など「いろいろな意味で使われてきた」（伊田広行〔2009〕「反貧困の視点から，お仕着せのワークライフバランス論を斬る」『職場の人権』第58号，3頁）と指摘している。

　このようにワーク・ライフ・バランスという概念は，様々な意味で使われているのであり，そのためその概念がいかなる文脈で何を意味しているのかを問うことが必要であろう。本章では，ワーク・ライフ・バランスがわが国の人的資源管理にいかなる影響を与えるのかを考えるために，わが国企業の人的資源管理のあり方を規定すると考えられる政財界のワーク・ライフ・バランスに対する考え方を検討することにしよう。

　そこでまず，ワーク・ライフ・バランスが，わが国の人的資源管理の変革とかかわり，労働市場の**規制緩和**の重要な問題となるのかを考えるために，八代尚宏の見解を取り上げ，わが国の人的資源管理に対するワーク・ライフ・バランスの意義について考えることにしよう。そして次に，大企業の労働政策を代表する日本経済団体連合会（以下，「日本経団連」）の見解を取り上げ，財界のワーク・ライフ・バランスに対する考え方を検討し，それを踏まえてわが国の人的資源管理とワーク・ライフ・バランスの関連をより重視している経済同友会の見解をみることにする。

2　ワーク・ライフ・バランスと日本的雇用慣行

　独立行政法人経済産業研究所（RIETI）は，2007年8月に内閣府男女共同参画局の後援を得て「ワーク・ライフ・バランスと男女共同参画」というシンポジウムを開催した。このシンポジウムでは，多くの論者が様々な観点から「ワーク・ライフ・バランス」について検討しており，その結果は『論争　日

規制緩和：1980年代，競争力の低迷したアメリカやイギリスなどで政府の規制を撤廃することで競争力が回復したことを受け，政府の市場に対する規制緩和が経済の活性化をもたらすという考え方と，その施策を意味する。

本のワーク・ライフ・バランス』（山口・樋口編〔2008〕）として公にされている。ここでは，「労働や雇用に関する政策決定に一番近いところにいる」（同上書，8頁）とされる八代の見解を取り上げてみよう。

1　ワーク・ライフ・バランスと働き方の見直し

　すでにふれたようにワーク・ライフ・バランスなる構想は，少子高齢化の進展とともに，労働力が不足し，そのため高齢者や女性の職場参加が求められることから注目されるようになったといえる。八代によれば，とりわけ「女性の社会的進出が少子化の要因」であるとはいえ，「女性を家庭に戻す」ことは「非現実的」であり，そのため「女性の継続就業と子育てを両立させる政策が，少子化対策と経済活性化の基本的な前提」（八代尚宏〔1999〕『雇用改革の時代』中公新書，47頁）になるというのである。

　一般にワーク・ライフ・バランスは，仕事と家庭の調和を意味するとされるが，八代によれば，ワーク・ライフ・バランスを実現するにはこれまでの働き方の見直しが必要になるとされる。つまり「男性も女性もともに仕事をし，共に家事を，子育てをするということを前提にした」「いわば個人単位の働き方」（八代〔1999〕26頁）にすることが必要だというのである。それは，日本的雇用慣行では多様な働き方が可能にならないとみられているからである。一般に日本的雇用慣行は，**年功制**や**終身雇用**など大企業の正規従業員を対象にした職場慣行であるとみされるが，八代は，特にこうした正規従業員の「職場での配置転換を通じて熟練形成がなされる」（八代〔1999〕24頁）ところにその特質をもとめている。いわゆる内部労働市場にかかわる問題である。

2　ワーク・ライフ・バランスと労働市場改革

　すでに周知のように内部労働市場とは，労働力の採用や配置，配置転換などを通じて労働力の需要と供給関係が企業内である程度調整されるようになった

年功制：昇給や昇進といった従業員の処遇に際し，勤続年数や年齢が強い影響を与える制度や慣行。
終身雇用：新規学卒者一括採用を基盤に，定年まで退職することなく働き続けるという慣行。中小企業の一部にしかみられず，大企業に特徴的な慣行とされる。

状態を意味していると考えられる。だが，内部労働市場の形成は，低賃金と不安定な雇用に特徴づけられる**第二次労働市場**との分断をも意味しているのである。

　日本的雇用慣行は，内部労働市場と密接にかかわっていると考えられるが，こうした「企業内訓練を重視する日本的雇用慣行の下で，性別や学歴による差別の要因が働きやすい」と考えられる。なかでも重要になるのが，正規社員と非正規社員との格差という問題である。八代によれば，こうした男女格差，さらにいえば正規社員と非正規社員との格差は，「日本の家庭内での固定的な役割分担の思想と密接な関係にある」（八代〔1999〕145頁）というのである。すなわち日本的雇用慣行のもとでは，「夫が家庭のことを顧みずに会社のことだけにすべての時間を注げるように，奥さんも一緒に雇っている」という，「専業主婦モデル」（『論争　日本のワーク・ライフ・バランス』25頁）が前提になっているのである。

　ワーク・ライフ・バランスは，少子高齢化の進展とともに，女性の就労の促進とかかわって問題にされてきた。これまでみてきたように八代は，ワーク・ライフ・バランスの実現を阻む「最大の要因として日本的雇用慣行」（『論争　日本のワーク・ライフ・バランス』20頁）を指摘する。したがってワーク・ライフ・バランスという問題は，日本人の働き方の改革と深くかかわってくるといえる。しかも日本的雇用慣行が，内部労働市場と密接に結びついているとすれば，ワーク・ライフ・バランスは，「労働市場改革の一環」（『論争　日本のワーク・ライフ・バランス』31頁）と把握されることになる。そこで八代は，年功賃金や終身雇用といった日本的雇用慣行の改革を提起する。その際重視されるのが「個人単位の働き方」，とりわけ「個人の仕事能力を反映した賃金体系」（八代〔1999〕51頁）の確立なのである。

　八代が指摘するように，ワーク・ライフ・バランスの実現は，働き方の見直し，さらにそれを規定する労働市場の改革と結びついていると考えられる。と

第二次労働市場：相対的に良好な労働条件を特徴とする内部労働市場の登場を契機に形成される頻繁な移動や低労働条件を特徴とする労働市場。

りわけ「頻繁な配置転換，転勤とか，慢性的な長時間労働とか，非常に拘束性の高い働き方」（山口・樋口編〔2008〕33頁）や，専業主婦モデルの見直しという問題提起に，大きい意義をみることができる。だが，こうした改革が働く者にいかなる影響を及ぼすかを問うことが必要であろう。そこで次に財界の構想を検討することにしよう。

3　国際競争とワーク・ライフ・バランス

1　日本経団連とワーク・ライフ・バランス

　周知のように2002年，経済団体連合会（経団連）と日本経営者団体連盟（日経連）が統合して，日本経団連が生まれた。もともと経団連は，「財界の総司令部」としてわが国経済政策に対する財界のプレッシャー・グループという役割を担っていた。これに対し日経連は，「財界の労務対策部」と呼ばれ，「経団連の統括のもとに，わが国の独占資本による労働問題対策を専管事項とする組織」であった（川辺平八郎〔1985〕「日経連の運動と政策」『日本の労働組合運動3　要求・闘争論』大月書店，258頁。日経連の組織とその特徴については，隅谷三喜男〔1965〕『労働経済論』日本評論社なども参照）。このように財界，とりわけ大企業の利益を代表する日本経団連の見解を取り上げることにしよう。

　日本経団連は，ワーク・ライフ・バランスに関しては，ワーク・ライフ・バランスという名称を用いてはいないものの，2002年の『「少子化対策プラスワン」における法的整備について』（http://www.keidanren.or.jp/japanese/policy/2002/079.html　2009年8月13日アクセス）をはじめ，経営労働政策委員会報告や様々な報告書において自らの見解を明らかにしてきた。ここではまず，日本経団連が2006年に発表した「産業界・企業における少子化対策の基本的取り組みについて」（http://www.keidanren.or.jp/japanese/policy/2006/028/honbun.pdf　2009年8月14日アクセス）を取り上げよう。

　この報告書は，2004年12月に策定された政府の「子ども・子育て応援プラン」や，次世代育成支援対策推進法による行動計画策定の義務化を前提に，2003年に公表された「子育て環境整備に向けて」に基づいて「仕事と子育てをはじ

めとする家庭生活の両立支援のみならず，多様な働き方の選択肢を提供する際の考え方について改めて整理した」(1-2頁) ものと位置づけられている。この報告書で日本経団連は，厚生労働省の「人口動態統計」に基づいてわが国における少子高齢化の進展と，それに伴う人口構造の変化を確認し，それが労働力人口の減少や，消費の縮小などをもたらすために，「少子化・人口減少への対応は，わが国の経済・社会にとって一刻の猶予もならない最優先の課題である」(5頁) と指摘している。

このような問題意識のもとに日本経団連は，「人口減少の速度を緩和」するとともに，「人口減少を前提とした経済・社会システムを構築していくこと」を「緊急の課題」(10頁) としているのである。少子化の要因として日本経団連は，「結婚行動の変化」と「出生行動の変化」を指摘し，こうした認識をもとに「国家的課題」への対策として，「社会規範の変革や価値観の醸成，教育面などでの取り組み」「税制のあり方を含む経済的支援」「企業や地域コミュニティでの支援や保育サービスのあり方など子育て支援」が必要であるとする。

このうち「企業が主体となる取り組み」として，「企業における仕事と家庭生活の両立支援」を挙げ，それには「多様な働き方の検討や働き方そのものの再考をも含むもの」ととらえられている。そして「多様な働き方を実現するための対策を講じることが，多様な労働力の確保につながり，事業の永続的な発展に資するものである」(12頁) と把握されることになる。

このように日本経団連のワーク・ライフ・バランスについての認識も，欧米諸国にみられるように，少子・高齢化の進展に伴う経済・社会問題に対する危機意識をもとに，「仕事と家庭生活の両立支援」の必要性を指摘し，その具体的な施策として多様な働き方，あるいはこれまでの働き方の見直しを重視するというものであった。だが，具体的な取組みについてみると，「日本経団連がこれまでも主張してきたとおり，多様な人材がその能力を活かすことができるように，企業それぞれの実情に応じて，…中略…多様な働き方の選択を整備し，提供することが重要である」(13頁) と指摘する。しかもそのためには，「働き方の自由度を高めるための」「労働法制の規制改革も欠かせない」(14頁) というのである。

　なるほどワーク・ライフ・バランス論では，働く者の仕事と生活との調和を
図るために，その具体的な手法として多様な就業形態が重視されてきた。とは
いえ，ワーク・ライフ・バランスがそのまま多様な就業形態を意味するもので
はないだろう。日本経団連も重視しているように，ワーク・ライフ・バランス
が問題とされるようになった端緒が，少子化問題にあったとすれば，多様な就
業形態と子育て支援との関連を問わなければならない。

2　就業形態の多様化と子育て支援

　日本経団連は，すでにみた「少子化対策における産業界・企業の基本的な取
り組み」を踏まえて，2007 年には「少子化問題への総合的な対応を求める」
（http : //www.keidanren.or.jp/japanese/policy/2007/018.pdf　2009 年 8 月 15 日アクセス）
という提言をとりまとめた。この提言では，少子化問題が「もっとも重要な国
家的な課題の一つ」であるものの，その「傾向に歯止めがかかっておらず」
「その傾向は今後も続く」ものとみられている。その原因として，わが国が
「施策，制度，価値観などさまざまな観点から見て，子育てしにくい社会に
なっている」と指摘し，少子化問題に対応するには，「人口減少下においても，
将来に明るい夢と希望を持つことの出来る新しい社会づくりを進めていくこと
が重要だ」（1 頁）と把握されるのである。

　このような認識をもとに日本経団連は，「新しい社会づくりの方向性として」，
①「わが国全体が子育てしやすい，子育てに優しい社会」の構築，②「人口減
少社会における経済活力の維持」という観点から，「女性，高齢者，若年世
代」が，「就労参加できるように」，「働く希望のある人々にとって，多様な就
労機会の選択肢があり，希望する時に働く能力を高められる仕組み作る」こと，
さらに③「国全体で人材を育てる社会づくり」を提起することになる（3 頁）。

　そして「少子高齢化に伴って労働力人口が減少する中で，企業経営上の重要
課題は，良質な人材を確保し，生産性を上げることに」あり，そのため「企業
自ら，柔軟かつ多様な働き方の整備や仕事と生活の両立支援を促す職場風土の
醸成に取り組み，従業員のやりがい，生きがいを実感できる働き方を創造する
ことが必要」であり，「その基本理念がワークライフバランス」（5 頁）だとい

うのである。こうした視点から企業の行動指針として，経営トップのリーダーシップやマネジメント職に対する教育などが挙げられている。

3　財界の少子化対策

　日本経団連は，こうした企業での取組みとともに，政府の少子化対策について，「個々人の価値観を尊重しつつ，子どもを産み，育てたい人が安心して生み，育てられる環境整備を基本に据える必要がある」とする。そのための施策として，「経済的支援だけでなく，保育サービス，教育改革，働き方の柔軟化，就労支援など」（11頁）が指摘される。そして「これからの少子化対策は，企業によるワーク・ライフ・バランス推進と，政府による保育サービス等のインフラ整備や経済的支援の充実という官民の役割を明確にしながら，お互いに連携し，取り組んでいくことが求められる」（20頁）というのである。

　このように日本経団連の主張は，わが国が子育てしにくい社会になっているとの反省から，政府に子育てしやすい社会への転換を求めるとともに，財界，あるいは企業では，仕事と生活の両立を可能にするような働き方の見直しに取り組むというものであった。だが，働き方の見直し，あるいは多様な就業形態の導入は，生産性向上，国際競争力の維持という前提でのみ認められるというのである。そこで次に生産性や国際競争力との関連についてみることにしよう。

　例年，日本経団連は，春季労使交渉，いわゆる春闘に対する自らの見解をまとめた「経営労働政策委員会報告」を公刊している。2008年版委員会報告によれば，経済のグローバル化，さらに少子高齢化の進展する中で，「これらにいかに対応し，企業活力の維持・向上の実現，ひいては国民の所得や雇用の拡大につなげていくかが最大の課題」（11頁）であるとし，そのためには「生産性を向上させ，国際競争力を高めるとともに，すべての人々の力を最大限引き出す全員参加型の社会を築いていかなければならない」（16頁）というのである。

4　生産性向上とワーク・ライフ・バランス

　日本経団連によれば，「わが国の**労働生産性**は，アメリカの7割程度の水準

しかない」（16頁）のであり，とりわけサービス業など非製造業では生産性の
のびは停滞しているとみられている。そのため生産性を高めることが必要にな
り，「経済全体の生産性向上を実現するためには，企業や産業の垣根を越えた，
高付加価値分野への労働や資本の移動を円滑にし，産業構造の高度化を達成し
ていくことが必要」（17頁）であり，それとともに一層の規制改革が求められ
るというのである。

　高付加価値分野への産業構造の転換と，それに伴う労働力流動化の必要性を
踏まえて，若年層や高齢者，さらに女性の就労の促進が重視される。そして，
そのために労働市場の改革や「短時間勤務やテレワーク・在宅勤務をはじめ多
様で柔軟な働き方の拡充，子育てや介護サービスの充実など」（19頁）が求め
られる。

　その際日本経団連は，「今後とも雇用関係の軸足を長期雇用においていく」
（20-21頁）としながらも，ライフスタイルの変化や価値観の多様化を背景に，
「フルタイムの長期雇用のみを理想」とするには，「無理がある」。「むしろ，企
業や政策当局が取り組むべきことは，『正規』と『非正規』との間の壁を引き
下げ，合理的な根拠を欠く処遇の違いや偏見を解消し，フルタイム長期従業員
も，期間従業員・パートタイム従業員・派遣社員等も，それぞれ自ら選んだ職
務を，胸を張り，誇りをもって勤めることができる社会を創ること」（21頁）
だとされる。そのために仕事や役割を基準とした賃金制度の確立や，透明で納
得性のある評価制度の確立が必要とされる。

　この報告書では，ワーク・ライフ・バランスは，「就業者が，充実した家族
生活をおくり，あるいは地域コミュニティのためにボランティア活動などを行
なうことを可能」にするものであり，そのために柔軟な働き方とともに，効率
的な働き方が重視される。「これにより，就業時間中の集中度を高め，無駄な

労働生産性：投入した労働の量からどれくらいの付加価値が生まれるかを示した指標。
付加価値：企業や国民経済などで新たに付け加えられた価値。一般に総売り上げから原材料費や減価
　　償却などを引いたものをいう。成果分配の基礎として利用されている。
在宅勤務：雇用契約にある働き手が，会社に出勤せず，情報通信機器などを使って自宅で勤務する就
　　労形態。

残業を抑制することができる」(42頁) というのだ。その際重要になるのが,「労使の合意と協力による自主的な働き方の見直し」(43頁) なのである。

　かくして日本経団連の提起するワーク・ライフ・バランスは,従業員が育児やボランティアなどへの参加を可能にする効率的な働き方や多様な就業形態を意味しているのであり,それは国際競争力の維持・強化,さらにいえば生産性向上を前提とした雇用管理の方向と軌を一にしているといえる。生産性なる概念が,利潤概念に代えて提起されたものだとすれば*,ワーク・ライフ・バランスは,収益に寄与する限りで認められることになる。実際,サブプライムローン問題に触発された景気後退の中で公刊された 2009 年版『経営労働政策委員会報告』では,「両立支援,労働時間短縮などの施策を表面的に捉えるのではなく,生産性の飛躍的な向上を追求する,新しい働く方への挑戦と位置づけることを基本とすべきである」(24頁) と指摘される。

　　*　欧米の生産性向上運動を受け,わが国経営者団体の支援により設立された日本生産性
　　　本部の生産性概念については,敷田禮二『管理会計批判』(日本評論社, 1969 年) を参
　　　照されたい。

　少子高齢化の進展に伴う国際競争力の低下,さらに労働力不足を懸念しながらも,育児や介護などへの参加は,企業の収益に寄与する限りで認められ,そのために必要な効率的な働き方や就業形態の多様化は生産性の向上に寄与すべきものと位置づけられる。そして就業形態の多様化とともに,賃金制度や評価制度の見直しが提起されてくるのである。少子高齢化に伴う労働力不足などの問題を背景に,雇用・賃金制度の見直しを図ろうというのである。なんともみごとな提案であるといわざるをえない。問題は,いかなる人的資源管理の方向が求められるかであろう。そこで次に経済同友会の提案をみることにしよう。

4　「日本型経営」とワーク・ライフ・バランス

1　経済同友会とワーク・ライフ・バランス

　日本経団連が財界,とりわけ大企業の利害を代表しているのに対し,1946年に設立された経済同友会は,経営者相互の親交を図るとともに,財界や企業

の立場を離れて自由に意見を公表するところにその特徴がある。経済同友会でも，ワーク・ライフ・バランスについて，いくつかの提言が行われてきた。ここでは，「多様な人材の活用に向けて企業が取り組むべき諸施策を中心に」（経済同友会〔2008〕『21世紀の新しい働き方「ワーク＆ライフ　インテグレーション」を目指して』1頁）検討された『人材が集う企業へ』と，「日本企業における先進的な側面に照準を合わせて，その根本的な変革を迫」（1頁）っている『21世紀の新しい働き方「ワーク＆ライフ　インテグレーション」を目指して』を中心に，経済同友会の見解を検討することにしよう。

　提言『人材が集う企業へ』（http：//www.doyukai.or.jp/policyproposals/articles/2006/070410a.html　2009年8月24日アクセス）において経済同友会は，経済のグローバリゼーションが進展する中で，「将来の国民生活に最も大きく，かつ長きにわたり影響を与えるのが少子高齢化の進展」であり，このような「構造変革のなかで持続的な経済成長を続けていくためには，人材の活用が重要なキーワードになる」（1頁）という基本的な視点が明らかにされる。それに基づいて解決すべき問題として，多様な働き方の進展に伴う「『拘束を受け入れるかわりに，保証される』という関係から，『対等な立場で，様々な選択肢の中で自己選択を行い，自己責任を持つ』という関係」への企業と従業員との関係の変化，**労働需給関係のミスマッチ**，さらに格差問題が指摘されている。そして格差問題については，「問題の根本は，結果として生じた所得格差そのものよりも，チャレンジする機会が乏しいことで格差が固定することにある」（5頁）とされる。

　このような現状認識を踏まえて人材活用の方向について，「資源の少ない日本が国際的な競争力を保つには，知的労働の集約による高い生産性と付加価値の実現が欠かせない。労働生産性を向上させるためには，…中略…労働環境の整備や適材適所の人材配置により，個々人が高いモチベーションを保ちながら働けることが重要」であるとして，①雇用機会の増大，②人材流動の機会向上，③多様な働き方を選択できるマッチング機能向上，さらに④ワーク・ライフ・

労働需給関係のミスマッチ：求職者である働き手の希望職種と，供給者である企業の募集分野が適合しない状況。

バランスを考慮した環境の整備を指摘している。

　経済同友会は，「日本がこれからも豊かであり続けるためには，…中略…企業は，年齢や性別，雇用形態等にとらわれない多様な人材に対する投資が重要になる」(23頁) と，今後のあり方として多様な働き方を重視する。そして非正規社員の雇用に対する批判を踏まえながら，「個々人の価値観や背景に基づき，正規社員を多様な働き方を無くすことは時代の要請に応えておらず，むしろ非正規社員としての働きがいや安心感を充足していくことが大切である」(10頁) という。

　さらに多様な雇用形態を実現するための指針として，①貢献度に応じた賃金の実現，②非正規社員の能力開発とステップアップの仕組みの構築，③最低限の生活の保障，④正規社員への登用の可能性が提起される。そして多様な働き方を具体化するために，「正規社員の労働条件の下方硬直性を今より弾力的にすること」(10-11頁) や，「労働法制は，国が一律にルールを決めて罰則を設け，労働基準監督署が取り締まるというものではなく，労使自治をベースに，企業が公正な手続きを経た上の結論であれば是認する方向に進むべき」(8頁)だと主張している。

　このように経済同友会は，少子高齢化の進展と，経済のグローバリゼーションの中で，国際競争力を維持するには，適正な配置による生産性の向上が求められるのであり，そのためには人材の流動化と雇用形態の多様化が求められるとみているのである。ここでワーク・ライフ・バランスは，多様な働き方を実現するための前提ととらえられているといえる。

　『人材が集う企業へ』では，「多様な人材の活用に向けて企業が取り組むべき諸施策」(『21世紀の新しい働き方』1頁) が提起されたが，2008年にはそこでの議論を踏まえて『21世紀の新しい働き方』(http://www.doyukai.or.jp/policyproposals/articles/2008/pdf/080509b.pdf　2009年8月24日アクセス) をまとめた。この提言では，「人の働き方とそれを規定する経営のありかた」，さらに「その実現の条件となる社会の規制やルールについて」(1頁) 提案が行われている。

　終身雇用，年功序列，企業内労働組合といったいわゆる「日本的雇用慣行」は，経済同友会によれば，「20世紀の日本で働く人々と企業との関係を律する

基本的な理念あるいは価値観であった」（2頁）。だが，こうした「20世紀型の働き方」は，「20世紀の終盤，バブルがはじけた段階から」（2頁）行き詰まりをみせ，手直しが行われてきたとはいえ，労働生産性の低下に伴う競争力の低落，さらに格差問題や長時間労働など「日本社会そのものの価値観や規律をも劣化させ始め」た。そのため「日本企業の働き方は，その『強み』の部分は維持しながらも，まさにパラダイムシフトとも言うべき覚悟で転換しなければならないところまで来ている」（6頁）というのである。では，どのような方向への転換が意図されているのだろうか。

　現在の大きな流れとして，経済同友会は，①少子高齢化の進展，②グローバリゼーションとIT化の進展，そして③「社会性」に対する要請，を挙げ，こうした中でわが国は「可能な限り新たな労働力を掘り起こし，生産性向上と知識集約化への転換を図り，市場開放・グローバル競争を一層促進し，その中でリーダーシップを確立，経済成長・生活水準の向上を引き続き目指すべき」（10頁）であると主張する。それを実現するための働き方のビジョンとして提起されるのが，「ワーク＆ライフ　インテグレーション」である。

［2］　働き方の見直し

　経済同友会によれば，ワーク・ライフ・バランスは，「『仕事』と『生活』を対立的に捉え，二律背反であるかのような印象を与え」，しかもそれは「少子化対策・子育て支援策というイメージが強いが，むしろ今後は，高齢者の活用，キャリアアップを志向する若年者等を含めた幅広い働き方全般の見直しと捉えるべき」（14頁）だと主張する。そこで提起されるのが，「ワーク＆ライフ　インテグレーション」という概念である。経済同友会の提起する「ワーク＆ライフ　インテグレーション」とは，「会社における働き方と個人の生活を，柔軟に，かつ高い次元で統合し，相互を流動的に運営することによって相乗効果を発揮し，生産性や成長拡大を実現するとともに，生活の質を上げ，充実感と幸福感を得ることを目指すもの」（14頁）だというのである。こうした理念のもとにいかなる働き方が求められるのであろうか。

　「ワーク＆ライフ　インテグレーション」という21世紀型のモデルを踏まえ

て，経済同友会は，①職務・役割主義，②"人財"主義，③多様性主義という新しい働き方の基本構造を提起することになる。経済同友会によれば，「生産性を高めつつ，垣根が低く出入り容易なフレキシブルな働き方を可能にするには，職務無限定の『就社』ではなく，『職務・役割』（ミッション）に基づいて個人と会社が雇用契約する『職務・役割主義』に転換する以外にない」（17頁）ということになる。「職務・役割主義」への転換は，雇用の流動化を推し進めることになるが，人財の流動化が進む中で企業の課題は，「人を『財産』とみて，汎用性・市場価値のあるスキル，グローバルで通用するコンピテンシーを育てる」（18頁）ことになる。そして人材の多様化とともに，「『家族としての企業』から，出入り自由な流動性の高い組織風土を持つ『共同作業をする場としての企業』に生まれ変わる」（18頁）ことが求められるのである。

　こうした変革を遂行するために，経営者の姿勢を変えるとともに，職務・役割ベースの報酬制度の確立，それに伴う「納得性のある目標設定，成果評価」（21頁）の導入，さらに人材の流動化を阻むような福利厚生や退職金の見直しが意図される。このような人事制度の見直しの前提として，「職務・役割に基づく契約」の拡大，さらに「就業形態間の垣根を低め，相互の流動化を一層，促進」（24頁）するような労働法制の制定が求められるのである。つまり，「職務・役割ベースの契約に転換し，働き方や職務を労働者が自ら選ぶことができれば，企業による解雇への規制は，現在よりも緩めて然るべき」であり，具体的には「『金銭的賠償制』と再就職支援義務の導入を検討すべき」（25頁）だということになる。

３　ワーク・ライフ・バランスと日本的雇用慣行

　かくして経済同友会の構想は，グローバリゼーションと少子高齢化の進展を背景に，「ワーク＆ライフ　インテグレーション」なる理念をもとに多様な就業形態の促進，さらにいえば労働力の流動化を図るとともに，それを保証するための「職務・役割主義」を基軸とする人事制度の構築と，労働法制の規制緩和を求めるというものであった。

　もちろん経済活力の維持と少子高齢化に対する対応は，わが国の今後のあり

▶▶ *Column* ◀◀

「働き方改革」と女性の活躍促進

　2017 年 3 月 28 日，安倍内閣は「働き方改革実行計画」を策定し，働き方の改革が具体的に進められることになりました。この計画では，「働き方」の課題として，①正規労働者と非正規労働者の不合理な格差の存在，②長時間労働，③単線型のキャリアパスなどの問題が指摘され，こうした問題の解決のために，①非正規労働者の待遇改善を含めた同一労働同一賃金の実現，②経済成長に向けた賃上げの確保，さらに③時間外労働の上限規制などによる長時間労働の是正などが指摘されています。

　実行計画では，「働く人の視点に立って，労働制度の抜本的改革」を行うとされています。しかしその一方で，働き方改革は「労働生産性を改善するための最良の手段」であり，生産性向上による成果を配分することで需要が拡大し，経済成長が見込まれるものとされています。「働く人の視点」が強調されていますが，「働き方改革」は，労働生産性の向上や経済成長を重要な課題としているように思われます。

　このような「働き方改革」の一環として，「女性・若者の人材育成など活躍しやすい環境整備」が挙げられています。実行計画では，労働時間問題や管理職登用などの多様な女性活躍の推進とともに，リカレント教育など「技術革新と産業界のニーズに合った能力開発」が指摘されています。

　女性活躍といった問題は，少子高齢化の進展，さらにそれによる労働力不足を背景に重視されてきました。この実行計画でも，「子育て・介護等と仕事の両立」が指摘され，育休給付の延長や介護人材の確保とともに，「男性の育児・介護等への参加」や「処遇改善など総合的な人材確保対策」を講じるとされています。

　たしかに少子高齢化による労働力不足は，日本経済にとって大きな問題だといえます。けれどもこの実行計画では，少子高齢化や労働力不足の問題に立ち入らず，処遇制度の改革や育児・介護などの条件整備を強調し，人材の確保という問題への対処が行われているように思われます。少子高齢化や労働力不足という問題が経済成長を志向する企業活動の中から生じてきたとすれば，経済成長ではなく，「働く人の視点」から，生活の論理を基礎に「男性の育児・介護等への参加」を含めた男性稼ぎ主モデルの解体にむけた政策こそ望まれるように思われます。（参考：http://www.kantei.go.jp/jp/headline/pdf/20170328/05.pdf　2017 年 6 月 26 日アクセス）

方にとって極めて重要な問題であり，子育てや介護などを可能にするような働き方の見直しという問題の提起は多くの積極的な面を含んでいると思われる。だが問題は，このような就労形態の多様化が新自由主義的な傾向と結びつき，『21世紀の新しい働き方』で提起されたような解雇規制の規制緩和，さらに『人材の集う企業へ』において示唆された正規社員と非正規社員との均等待遇を基盤とする正規社員の賃金の弾力化に象徴されるような正規社員の地位の解体と，このような改革が結びついていることであろう。

　いずれにせよ，日本経団連や経済同友会の提起するワーク・ライフ・バランスという問題提起は，育児や介護などを可能にする就業形態の多様化を媒介に，国際競争力の維持と労働生産性の向上を前提とする労働力の流動化とわが国雇用慣行の見直しに結びついて進められているといえる。その意味で財界のワーク・ライフ・バランスという提案は，わが国企業の新自由主義的な改革の根拠となっているといえる。

　［付記］　本章は，2017（平成29）年度日本大学商学部個人研究費の成果の一部である。

[推薦図書]

塩田咲子（2000）『日本の社会政策とジェンダー』日本評論社
　　少し古い文献だが，政府の社会政策や社会保障において，女性がいかに位置づけられてきたのかを示した貴重な研究である。

竹中恵美子・久場嬉子（1994）『労働力の女性化』有斐閣
　　日本経済の構造の中での女性の位置づけをとらえた研究。古い文献ではあるが，2，3章の研究は労働政策と人的資源管理との関連を知る上で有用である。

山口一男・樋口美雄編（2008）『論争　日本のワーク・ライフ・バランス』日本経済新聞社
　　ワーク・ライフ・バランスの実現をめぐって様々な立場から検討されている。主流派の立場をみるのに適した文献である。

[設　問]

1．日本企業の経営に対する経営者団体の役割について調べてみよう。
2．財界の考える日本的雇用慣行の今後についてまとめてみよう。

（平澤克彦）

第7章

ワーク・ライフ・バランスの実態

　ワーク・ライフ・バランスの実態を知る上では，現在の趨勢上の重要な要因がいくつかあります。それらは，人口減少，グローバル化，女性活躍，IT・AI による技術革新，幸福，働き方改革などです。日本は他の OECD 諸国等に比べて仕事と生活のゆとりが欠けていると考えられます。職業生活は非常に厳しく，長時間労働の短縮が課題であり，また，個人・家庭生活では保育問題が女性活躍推進上の課題となっています。戦後，経済大国を目指し職業生活を中心としてきた日本にとって，職業生活，家庭生活，個人生活，社会生活のバランスを取ることは容易ではありません。しかしながら，いくつもの試練を乗り越えて現在の日本企業はワーク・ライフ・バランスにより真摯に取り組み，変革に着手しています。

1　現代日本のワーク・ライフ・バランス

　現代日本のワーク・ライフ・バランスを考える際には，人口減社会とグローバル化の視点から実態を把握する必要がある。人口減社会が進む現代日本では，労働人口減により労働参加率上昇の必要性が高まっている。日本の人口構成の変化，とりわけ生産年齢人口減少のインパクトは大きく，1995 年のピーク（8717万人）以降下降し，主にフルタイムの男性雇用者の労働時間や過労問題が問題視されてきた（黒田祥子〔2010〕「日本人の労働時間─時短政策導入前とその 20 年後の比較を中心に─」『RIETI Policy Discussion Paper Series 10-P-002』独立行政法人経済産業研究所 1-17 頁）。さらに，グローバル化の波が押し寄せる状況下において，働き方改革や生産性の向上が大きくクローズアップされている。グローバル社会やデジタル社会の進展とともに，優秀な人材確保の必要性が今まで以上に高まり，老若男女を問わず一人ひとりが活躍できる社会を構築することが求められている。政府の一億総活躍を掲げる政策の主眼に女性活躍推進が置

かれ，これからのワーク・ライフ・バランスの推進においては，社会情勢に即した働き方改革や保育所問題をはじめとする様々なサポート体制の整備が急務とされている。

　日本社会では，高度経済成長期に固定化した**性別役割分業**が社会システムやライフスタイルに大きく影響してきた。概して家庭責任は女性たちに重くのしかかり，育児は“女性の仕事”とされてきた。そのため，育児理由での女性の離職率は高く，継続就業が困難となってきた。近年では結婚を理由に離職する女性数は減少し，出産後も継続就業する傾向がようやく上昇してきたものの，真の女性活躍を達成する上で継続就業は現在も大きな課題である。一方で，男性には重い仕事責任が課せられ，子をもつ父親たちは子どもと過ごす時間を奪われている。多くの「企業戦士」たちには心身のバランスを崩すほどの高ストレスで仕事一辺倒な生活が強いられてきた。このような面からみる限り，日本は男女の双方にとってワーク・ライフ・バランスが難しい社会である。そのため，日本のワーク・ライフ・バランスを考える際には，ジェンダー役割を切り口として，個人のニーズに合った支援制度や職場を構築する視点が要求される。

　そこで本章では，現実面に即した課題に焦点を絞り，今後の未来を経営していく「未来経営的」ワーク・ライフ・バランスを論じる。序章でも述べたように，ワーク・ライフ・バランスが包含する領域は広い。そのため，ここでは喫緊の課題と考えられる以下の3点に焦点を当てて論じる。それらは，①女性活躍推進，②働き方改革（長時間労働によらない働き方），そして③働きがいのある職場づくりである。以下のセクションでは，それぞれの現状を確認し，未来経営的ワーク・ライフ・バランスにつながる方途を探求する。

2　ワーク・ライフ・バランス：女性活躍推進と育児支援面

　日本のワーク・ライフ・バランスでは，主眼におかれる政策の1つに女性活躍推進が挙げられている。女性活躍推進とワーク・ライフ・バランスは本来異

性別役割分業：性別により家庭等での責務や役割を区分すること。

なる領域であるが，育児，家庭生活やキャリア形成面からのニーズ面からみると，女性活躍推進問題は重要なワーク・ライフ・バランスの領域と重複する部分を多くもつ。ワーク・ライフ・バランス発祥のアメリカにおいても，その発展初期である 1980 年代においては育児や女性活躍推進面に焦点が当てられていた。日本においてもワーク・ライフ・バランス導入初期には，育児や女性活躍推進に焦点が当てられ，それが発展してより広域を包含して現在のワーク・ライフ・バランスに至っている。多くの女性が活躍するためには，女性活躍推進を支える社会インフラと意識改革が不可欠である。したがって，これらの課題に着目しつつワーク・ライフ・バランスを考察する必要がある。

　日本における女性活躍推進は，1980 年代後半から政府主導で行われてきた。しかし，1985 年の男女雇用機会均等法成立後，取組みが強化され男女共同参画の潮流は起こったものの，女性活躍の進展は遅く，社会全般的には動きが伴わない感があった。性別役割分業意識の強い日本社会では，男性は職業生活に，女性は補助的役割に従事するという暗黙の社会的役割が定着していたため，意識変容が遅れた。育児は家庭内での個人の問題と考えられ，その責任はほとんどが女性の役割に任された。そのため，保育所に入所できない，いわゆる待機児童などの保育問題は蔓延化し，認識はされてはいても，子育てインフラの整備は大幅に遅れた。

　このような待機児童問題に風穴をあけるような転換となる出来事が 2016（平成 28）年 2 月に起こる。ある強い口調のブログが契機となり，待機児童問題がクローズアップされた。「保育所落ちた日本死ね！！！*」これは保育所に子どもを預けたくても入所できなかった保護者の憤りを露わにした個人のブログの文言であった。当初，政府ではこれを単に一個人のブログであり，一般的問題といえるかは定かでない，としてそれを直ちには受け止めず，社会共通の保育問題として認識していない感さえあった。しかし，このブログ声明に共感した人々は切実なこの問題に共感した。「保育士辞めたの私だ」というイン

待機児童問題：仕事や家庭の事情により，子育て中の保護者が保育園への子どもの入所を希望しているにもかかわらず，入所できず待機を余儀なくされている「待機児童」の問題。都市部などの認可保育園への入所は非常に難しい。

ターネット上のハッシュタグ投稿，「保育所落ちたの私だ」というプラカード運動，そして署名運動が起こり，慢性化していた保育所問題が一挙に社会的に注目を浴びたのである。こうして保育所の待機児童問題は社会問題化し，影を潜めていた問題に光が当てられ，切実な社会問題として公に認識されるに至ったのである。

> ＊　2016.2.15 東京都内 30 歳女性のブログ（匿名ブログ）「保育園落ちた日本死ね！！！」
> 「保育園落ちた日本死ね！！！／何なんだよ日本。／一億総活躍社会じゃねーのかよ。／昨日見事に保育園落ちたわ。／どうすんだよ私活躍出来ねーじゃねーか。／子供を産んで子育てして社会に出て働いて税金納めてやるって言ってるのに日本は何が不満なんだ？／何が少子化だよクソ。／子供産んだはいいけど希望通りに保育園に預けるのはほぼ無理だからｗって言ってて子供産むやつなんかいねーよ。／不倫してもいいし賄賂受け取るのもどうでもいいから保育園増やせよ。／オリンピックで何百億円無駄に使ってんだよ。／エンブレムとかどうでもいいから保育園作れよ。／有名なデザイナーに払う金あるなら保育園作れよ。／どうすんだよ会社やめなくちゃならねーだろ。／ふざけんな日本。／保育園増やせないなら児童手当 20 万にしろよ。／保育園も増やせないし児童手当も数千円しか払えないけど少子化なんとかしたいんだよねーってそんなムシのいい話あるかよボケ。／国が子供産ませないでどうすんだよ。／金があれば子供産むってやつがゴマンといるんだから取り敢えず金出すか子供にかかる費用全てを無償にしろよ。／不倫したり賄賂受け取ったりウチワ作ってるやつ見繕って国会議員を半分位クビにすりゃ財源作れるだろ。／まじいい加減にしろ日本。」（https://twitter.com/hoikuenochita〔http://anond.hatelabo.jp/20160215171759, 2016-02-15〕2016 年 2 月 20 日。）

待機児童数は子ども・子育て支援新制度開始の 2015 年から増加し続けている。2016（平成 28）年の待機児童は約 2 万 3553 人であり，政府は方針として2017 年度末（平成 29 年度末）までに，50 万人分の保育の受け皿を作る方針を打ち出した（http://www.kantei.go.jp/jp/headline/taikijido/）。しかし，厚生労働省の「保育士確保プラン」によると，2017 年度末に必要となる保育士数は46.3 万人で，推計約 6.9 万人も不足すると見積もられている。その中で，長年にわたる保育士の給料，重労働問題が表面化し，「保活」と呼ばれる保育活動の失敗や離職の危機に焦点が向けられた。そして深層問題に着手していない一億総活躍社会を吟味し，本腰を入れることになる。

「安倍政権の下で子育て世帯を支援していく，この決意は揺らぎません。

保育の受け皿50万人分の確保，来年度までの達成に向け，約束どおり実施
いたします。」「さらに，保育士，介護職員等の処遇改善など，一億総活躍プ
ランに関する施策については，アベノミクスの果実の活用も含め，財源を確
保して，優先して実施していく考えであります。」（安倍内閣総理大臣記者会見
2016〔平成28〕年6月1日より抜粋）

　安倍政権では，蔓延化している待機児童問題について，2013年に待機児童
ゼロ目標を明らかにしていた（安倍総理大臣日本記者クラブ講演，2013年4月19
日）。2017年度中には待機児童をゼロにするため，『待機児童解消加速化プラ
ン』に取り組み，保育所の整備や保育士の確保等の支援を行ってきた。2012
年8月に成立した「子ども・子育て支援法」，「認定こども園法の一部改正」，
「子ども・子育て支援法及び認定こども園法の一部改正法の施行に伴う関係法
律の整備等に関する法律」の子ども・子育て関連3法に基づき，『子ども・子
育て支援新制度』が2015年4月に始められ，2013〜2015年度には約31万人
分の保育の受け皿を確保しようと試みた。また2016，2017年度には約17万人
分を上乗せする方針を打ち出す一方で，斬新にも企業内の保育所への公的補助
を充実させた「**企業主導型保育事業**」を導入し，2017年度末までに5万人分
の受け皿確保を見込んだ（内閣府　子ども・子育て会議　開催情報一覧 http : //
www8.cao.go.jp/shoushi/shinseido/meeting/）。2016年度補正予算では経済対策，
待機児童の解消や消費刺激策を柱として，「一億総活躍社会」の実現に向けた
総合策が盛り込まれ異例のスピードで対策が打ち出された。

　しかし，実情は極めて厳しい。2017年2月17日の衆院予算委員会で安倍首
相は，「残念ながら非常に厳しい。間違いなく達成できる状況ではない」と述
べて2017年度末の「待機児童ゼロ」の達成は困難であることを明らかにした。
2017年度の認可保育施設への入所状況が極めて厳しいのは，母親の就業が増
加し，保育所への入所申請が予測を上回ったためである。そのため，その後明

企業主導型保育事業：企業主導型の事業所内保育事業を主として保育サービスの拡大を行い，ワー
ク・ライフ・バランスに資することを目的とする事業。待機児童解消加速化プランに基づき，2017
（平成29）年度末までの保育の受け皿の整備目標を前倒しして，50万人をこの保育サービスで行う
ことにした。認可保育園と比べ，より働き方に応じた多様で柔軟な保育サービスが提供可。

図7-1　男性の育児休業取得率変遷

（出所）　厚生労働省統計（各年）。

らかにされた厚生労働省の新計画では，待機児童ゼロの達成時期を2017年度末から2019年度末へと延長された。また，2022年度までに25〜44歳の女性の就業率が現在の73％から上昇して80％に達した場合でも，目標を達成できる保育体制を整備し，男性の育児休業取得も促進させることが目指されている。

　これまでの男性の育児休業取得率は極めて低い。2010年までは1％台で2011年に初めて2％を突破したが，1％台との間で推移する低空飛行であり，2015年時点でようやく2.65％となった（図7-1）。2020年の数値目標は13％に設定されているが，これまでの推移からみて2，3年で男性の育児休業取得率を急上昇させ，目標を達成することは見込みにくい。性別役割分業の強い文化の日本においてワーク・ライフ・バランスや女性活躍を浸透させるには，目標達成の可否を問うのではなく，その実現方法を模索することが肝要である。まずは社会全体での徹底した意識改革を推進し続けることである。それは女性のみならず，男性の意識と行動パターンの変化を伴わねばならない。育児期にある有業夫婦の仕事，家事，育児時間（平日）をみると，男女の家庭生活への従事時間には大きな開きがある（図7-2）。また職場における男性の家庭生活への関与への理解も希薄である。これは性別役割分業意識とともに，後述の職場での長時間労働が大きく影響しているといえる。その点でワーク・ライフ・バランス的経営が求められる。

　職場の風土・文化においては男女協働の風土を根づかせる必要がある。その

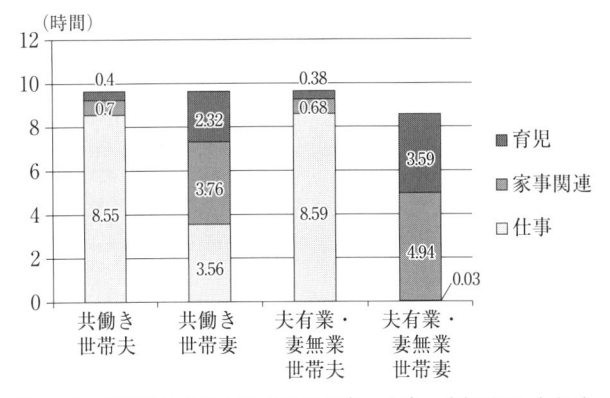

図7-2　育児期にある有業夫婦の仕事，家事，育児時間（平日）
（出所）　内閣府『男女共同参画白書　平成26年版』

ためには，育児に理解のある上司（いわゆる「**イクボス**」）の育成が有効である。イクボスがどのようなものであるか，またその啓発活動がいかなるものかは，ファザーリングジャパン提唱の「イクボス10か条」が示す内容が参考になる。「イクボス」とは，男性の育児への意識を高め，職場に浸透させるための意識をもった上司のことであり（**表7-1**），男性も自らの家庭・個人生活を充実させられるよう職場での配慮・改革を行う人物を指す。これまでのトップダウンの組織においては，上司，特に直属の上司の役割は大きい。上司にこのような意識・風土が根づいてこそ，男性の育児参加が一般化することが可能であるといえよう。現在の閉塞的な日本のワーク・ライフ・バランスを変えていくには，女性も男性も働きやすい職場風土をつくり，育児支援ができるしくみを整えることが急務となっている。

3　働き方改革

「働き方改革」というフレーズは2016年度の中心課題を模索する中で浮上し，

イクボス：「イクボス」とは，男性の育児への意識を高め，職場に浸透させるための意識をもった「育」児に理解のある「ボス」（上司）という意の造語。男性も自らの家庭・個人生活を充実させられるよう職場での配慮・改革を行う人物を指す。

表7-1　「イクボス10か条」（ファザーリングジャパン提唱）

1	**理解**	現代の子育て事情を理解し，部下がライフ（育児）に時間を割くことに，理解を示していること。
2	**ダイバーシティ**	ライフに時間を割いている部下を，差別（冷遇）せず，ダイバーシティな経営をしていること。
3	**知識**	ライフのための社内制度（育休制度など）や法律（労基法など）を，知っていること。
4	**組織浸透**	管轄している組織（例えば部長なら部）全体に，ライフを軽視せず積極的に時間を割くことを推奨し広めていること。
5	**配慮**	家族を伴う転勤や単身赴任など，部下のライフに「大きく」影響を及ぼす人事については，最大限の配慮をしていること。
6	**業務**	育休取得者が出ても，組織内の業務が滞りなく進むために，組織内の情報共有作り，チームワークの醸成，モバイルやクラウド化など，可能な手段を講じていること。
7	**時間捻出**	部下がライフの時間を取りやすいよう，会議の削減，書類の削減，意思決定の迅速化，裁量型体制などを進めていること。
8	**提言**	ボスからみた上司や人事部などに対し，部下のライフを重視した経営をするよう，提言していること。
9	**有限実行**	イクボスのいる組織や企業は，業績も向上するということを実証し，社会に広める努力をしていること。
10	**塊より始めよ**	ボス自ら，ワークライフバランスを重視し，人生を楽しんでいること。

（出所）　ファザーリングジャパン「イクボス10か条」http://fathering.jp/ikuboss/about/10 article/　2016年12月20日アクセス。

2017年の春闘ではキーフレーズにもなり大きくクローズアップされた。では今，なぜ働き方を改革が注目を集めているのか。ワーク・ライフ・バランスと経営を考える上で，働き方改革についてここで再考しておきたい。

　働き方改革が注目されている理由の1つは，グローバル社会の大きなうねりである。日進月歩するグローバル社会の中で，日本は厳しい競争環境に置かれ，生き残りをかけて国際競争力を向上させる方途を探さねばならない。資源に乏しい日本がグローバル社会の中で豊かさを維持しながら存続していくためには，生産性向上のための改善が必要なことは明らかである。しかしながら，従来の固定的な方法や価値観ではすでに行き詰まっており，グローバル社会で競争力をもって生き残っていくことが容易ではなくなっている。異なる働き方の改革によってしか活路を見出せない状況なのである。すなわち，働き方改革によって仕事面を充実させ，個人の生活の時間を確保し，生活を充実させることによってワーク・ライフ・バランスを図り，健全かつ良好な人間生活をベースに人材形成を図り，生産性向上と国際競争力の維持につなげていくことを模索しなければならない。

　働き方については，長年にわたり政策論議が闘わされてきた。政策で働きかけてから成果が得られるまでには長い年月を要するが，人々が実質的な豊かさを実感し，働きがいを感じられ，かつ柔軟で強靭な組織を作り上げていく必要がある。これまでの保守的かつ画一的な方法では成長は生まれない。そのため，多様な人材を活用できる人事制度を整え，支援できる職場環境を整える必要がある。そして，それにより意識改革や行動・発信につなげていく必要がある。国際競争力をつけ生産性を上げる働き方改革には次の3つの視点が必要である。それは「効率」「技術革新」「幸福感」である。

［1］　効　率

　まず「効率」について論じたい。内閣府の「ワーク・ライフ・バランスに関する個人・企業意識調査」によると，「労働時間が長い人は，上司が残業している人に対してポジティブなイメージを持っていると感じている」とされ，1日当たりの労働時間が12時間以上の方がそれ以下の労働時間に比べてポジティブなイメージをもっているとの結果であった（内閣府男女共同参画局仕事と生活の調和推進室「ワーク・ライフ・バランスに関する個人・企業意識調査」報告書平成26年5月，10頁）。一般に日本社会には長時間労働肯定概念があり，この調査結果からも長時間労働を良しとする認識や職場風土が存在することが示唆される（図7-3）。これまでの日本社会では職場に顔を出せば仕事をしているという滅私奉公的な考え方が根強く存在していた（欧米でも "facetime" と呼ばれている観念がある）。そのため，職場にさえ顔を出していれば，「頑張っている」のだと考えられるケースが広く一般に見受けられてきた。

　しかしながら，長時間労働と生産性の高さはイコールではない。日本生産性本部の「労働生産性の国際比較　2016年版」によると，日本の2015年度の労働生産性（就業1時間当たりの名目付加価値は42.1ドル：4,439円購買力平価〔PPP〕換算）でOECD加盟35カ国中，20位と高くない。これは1位のルクセンブルク（95.0ドル：10,006円）は日本の2.3倍に相当し，アメリカ（68.3ドル）の6割強でしかない（日本生産性本部「労働生産性の国際比較　2016年版」〔2016〕http://www.jpc-net.jp/intl_comparison/intl_comparison_2016.pdf　2017年6

Q「残業している人」に対してどのようなイメージを持っていますか。上司の方，同僚の方，あなたご自身について，それぞれあてはまるものを全てお答え下さい。同僚の方，上司の方については「おそらくそう思っているだろう」という，あなたご自身の想定をお答え下さい。

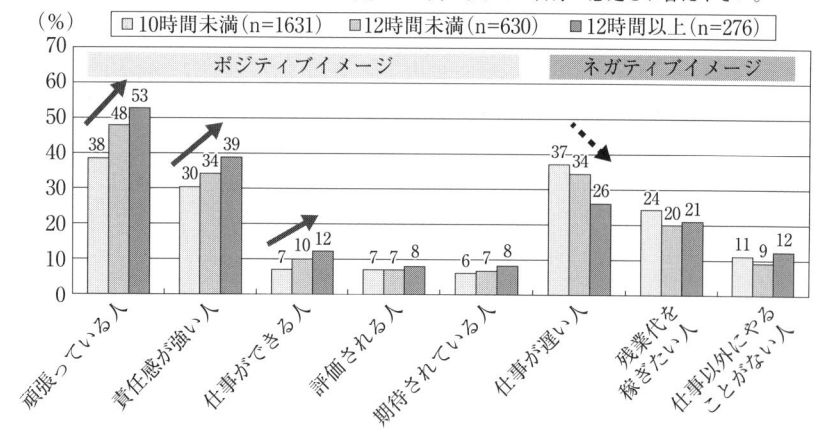

図 7-3　上司が抱いている残業している人のイメージ（想定）

（注）　正社員対象。1日当たり労働時間別。複数回答。

（出所）　内閣府「ワーク・ライフ・バランスに関する意識調査」http : //wwwa.cao.go.jp/wlb/research/wlb _h 2511/follow-up.pdf。

月10日アクセス）。労働時間でみると，常用労働者（全体）の労働時間は1970〜1980年代の年間2100時間前後から1990年代には激減した。2007年のワーク・ライフ・バランス憲章策定以降はさらに労働時間短縮化が進められ，労働時間は1800時間代から1700時間代へと制限されて，2015年には1734時間と緩やかに減少している。それでもなお，日本の労働時間は主要7カ国の中では最も長時間である。日本は長時間労働にもかかわらず，生産性は高くないのが実情である。

　日本社会でもようやくワーク・ライフ・バランスの概念が一般化したが，その一方でワーク・ライフ・バランスの難しさ，過酷な過労死などを目の当たりにして，意識も徐々に変化の兆しをみせている。東京商工リサーチ（TSR，東京・千代田区）が実施した長時間労働に関する調査によると，93.8%の企業に残業があるが，そのうち79.7%が残業時間の削減努力を行っている。ただし，中小企業では大企業の約2倍の14.0%が残業削減に努めていないという結果であった（https : //headlines.yahoo.co.jp/article?a=20170326-00010000-alterna-bus_ all　TSR によるインターネットアンケート〔2017 年 2 月 14 日〜24 日実施〕。同調査では 1 万 2519 社から有効回答。資本金 1 億円以上を大企業，1 億円未満を中小企業等と定義）。政労使は，残業時間の上限を単月で 100 時間未満とすることに合意したが，中小企業等での長時間労働削減にいかに取り組んでいくかが今後の課題である。

　未来経営的な観点からみれば，長時間でだらだらと働くのではなく，短時間で効率よく最大限に能力・スキルを活用して仕事を終えていけば，バランスの取れた生活を営むことが可能である。また，同時に労働時間を長引かせている方法を見直し，ぜい肉を落として効率化を図る工夫が不可欠である。例えば，長時間を要する会議を効率よく短時間・少頻度で行うこと，IT ツールを駆使して効率化を図ることなどがある。顔と顔を突き合わせてコミュニケーションを密に取ることはたしかに重要である。しかし，数時間かけて行う定例会議などは，事前のメール回議での内容共有，あるいはメール会議自体での承認によって短縮化が可能である。また，会議の時間帯も昼休みや朝に設定することによって，個人生活・家庭生活に影響を及ぼす夕方や遅い時間帯を回避することもできよう。さらに，出席者との距離がある場合には，TV 会議等の遠隔会議を用いて審議を進めることもできる。アメリカをはじめとする欧米各国や，これらのニーズに敏感な国内企業では，これらはすでに実践され，試験や採用なども遠隔媒体を用いて早くから行われている。国内では例えば日本マイクロソフト株式会社（以下「日本マイクロソフト」）が，統合型情報共有クラウドサービスのコミュニケーションインフラ部分の中核を担う計画・導入・運用をサポートするソリューションを発表し，いつ，どこでも業務が可能なテレワークやオンライン会議が「働き方改革」を一層推進するキープロジェクトを進めている（Skype for business online.これにより，元来の「会議」と「電話」をクラウドベースの Skype for Business Online に移行しつつある。https：//www.skypeoperationsframework.com, Read more at https：//news.microsoft.com/ja-jp/2017/03/09/170309_sofpartner/#jLS04OBkVxjj1q9d.99）。このようなソリューションによって，効率改善の伴った働き方が今後益々可能になってくることが予想される。

　同時に，不必要な業務の見直しも工夫して行える。例えば，議事録や記録な

どは二度手間を省き，その場で端末に入力し，その情報をアップロードして組織内で共有することができる。そのようなしくみを考え，それを実践するのに必要な端末機器や設備は最低限不可欠である。未来志向的な経営とワーク・ライフ・バランスにはこのような効率化を図る素地が伴う必要がある。

2 技術革新（イノベーション）

次に必要な働き方改革は「**技術革新（イノベーション）**」である。未来経営的な働き方は知識の集積であり，変革の中で行われていく。外部環境（社会・市場）の変化により情報化，ネットワークの加速，社会の成熟化，顧客要求の多様化，市場環境・競争環境の変化があり，オープンな技術革新が起こっている。それにより，他社や大学などとの協業が必要であり，コミュニケーションが重要になる。未来経営的にワーク・ライフ・バランスを進展させていくためには，職場環境も変化に伴って整えていく必要がある。

これからの時代は，人間のみならずロボットが人の作業を代替する時代となっていく。テクノロジーの発達に伴い，技術革新が展開され，これまで人的マニュアル作業だったものがロボティクスやIT制御や人工知能（AI）によって管理運営されていくことが可能となる。適切な管理で手間を省けるため業務量を軽減でき，うまくシステム化すれば人的マニュアルで行う方法に比べて効率も高まり，短時間労働化も可能になる。日本マイクロソフトや株式会社日立製作所（以下「日立製作所」）などのIT先進企業では実際にAIによる問題点分析をシステム化している。

後者の汎用人工知能では，経営目的に応じてAIが状況に応じてデータを学習し，ビジネスに革新をもたらす。これは従来，人間が経験，知識や勘などで行ってきた手法に取って代わるものである。AIが管理などの業務についてのデータを組み合わせて最適な結果を導き出し，作業指示し，生産性や売上を向上させ，コスト削減するというものである。例えば，作業時間の短縮化であれ

技術革新（イノベーション）：新しい技術・アイデアによって社会的意義のある新たな価値を創造し，社会的影響力をもつ人・組織・社会の変革を意味する。既存技術や概念に新しい技術や考え方を導入し，新たな価値を生み出し変化を起こすこと。

ば，既存データによってそれに必要な方法を分析し指示できる管理システムが可能になる。同社の経験では生産性8％，売上15％アップなどの結果をもたらしている。様々なビジネスに対応できるカスタマイズ不要の汎用人工知能による効率化が実現している（人工知能 Hitachi AI Technology/H, http：//socialinnovation.hitachi/jp/solutions/ai/index.html?WT.ac=ctop_ai）。このように，創造によって，前述の生産性向上，時短が可能になり，働き方に改革がもたらされる時代が到来している。

3　幸福感

　日立製作所の矢野和男氏によると，同社は2006年，世界にさきがけ，人間を24時間365日測定できるセンサーを開発し，100万人分以上の人間行動データを得て人間のハピネス度が得られるのではないかとの視点から研究を開始した。20問を10組織468人に尋ね，組織ごとのハピネス度と加速度センサーで採取した行動データが高い相関関係（0.94）にあることを発見した。「組織内での行動の多様性が，組織の幸福感につながる」ことや「組織の活力を上げるには，（ランチタイムの雑談や上司の声かけ等の）様々なコミュニケーションがハピネス度に影響している」ことが見出された（株式会社日立製作所　矢野和男講演「生産性向上のキーを握る，組織のハピネス度とは〜多目的AIの活用〜」2016年9月21日　http：//www.hitachi.co.jp/products/it/it-pf/mag/pf/worklife_ai/）。

　働き方改革には人の幸福感という視点が欠かせない。幸福感のある職場には様々な観点からの協働が不可欠である。それは女性，外国人，高齢者など異なる背景をもつ人材のいる，多様な価値観や知識を共有できる環境である。このグローバル社会において，言語が障壁とはならないコミュニケーションの活性化により，自国のみにとどまらず国境を越えて，さらに価値観を共有して切磋琢磨することが求められている。そのように多様な人材が活躍することによって，未来経営的な働き方が可能になる。

　コミュニケーションが円滑である組織には幸福度が高いことは上記の調査結果においても実証されている。ワーク・ライフ・バランスの観点を職場に浸透させることによっても働き方改革が可能になり，幸福度増進に寄与することに

なる。ストイックな日本社会からの意識転換が必要であるが，集団主義社会においても，先進的企業の先駆例があれば，**バンドワゴン効果**により普及効果がみられうる。そうして，日本企業社会にもワーク・ライフ・バランスを浸透させるための新風が吹くことになる。事実，**プレミアムフライデー**の導入によってワーク・ライフ・バランス的な企業文化がメディアも利用して根づき始めている。日本企業社会においては，ワーク・ライフ・バランス的行動パターンを企業風土に導入していくことによって多数の意識が変わっていく過渡期にあるといえる。

4　働きがいのある職場

［1］　働きがいのある職場づくり

　働きがいのある職場づくりは，ワーク・ライフ・バランスを図り，豊かな生活を送る上で重要である。また，未来経営的ワーク・ライフ・バランスの方向性を見出すために意図して行われるべきものである。良好な職場環境は，効率や生産性を高める要因となり，結果的に収益や株価向上につながるため，近年では，経営者の関心も高まっている。デロイトトーマツコンサルティングの「ワークスタイル実態調査」によると，生産性を向上させ労働時間を減らす「ワークスタイル変革へのニーズが必要」と考える企業の比率は，2年前から2013年実施時の75％より上昇し81％の高い水準に達した（株式会社日立製作所　矢野和男講演「生産性向上のキーを握る，組織のハピネス度とは～多目的AIの活用～」2016年9月21日　http://www.hitachi.co.jp/products/it/it-pf/mag/pf/work life_ai/）。これは働き方の変革により，効果の上がる働きがいのある職場を目指す方向性でのコンセンサスがあることを示唆するものである。

　働きがいのある職場関連の調査・分析としては，働きがいについての領域で著名な Great Place to Work® の調査内容が参考になる。Great Place to Work®

バンドワゴン効果（bandwagon effect）：ある選択（製品・サービス等）が多数に受け入れられ流行していると，その選択への支持が強まる効果。バンドワゴンとは行列の先頭の楽隊車のこと。
プレミアムフライデー：「Column」参照。

表7-2 「働きがいのある会社」従業員規模別上位5企業（2016年）

従業員数1000人以上	100-999人	25-99人
1. 日本マイクロソフト	Voyage Group	アクロクエストテクノロジー
2. アメリカン・エキスプレス	バリューマネジメント	ケンブリッジ・テクノロジー・パートナーズ
3. ワークスアプリケーションズ	サイボウズ	トリプルグッドグループ
4. ディスコ	freee	プログレス
5. Plan・Do・See	セプテーニグループ	gCストーリー

（出所）Great Place to Work®ホームページ　http://hatarakigai.info/ranking/index.html より。

は働きがいについて世界49カ国以上で調査を実施し分析を行う専門機関である。同インスティテュートは一定の水準に達していると認められた会社や組織を有力なメディアで発表しており，アメリカでは，毎年1月に発行されるフォーチュン（*FORTUNE*）誌上で「働きがいのある会社」ランキングを発表している（デロイトトーマツコンサルティング合同会社『ワークスタイル実態調査』2015年版　https://www2.deloitte.com/content/dam/Deloitte/jp/Documents/about-deloitte/news-releases/jp-nr-nr20160222.pdf　上場企業を中心とした200社〔外資系企業15社を含む〕より回答）。

　このランキングは優良企業としての評価指標となっている。日本では，株式会社働きがいのある会社研究所がGreat Place to Work® Institute よりライセンスを受けている Great Place to Work® Institute Japan が調査機関として存在している（http://hatarakigai.info/about/about.html）。2016年の日本での「働きがいのある会社」上位ランキング5位は従業員規模別で**表7-2**のような結果となっている（http://hatarakigai.info/ranking/index.html）。

　ここで上位にランクされている企業の特徴は，先進的な価値観により働きやすい職場形成をなしているということである。IT関連企業が多いのは，ワーク・ライフ・バランスに価値を置き，働きやすく柔軟な職場や労働条件を用意することで生産性向上を意図していることである。堅苦しい雰囲気を排除し，働きやすさに資する職場であることが高く評価されている。

　また，働きやすさについては，厚生労働省の「働きやすい・働きがいのある職場づくりに関する調査報告書」（厚生労働省職業安定局雇用開発部雇用開発企画

課平成 26 年 5 月「働きやすい・働きがいのある職場づくりに関する調査報告書」
http : //www.mhlw.go.jp/chushoukigyou_kaizen/investigation/report.pdf）の結果も
支援体制との関連を確認するものである。同報告書によると，働きがいは「自
分の意見や希望が受け入れられる」「自分の仕事の意義や重要性に対して説明
がなされる」等の「自己効力感」が充足されるような雇用管理がなされた場合
に高まる傾向があり，「働きやすさ」は「自己効力感」に加え，「相談できる体
制」や「福利厚生」に関する雇用管理がなされた場合に高まる傾向がある。

　このように，体制づくりによって働きがいが生まれやすいことが示唆される
一方で，実際の現場では，ワーク・ライフ・バランス支援制度を入れても利用
度が低いか，フルに活用されない場合がある。そのため，実際にワーク・ライ
フ・バランスを実感でき利用できるしくみと職場環境づくりが必要である。そ
の実現のためには，実際に利用されているモデルケースから学ぶことが有用で
ある。そこで次に，長時間労働削減の成功例として伊藤忠商事のワーク・ライ
フ・バランスのケースを挙げて吟味したい。

２　ケーススタディ：朝型勤務

　効率的な働き方を実現するための働き方改革の一例に伊藤忠商事のワーク・
ライフ・バランス導入のケースがある。同社は夜型の残業から朝型の勤務へと
時間管理を改革する「朝型勤務制度」を 2013 年 10 月に導入した。これは同社
が「朝型勤務」と呼ぶ朝残業である（https : //www.itochu.co.jp/ja/csr/employee/
safety/working_style/　2017 年 6 月 10 日アクセス）。従来，アメリカなどでは，
ワーク・ライフ・バランスを提唱する多くの企業においてホワイトカラーが個
人的にこの形態を用いて勤務し，1980～1990 年代にはエリートを中心とした
一般的な働き方として行われていた。日本でもこの形態がみられるようになっ
たのだが，伊藤忠商事では日本でいち早くこの形態を全社制度として導入した
点が画期的である。

朝型勤務：従来の夜型の残業時間をより効率的な働き方を目指して朝型の勤務とすること。「朝残
業」ともいう。

「当社は働き方改革の先駆者として，今後も社員一人ひとりの働き方に対する意識改革と併せて業務改革をバランスよく推進し，さらなる業務効率化や社員の健康保持・増進，育児・介護などの理由で時間的制約のある社員の活躍支援など，多様な人材が最大限能力を発揮できる職場環境の実現を目指していきます。」(同上伊藤忠商事ホームページ「朝型勤務」制度の導入)

　また，公表されている同社の「朝型勤務」制度によると，この制度は以下のような方法で導入されている。

・深夜勤務（22：00-5：00）の「禁止」，20：00-22：00勤務の「原則禁止」。やむを得ず20：00以降勤務が必要な場合は事前申請の上認める。

・早朝勤務時間（5：00-8：00）は，インセンティブとして，深夜勤務と同様の割増し賃金（時間管理対象者：150％／時間管理対象外：25％）を支給。

・7：50以前始業の場合，5：00-8：00の割増率を8：00-9：00にも適用。

・健康管理の観点から8：00前始業社員に対し，軽食を支給。

　そして，その取組みの効果は**表7-3**のとおりである。

　このケースでは導入前の2012年度には20時以降の退館が約30％であったが，導入3年で6分の1の約5％へと激減し，22時以降の退館はほぼ0％となった。逆に早朝8時前の入館は約20％から約45％へと増加している。割増し賃金（時間管理対象者：150％／時間管理対象外：25％）の支給が功を奏した形となっている。この割増料金を補塡する形で電気使用量と温暖化ガス排出量が減少し，タクシー料金代も不要となっている。

　それ以上にワーク・ライフ・バランス観点からみる「朝残業」のメリットに意味がある。すなわち，①夕方からの残業を前倒しにすることによって，家族との時間の共有を可能にすること，そして②効率よく集中して働き，翌日まで疲労を持ち越さずに定時で業務を終了することである。また，本表には現れていないが，健康増進効果もみられるため，ウェルネスのプラス効果があり，かつ医療費（保険料）の削減効果も期待される。伊藤忠商事は以上のようなビジョンでワーク・ライフ・バランス支援を行い，能力発揮サポートを体系的に可能にしている。

表7-3　取組みの効果

		導入前 （2012年度）	導入半年後	導入2年後	導入3年後
退館	20時以降	約30%	約7%	約6%	約5%
	（内22時以降）	（約10%）	（ほぼ0 ※）	（ほぼ0 ※）	（ほぼ0 ※）
入館	8時以前	約20%	約34%	約40%	約45%
電気使用量（導入前比）		−	−	−	▲約7%
温暖化ガス排出量（導入前比）		−	−	−	▲約8%
一人当たり時間外勤務時間状況（導入前比）		−	▲約10%	▲約12%	▲約15%

（注）　※事前・突発申請者数名のみ
（出所）　伊藤忠商事ホームページ「朝型勤務」制度の導入　https://www.itochu.co.jp/ja/csr/employee/safety
/working_style/　2017年6月10日アクセス。

5　ワーク・ライフ・バランスの取組みからみえること

　働きがいのある職場になるよう，どのような概念をもち，どのような方法でどこまで実施するのかをワーク・ライフ・バランスの責任者や実行母体を設けて従業員主体で労働のしくみ，プロセスを考案することが肝要である。長時間の労働時間削減といえども，単に退社時間を設定するだけでは，「業務量は変わらない」「サービス残業が増えるだけ」という不満が募るだけである。したがってその際に，従業員の実態とニーズを把握し，しくみを工夫する必要がある。伊藤忠商事のケースからみれば，残業削減のために夕刻以降の労働時間を前倒しして，「朝食提供」という制度のしくみを作って従業員ニーズに対応している。

　その上で目標値を明確にする。Goals & Tables（目標・計画）を設定し，進捗状況を中間報告で点検し，新しい施策を追加していく。このようなプロセスの導入によって，行動が変わり，行動の変化によって意識が変わる。そうして企業風土の変革につながっているといえる。ワーク・ライフ・バランスにおける働き方改革は日進月歩で急速に展開している。技術革新（イノベーション）によって，働き方改革を促進し，人間の幸福についても応用ができるレベルに

▶▶ *Column* ◀◀

プレミアムフライデー

　2017年2月24日，「プレミアムフライデー」が開始されました。プレミアムフライデーとは，政府と経団連（経済団体連合会）を中心とした官民連携で提唱・推進するキャンペーンです。これは，普段より時間的なゆとりのある「プレミアムな」生活を促進する取組みで，毎月末の金曜日，夕方以降の時間を充実させることを奨励する消費喚起策です。早目に（午後3時を推奨）仕事を終えて，買い物や食事，旅行，ボランティア活動，スポーツなどを楽しむことで，個人にとっては，自分の生活を充実させることができます。

　アメリカでは「ブラックフライデー（黒字の金曜日）」といって，感謝祭（11月の第4木曜日）の翌日の11月の第4金曜日に小売店や百貨店などで大規模なセールが実施されることが多いのですが，それに倣い日本でも，地域・コミュニティ・企業などで様々な素敵なイベントが開催されます。店舗などではセールや，特別な商品・サービスの提供が行われたり，レストランなどでプレミアムなディナーが提供されたりしています。金曜日を核として，金曜日～日曜日までの3日間とするなど，柔軟に設定されます。そのため，2.5日の小旅行や行きたい場所への訪問も可能になります。また，月末の金曜日は，給与支払い日の直後にも当たるため，時間にゆとりのある中で消費行動が促進されて売上が上がる経済効果も期待されています。

　経済産業省によると，プレミアムフライデーは次のような取組みとして考えられています。「個人が幸せや楽しさを感じられる体験（買物や家族との外食，観光等）や，そのための時間の創出を促すことで，

　　(1)　充実感・満足感を実感できる生活スタイルの変革への機会になる
　　(2)　地域等のコミュニティ機能強化や一体感の醸成につながる
　　(3)　（単なる安売りではなく）デフレ的傾向を変えていくきっかけとなる
といった効果につなげていく取組です。」

　働き方改革とも連携していて，ワーク・ライフ・バランスの充実が期待されています。すなわち，企業側では従業員が有給休暇の取得することを容易にし，フレックス制度の活動を促進させるため，個人がゆとりや豊かさ，充実感，満足感，そして幸福感を感じられるようになる社会風土や環境づくりにつながると期待されています。

なっている。ワーク・ライフ・バランスの導入は不可避である。働きがいのある職場となるよう，一部の従業員のみを優遇するのではなく，全社員を対象に展開・運用することが求められている。

［付記］　本章は，日本学術振興会科学研究費助成事業（学術研究助成基金助成金）「グローバル時代の女性労働：女性活躍と企業支援」（平成28〜31年度）16K02056の成果の一部である。

推薦図書

伊藤健市（2017）『「やりがいのある仕事」と「働きがいのある職場」：ブラック企業を反面教師に』晃洋書房

　働きがいのある職場に必要な要因を解き明かす書。有意義な職業人生を歩み，最高の職場構築にお勧めの書。

佐藤博樹・武石恵美子（2010）『職場のワーク・ライフ・バランス』日経文庫

　WLBの基本的なコンセプトについて，統計データを多く用い，制度を紹介し，課題について説明している。

澤田幹・谷本啓・橋場俊展・山本大造（2016）『ヒト・仕事・職場のマネジメント：人的資源管理の理論と展開』ミネルヴァ書房

　日本企業における人間性を重視した働き方と職場づくりを理解する上で，一読したい人的資源管理論の1冊。

設　問

1．ワーク・ライフ・バランスの取組みで推進力があると思える取組みは何か。なぜそのように考えられるのか具体例を挙げて述べてみよう。
2．女性活躍につながるワーク・ライフ・バランス施策で有効な施策は何か。現状や数値目標の観点から考えてみよう。

（中村艶子）

第8章

女性の活躍支援とワーク・ライフ・バランス

　「妊娠したことを告げたとたん，明日から会社に来なくていい」と告げられた。今から10年ほど前，育休切りという問題が注目されました。女性の活躍促進が注目される現在でも，育休の問題は深刻であるといわれています。この章では，このような状況を踏まえて，ワーク・ライフ・バランスの意味を日本の雇用管理との関連から考えることにします。

1　ワーク・ライフ・バランスと「働き方改革」

　ここ数年女性の活躍支援が，政府の成長戦略として注目されるようになってきた。実際，2013年6月に安倍内閣は，「日本再興戦略」を閣議決定し，その中で3つの成長戦略を打ち出した。その政策の1つが，「女性が輝く日本の政策」であった。このような政府の政策は，少子高齢化の進展を背景に，女性の労働参加率を大幅に引き上げることを目標とするものであった。

　2015年には，女性の職業生活における活躍の推進に関する法律，いわゆる女性活躍推進法が制定され，育児支援や長時間労働の是正といった取組みが規定された。事実，待機児童の解消など育児支援に対する取組みが進められている。いまや女性の活躍促進は，こうしたいわゆるファミリー・フレンドリーな取組みにとどまらず，**労働者派遣**制度の見直しや，「多様な正社員制度」の普及，さらに労働時間制度の見直しなど「働き方改革」にまで及んでいる。このようにワーク・ライフ・バランスが，政府の重要な政策理念とされているように思われる。

労働者派遣：派遣元に登録している人材を，契約を締結した派遣先で派遣先の指揮監督のもとに就労させることをいう。

　たしかに前章でも検討されたように，多くの企業でワーク・ライフ・バランスの取組みが進められているものの，ワーク・ライフ・バランスという取組みが「働き方改革」に代表される人的資源管理においてどのような意味をもっているのかは明らかではないように思われる。本章の課題は，信用金庫におけるワーク・ライフ・バランスの取組みを，信用金庫での雇用管理の展開，さらに女性の活躍支援との関連から検討し，ワーク・ライフ・バランスの人的資源管理における現実的な意義を問うことにある。

　そこで次の第2節において，本章の対象とする信用金庫の性格を簡単に紹介し，次に信用金庫における雇用管理の展開を検討し，それを踏まえて信用金庫においてどのような女性活躍支援が行われているのかを明らかにする。そしてそれを踏まえて信用金庫におけるワーク・ライフ・バランスの取組みを検討することにしたい。

2　信用金庫と従業員

1　信用金庫は利潤追求を目的としない

　まず，ここで検討の対象とする信用金庫についてみておくことにしよう。信用金庫は，1951年に制定された信用金庫法に基づいて設立された金融機関である。この法律の第1条には，「この法律は，国民大衆のために金融の円滑を図り，その貯蓄の増強に資するため，協同組織による信用金庫の制度を確立」するとされている。この法律に規定されているように，信用金庫は**協同組織**という形態をとった金融機関である。

　一般に協同組織とは，①小規模な事業者などの相互扶助を目的に，②任意に設置された組織であり，組合員は組織に任意に加入，脱退することができる。さらに③各組合員は平等の議決権をもち，④利益が生じた場合，その配分に当たりその限度が定款や法律などによって定められている。こうした4つの要件

協同組織：共通の課題を行うために，個人などが組合員となり，出資をし，事業を設立し，共同で所有運営を行う組織形態，協同組合と呼ばれている。

をみたす組織が協同組織であり，信用金庫はこの協同組織形態をとった金融機関なのである。

　実際，信用金庫は，銀行などの株式会社とは異なり，利潤追求を目的とはしていない。もちろん現在の社会では，利潤の獲得は重要な前提であるが，設立の理念からして信用金庫は利潤追求を目的とはしていない。そのため信用金庫が設立される際，銀行などの営利組織と区分するために「金庫」という用語を使ったとされている。さらに信用金庫では，出資額にかかわらず 1 人 1 票制という原則がとられている。信用金庫は，小規模な事業主たちが資金を出し合い，自分や仲間が必要なときにその資金を使うという相互扶助原則に基づく金融機関なのである。

　一般に協同組織形態に基づく金融機関は，英語では Credit union と表記される。日本では，Credit union は，信用金庫ではなく，信用組合を意味している。1951 年の信用金庫法の施行とともに，信用組合の中から信用金庫に転換してきたのが信用金庫であった。信用金庫法の施行当初，636 行の信用金庫が生まれた。こうして成立した信用金庫は，信用組合とは異なり，①出資の最低限度が設けられるとともに，②会員をやめる際持分全部を譲渡できるなど自己資本の充実が図られている。さらに会員以外でも信用金庫を利用できるようになり，そのため③信用金庫は，組合員のための組織ではなく，広く国民大衆のための公的な金融機関となっている。

２ 景気変動と従業員

　合併や経営破綻などにより，2015 年 9 月末現在，信用金庫の数は，267 行となっている。預金額は，137 兆 7370 億円，貸出金額は，66 兆 5343 億円となり，信用金庫は，日本の金融取引の約 12% を占めている。会員数は，928 万 129 人，店舗数 7393，職員数 11 万 2127 名となっている。

　信用金庫は，特定の営業地域に存立する中小企業を対象に融資などの業務を行う金融機関である。一般に日本では，中小企業は，製造業の場合，従業員 300 人以下，小売業の場合，50 人以下，サービス業や卸売業では，100 人以下の企業を意味している。日本の場合，特に特徴的なことは，こうした中小企業の多

くが，**外注**や系列として大企業の活動に組み込まれていることであろう。その
ため日本の中小企業の活動は，大企業以上に景気変動に大きく依存することに
なる。実際，不況になると中小企業の倒産が注目されるのである。

　そのため中小企業に対し融資などを行う信用金庫は，中小企業の景気に左右
されることになる。けれども，1973 年の石油ショックまでは，大企業の近代
化に対応して技術革新を進める中小企業への融資を行うことで，信用金庫も規
模を拡大してきた（信用金庫の展開については，全国信用金庫協会〔2009〕『信用
金庫職員のための経済金融ガイド』全国信用金庫協会に基づいている）。また，中
小企業の資金難を背景に，営業の拡大も行われた。実際，1955 年から 1965 年
にかけて預金積金と貸出は，11 倍に増大した。1965 年の不況で景気はいった
ん後退したものの，1970 年代初頭まで景気は拡大し，それとともに信用金庫
も規模を拡大し，行員の増員を推し進めてきた。

　だが，1973 年の石油ショックをきっかけとする不況は，信用金庫にも大き
な影響を与えた。信用金庫では，1975 年以降，預金も貸し出しも増えなく
なってきた。けれども信用金庫の多くは，「資金量の増加によって原価率を下
げようとする高度成長期の拡張策」（全国信用金庫協会〔2008〕『信用金庫職員の
ための経済金融ガイド』212 頁）を取り続けてきた。しかし原価率を下げられな
かっただけでなく，営業に人材を投入してこなかったために，都市銀行などと
の競争に対応できなくなっていった。第 2 次石油ショックのあと業績はやや回
復したものの，貸出は低迷した。

　1985 年には大蔵省が，金融自由化のロードマップを作成し，これに基づき
金利の自由化，金融面の規制緩和が進められた。その後日本経済は，資産価格
の上昇と好景気による**バブル経済**に突入した。バブル経済は，1991 年には崩
壊し，その過程で金融機関の破綻や金融不祥事などが表面化した。信用金庫で
も，経営破綻に加え，資産価格下落による不良債権の処理が重要な問題となっ

外注：自社ではなく，自社の図面などをもとに契約する別の会社に生産やサービスを委託することを
　　意味している。アウトソーシングともいわれている。
バブル経済：不動産や株式などへの投機が先行し，実体経済を牽引することで景気を拡大した状況を
　　意味している。

た。

　バブルの崩壊とともに信用金庫でも，新規学卒者の採用は抑制されることになった。実際，新規学卒者の採用は 1992 年 4 月の採用をピークに減少に転じ，新卒の不足を補うためにパート職員や派遣労働者などの採用を増加させていった。だが，経済のグローバル化を背景に大企業は，リストラを推し進めるとともに，海外への生産拠点の移転を行った。そのため産業空洞化や商店街の崩壊などの問題が生じた。

　信用金庫は，地域密着という基本方針を踏まえた活動を進め，中小企業向けの貸出シェアを増やしていった。だが，2008 年のリーマンショックを契機とする景気後退局面で，信用金庫における正規職員数は，再び減少に転じ，その後，少子高齢化による人材不足に直面しているのである。そこで次に，現在生じている人材難への信用金庫側の対応を考えることにしたい。

3　労働力不足と雇用政策

［1］　景気変動と従業員数の推移

　信用金庫は，地域の中小企業などを対象に金融サービスを提供する金融機関であり，そのため信用金庫の業績は，景気変動に強く左右されてきた。1973 年の石油ショックまで，信用金庫は基本的には規模の拡大を遂げていくが，石油危機以降，成長は停滞した。**図 8-1** は，信用金庫における従業員数の推移についてみたものである。

　信用金庫では，第二次世界大戦後，日本経済の景気とともに，正規従業員の数は 1970 年代前半まで男女ともに増加してきたが，80 年代から 94 年までほぼ横ばいとなり，1995 年ころから減少に転じている。実際，信用金庫では，バブル経済の崩壊後，「新卒採用抑制による雇用者の自然減を図ってきた」（間下聡〔2008〕「信用金庫と銀行の人手不足感と対応状況」『金融調査情報』20-5, 1 頁）のである。信用金庫は，特定の地域で事業を行う公的な金融機関であるために，ドラスティックな人員削減策を行わず，新規採用の抑制などの方法が重視されたと考えられる。このことは，残業規制や配置転換といった**雇用調整**の

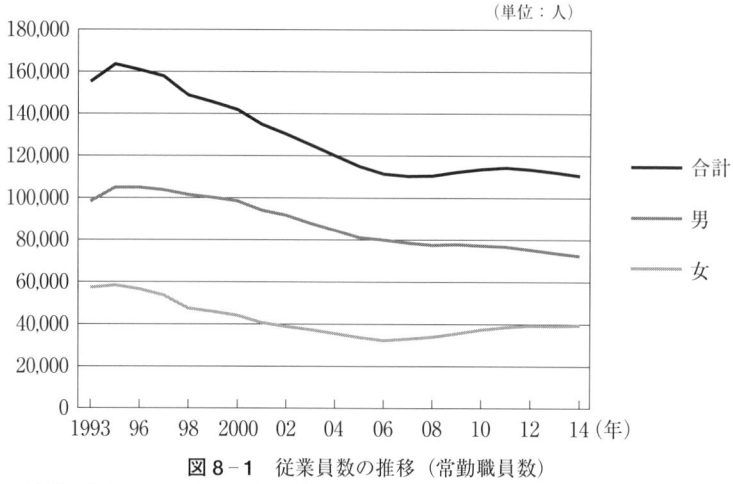

（単位：人）

図 8 - 1　従業員数の推移（常勤職員数）
（出所）　筆者のインタビューに基づき作成。

　方法がとられなかったということを意味するものではないだろう。

　図 8 - 2は，バブル経済の崩壊した 1991 年の年齢ごとの職員数を男女別に示したものである。男性の場合，22 歳から 40 歳まで従業員数が増加していることがわかる。男子職員については，基本的には新規採用は大卒に向けられてきた。次に女子職員の年齢ごとの従業員数をみると，19 歳から 21 歳までの従業員が多くなっていることが特徴的である。この数値から，女子職員の採用が，高卒，あるいは短大卒に向けられてきたといえる。

　けれども 22 歳から 24 歳の女子社員の比率が，9.5％ であるのに対し，25 歳から 27 歳では 4.8％ となり，さらに 28 歳から 30 歳では 2.0％ にまで減少し，31 歳以上では女性の比率が極めて低くなっている。これまで日本では女性は，特別の場合を除いて大学に進学することはなく，結婚，あるいは出産を契機に会社を退職し，専業主婦になるのが一般的であった。信用金庫における女性の労働力構成は，当時の慣習を反映しているように思われる。

　バブル崩壊から 20 年近くを経過した 2013 年の年齢階層別従業員数をみると

雇用調整：企業では，景気変動に対し，生産やサービスの量的な適用が求められるが，こうした事業の変動に労働量や要員の人数の調整を図ることを意味している。

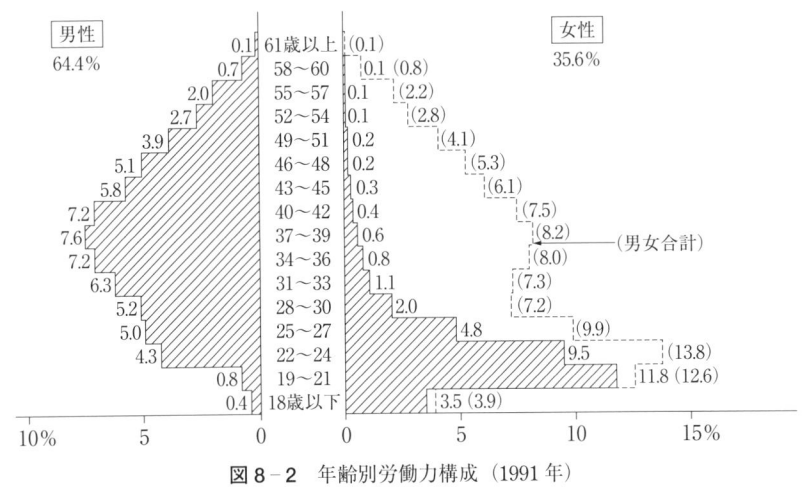

図 8 - 2　年齢別労働力構成（1991 年）

（注）　総職員数 158,001 人＝100％。
（出所）　筆者のインタビューに基づき作成。

（図 8 - 3），20 代の女性職員の比率が大きく減少していることがわかる。実際，信用金庫では採用者数は 1992 年の 6491 人をピークに，1996 年の 1481 人にまで減少してきた。その内容をみると，高卒女子の採用は 4 分の 1 にまで減少し，それとは反対に大卒女子の採用が拡大してきたのである。事実，東京の A 信用金庫では男女雇用機会均等法の施行をきっかけに大卒女子の採用が始まり，女性の進学率の高まりを背景に採用数は拡大してきた。こうした高卒女子の採用の減少が，女性職員の比率を規定してきたことは否定できない。

2　信用金庫の雇用管理

　その際次の点に注目することが必要である。1980 年代以降，コンピュータの普及，さらに ATM の導入やインターネット・バンキングなど IT 技術を基軸とする事務の改革が進み，当時女性たちの担ってきた定型的な業務は IT 技

ATM：現金自動預け払い機。金融機関やコンビニなどに設置される現金取引や残高照会などを行う機器。
インターネット・バンキング：インターネットを介する銀行取引を意味している。オンラインバンキングとも呼ばれている。

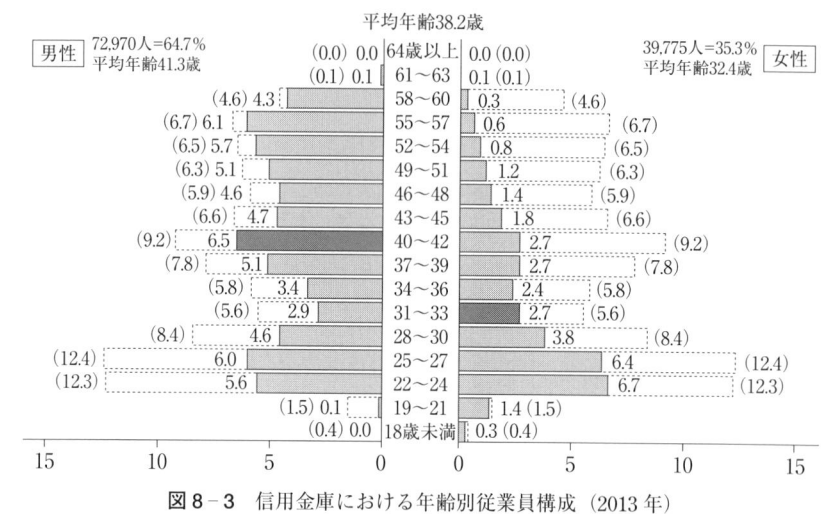

図 8-3　信用金庫における年齢別従業員構成（2013 年）

（注）　1：（　）は男女合計の従業員の構成割合。
　　　　2：従業員数　112,745 人＝100％。
　　　　3：アミの濃い箇所は男女ごとの平均年齢を示している。
（出所）　筆者のインタビューに基づき作成。

術により代替されてきた。実際，定型的業務を担当する一般職の採用を控える
企業もみられた。こうした IT 技術の導入が，職員数の減少を規定してきたと
いえる。

　信用金庫は，IT 化の進展を背景に新規採用の抑制を基本に景気変動に対応
してきたといえる。だがここ数年，少子高齢化の中で労働力不足が進んでいる。
少し古い調査になるが，信用金庫の人手不足について調査した間下の研究をみ
ることにしたい（間下〔2008〕）。間下によれば，全体としてみると信用金庫で
は，人手が足りないという意識はないという。けれども，採用を抑えているた
めに営業店では人材が足りないという意識が強いとされている。そこで間下は，
①事務など比較的短い期間の教育で働くことのできる人材，②融資の渉外や審
査など中心業務を担当できる人材，③リスク管理や**バーゼル規制**への対応など
専門性をもつ人材，にタイプを分け人手不足について調査している。

バーゼル規制：金融システムの安定を図るために，スイス・バーゼルの銀行監督委員会による国際的
　　に活動する金融機関に対する自己資本比率や流動性比率などに対する規制。

　間下によれば，専門分野の人材については人材が若干不足しているという意識はあるものの，内部育成や中途採用で対処しているという。具体的には，投資信託や保険の窓口での販売，有価証券の運用といった業務については中途採用で対応するという事例が多くみられ，リスク管理などについては信用金庫内部で育成するという方針だという。それに対し事務などの領域では，人手が不足しているという感じはないとされている。その理由として，「事務効率化やパート・派遣社員の活用」などが指摘されている（間下〔2008〕5頁）。

　実際，信用金庫では，1986年ころからパートタイマーの雇用が増大してきた。すでにみたA信用金庫では，130名近いパートタイマーが働いている。その多くは営業を担当し，それ以外にも事務やテラー（窓口）業務などを担当している。もともとパートタイマーは，信用金庫では，人材不足から導入されてきたが，金融機関では法律などの規制から働くのに必要な能力が多様で，なかなか人材を得ることができなかった。そのためパートタイマーは，職場の仕事にしっかりと組み入れられており，その意味で雇用調整を担う人材とはなっていない。

　また派遣法の制定とともに派遣労働者の活用も進んだが，派遣労働者の雇用は，団塊の世代の継続雇用を確保するために，2006年以降減少した。派遣労働者については，店長の裁量で様々な職務に配置されているが，雇用調整を担うような役割を果たしていないと考えられる。かくして信用金庫では，新規採用をもとに育成を行い，必要な職務に配置することで労働力需要を満たし，景気変動には新規採用の抑制で対応してきたといえる。その結果，図8-3にみられるような労働力構成となったのである。

　信用金庫では，これまで新規採用を控えてきたが，少子高齢化の進展とともに，ここ数年人材不足が重要なテーマとなっている。間下の調査によれば，これまで融資や審査などの分野で「経験を積んで」きた，「30歳代が不足」（間下〔2008〕5頁）していたとされている。この年代は，そのあと管理職となる世代であり，その意味で管理職の不足が重要なテーマになっているのである。

　全国信用金庫協会では，管理職候補者の不足という事態に直面して，その対応策が議論され，①高齢者の活用，②中途採用，③女性の活用などが検討され

た。高齢者の活用については，ほとんど注目されなかったという。一般に日本では，新規採用を基盤に，従業員の教育・訓練が行われ，様々な職務に配置されることになる。教育訓練や仕事を通じて独自の企業文化が育成されていく。とりわけ信用金庫は，協同組織であり，民間とは異なる企業文化を有している。そのため中途採用者を活用するには限界があると考えられた。そこで注目されたのが，女性従業員であった。次に信用金庫における女性の活躍促進について検討してみることにしたい。

4　信用金庫における女性の活躍推進

［1］　活躍促進と雇用の多様化

　近年，女性の活躍支援が注目されている。安倍内閣は，経済成長戦略の一環として「職場での女性の活躍を高める」ために，2020年までに各領域で女性管理職の割合を30％に高めるという目標を掲げている。信用金庫でも，政府の政策を背景として，女性の職域拡大や管理職への登用が進められている。

　だが，これまで信用金庫でも「女性の適性」を反映して男女別の分業や配置が支配的であった。例えば東京都にあるB信用金庫では，女性は店舗の中で勤務しているため，天候など関係ないが，男性は主として営業などで店舗の外に出て働くことが多いために，男性職員たちから不満が多く，そのため同行では**コース別雇用管理**を採用して，仕事だけでなく，昇格や報酬などで明確な区別をつけるようになったとされている。だが，ここ数年，少子高齢化を背景とする採用難などから女性の活躍が求められている。そこでまず，奈良県の大川信用金庫の事例をみてみることにしよう（志牟田大輔〔2017〕「組織的に子育てをバックアップ」『信用金庫』2017年4月号，18頁）。

　2017年3月末現在，大川信用金庫には，151名の職員が在籍しており，その41.1％，62名が女性であった。その内訳をみると，正社員36名，嘱託10名，

コース別雇用管理：1986年の男女雇用機会均等法の施行を契機に導入された雇用管理制度，一般に職務内容や転居を伴う転勤の有無などを基準にコースを設定し，それに基づき昇進や処遇などが決定される。

パート職員 16 名となっていた。大川信用金庫では退職などによる職員の不足を新規採用で補ってきたが，「職員の若年化による業務レベルの低下を補う」（志牟田〔2017〕18 頁）ために，退職者の再雇用が進められた。再雇用に当たり，子育ての問題を考慮してパートでの採用が行われたが，子どもの成長とともに時間的な余裕が増え，またモチベーションの高い職員が増えたことから正社員や嘱託社員への登用も行われた。そのためパートや嘱託社員の大半を OG が占めることになった。

　嘱託社員の半数が担当しているのが「年金アドバイザー」である。年金アドバイザーという職種は 1995 年に設立された職務であるが，こうした職域の登場が女性の活躍促進につながっているのである。そこで女性の営業への展開を進めている C 信用金庫の事例をみておくことにしよう。

2　事業内容の変化と女性の活躍

　埼玉県南部を主な業域としている C 信用金庫は，この地域に多数存在していた鋳物工場に貢献するために設立された信用金庫である。この金庫でも，20 年ほど前までは男性職員と女性職員の仕事は明確に分離されていた。このような男性と女性の仕事の違いを生み出していたのは，「男性は外で働き，女性は企業内の仕事をする」という先入観であったといわれている。

　けれども，ここ数年女性の仕事に対する意識に変化がみられるようになった。こうした意識の変化をもたらした要因は，女性の社会進出やコミュニケーション能力の高さなどから，女性活躍の取組みが必要と考えられたことであり，そのため C 信用金庫では次のような取組みが行われている。

　まず，渉外業務への女性の登用である。1996 年ころから女性職員が年金アドバイザーとして営業店に配置されるようになり，女性職員は男性と同じように渉外活動を担当するようになった。

　第2に，女性社員の職域の拡大である。C 信用金庫では，女性の働きやすい環境が整っており，男性は渉外，女性は窓口といった従来のイメージではなく，融資係や渉外担当にも女性社員を配置するようになっている。

　第3に，女性管理職の育成である。採用に当たっては，男女の差別なく，学

歴も関係なく，男女ともに総合職として採用している。さらに女性社員を対象とした研修制度や管理職登用への教育訓練も充実しており，現在では，副支店長以上の管理職に女性はいないが，係長以上の女性は管理職全員の 34% になっている。

　第 4 に，育児休業制度の充実である。これにより，結婚や出産など家庭問題により退職する女性はほとんどいなくなった。またここ数年で女性の勤続年数は 11 年から 13 年までのびている。

　男性と女性との職務分離という分業体制が変化するようになったのは，育児休業制度の導入など女性の就労に対するサポートも重要であったものの，年金アドバイザーへの女性の登用であったとされている。いまや 44 店舗のうち 38 店舗で年金アドバイザーとして女性職員が働くようになっている。さらに今日では，これまで主として男性が担当してきた融資係でも女性の育成が始まっている。だが C 信用金庫の事例にみられるように，渉外といっても年金の分野が重要な領域になっていることがわかる。

　その際信用金庫の預金の中心になっているのが，年金顧客であることに注意することが必要であろう。実際広島信用金庫では，「個人預金の約 7 割が高齢者預金」だといわれている（『ニッキン』2012 年 7 月 22 日号）。さらに注目しなければならないのが，OA・IT 化の進展である。これまで信用金庫では，定期積み金の預金を集めるなど職員が現金を扱うことが多かったが，OA・IT 化の進展とともに営業職は直接現金を扱う必要はなくなり，端末による入金，つまりキャシュレスの営業が可能になった。そのため営業職への女性の職域拡大が進められてきたと考えられる*。もちろん，もう 1 つの背景として女性の職場進出と勤続の長期化を忘れてはならない。日本の賃金は，定期昇給制度を基本としていることから，年齢や勤続年数に強く影響を受ける。そのため女性の職場進出と勤続の長期化に伴い，女性の賃金も増加するようになり，女性の担当する仕事でのアウトプットと人件費のバランスがそこなわれ，人件費という面からも，女性の活躍が求められてきたと考えられる。

　*　女性に営業を担当させることが難しくなった背景の 1 つとして，都内信用金庫での現金輸送車強奪事件があったとされている。

いずれにせよ，信用金庫の顧客の高齢化とともに，預金の中心が年金顧客に移り，さらに OA 化・IT 化の進展とともに，営業などでも現金を扱う必要がなくなったことから，女性にも営業を担当できるようになったといえる。このように信用金庫の事業の変化が女性の職域拡大の基盤となった。そして，職域拡大の契機となったのは，女性の意識の変化であった。これまで女性は結婚すると家庭に入るのが当然のこととされていたが，特に大卒女性の増加とともに結婚後も継続して働きたいという女性が増えてきたという。だがそれ以上に，年功制のもとで進んだ女性の勤続の長期化が賃金コストの上昇を招き，女性の担当する仕事での成果と賃金とのバランスがくずれ，収入にみあう成果という視点から女性の活躍が求められるようになったのである。

　このような女性の職域拡大を基盤として進められたのが，管理職への女性の登用である。そこで次に D 信用金庫の取組みを中心に女性の管理職への登用についてみることにしよう。

③　管理職への女性の登用

　近年，信用金庫でも課長代理などへの女性の登用や女性支店長の誕生など，女性の管理職への登用が進んでいる。もっともメガバンクを退職した人材が，信用金庫に採用され，支店長に登用されるといったケースもあり，単純に評価できないとはいえ，信用金庫でも女性の管理職への登用が進んでいることは注目される。

　こうした女性の管理職登用とともに行われるようになっているのが，女性，さらに管理職向けの研修・講座の強化である。全国信用金庫協会では，預かり資産営業に女性職員を活用するケースが増えていることから，女性管理者向けに「資産運用推進セミナー」が開催されており，さらに須賀川信用金庫でも，「女性管理者養成研修」が開催されている。女性の管理職登用には，管理者の養成や専門知識の獲得についての研修が重要になっている。研修の内容をみると，管理職への女性登用の背景として，高齢者預金へのシフトにみられるような預金業務の変化があったと考えられる。そこで次に女性の活躍支援を積極的に進めている D 信用金庫の取組みをみてみよう。

　D信用金庫は，静岡県の東部を中心に事業を展開している中堅信用金庫である。D信用金庫は，1911年に設立され，合併などにより現在52の店舗有している。現在，828名の正規従業員が働いている。D信用金庫では，かつて一般職と総合職からなるコース別雇用管理を導入していたが，7年ほど前に総合職コースだけの人事システムに変更されている。

　D信用金庫では，2010年度から2013年度にかけて次のような女性活躍推進計画のもとに，①女性職域の拡大，②女性に対する管理職登用の増大，③ワーク・ライフ・バランスの実現，④職場風土の改善という具体的な目標が設定された。

　D信用金庫における職員全体に占める女性社員の比率は4割を超えており（44.22％），女性の勤続年数を延長するため，幅広い職域での活躍がD信用金庫のさらなる発展につながるという考えで，普通考えられるより幅広い職域に女性を受け入れている。実際，融資係と営業部の女性職員の数は2010年の53名から2013年には66名に増えている。

　次に，女性の管理職登用についてみてみよう。D信用金庫では，現在，女性役職者は全役職の14.4％に達している。こうした女性の管理職登用のために，女性管理職の研究・交流会などの活動が行われている。さらにワーク・ライフ・バランスについては両立支援に対する取組みを強化するプロジェクトチームを設置している。育児・介護休業の制度も充実させている。また，職場風土の改善では，男女雇用機会均等法やポジティブ・アクション計画等についての情報提供，全管理職に対する意識啓発研修などを実施している。

　すでにみたようにD信用金庫では，これまで一般職と総合職を中心とするコース別雇用管理が導入されていた。だが，数年前より総合職コースだけの単線型の人事システムに変更された。だが，それにもかかわらず希望する職種を職員に訊くと，男性は営業，女性は事務を希望するという結果になった。理事長によれば，「一般に男性は営業の成績が悪いと，できない人物と評価されてしまうが，男性でも事務作業の方が得意というものもいる」という。そこで男性は営業を担当し，女性は事務を行うという職場の分業体制を変えなければ，職場の効率的な運営はできないと女性の活躍支援に着手したといわれている。

2012 年には「女性活躍推進計画」（**Positive Action**）を策定し，2012 年からの 3 年間に，女性職員の職域拡大のための特別研修や，管理職育成のための計画的な取組みを行うことを明らかにした。

　実際，女性にも営業ができるようにスクーターの準備や，フレックスタイムの導入が行われた。その中心になっているのが，経営者や管理者の意識改革とポジティブ・アクション推進の監視である。D 信用金庫では，職場からの情報が直接トップに届くように，理事長直轄の組織としてポジティブ・アクション推進室を設置し，月に 1 回会議を行っている。さらに信用金庫での常識と社会の常識が異ならないように，信用金庫の外から非常勤理事が招聘されている。

　D 信用金庫でも，融資や営業などへの女性の職域拡大を前提に管理職への登用が進められている。その際，女性の活躍が可能になるような事業内容が変わってきたとみられる。他の信用金庫と異なり，D 信用金庫では，理事長の強力なイニシアティブのもとで，女性の管理職の登用や環境の整備が進められている。職場の意識改革や管理制度の改革である。最近では，女性の活躍に関心を示す理事長もみられるようになったが，女性の活躍に積極的に取り組む理事長は少なかった。女性活躍のための改革は，それ自体，女性を排他するような意識や慣習がいかに強く職場を規定してきたのかを表しているといってよい。いずれにせよ理事長のリーダーシップのもとで D 信用金庫女性が役職の 14%以上を占めている。

　表 8 - 1 は信用金庫全体における役職者の男女比率をみたものである。2001年から 2013 年までの間に女性の比率は，倍以上に伸びている。とりわけ 2010年以降，急激に増加していることがわかる。だが，この表からは，役職ごとの女性比率を知ることはできない。そこで次に役職ごとの女性比率をみることにしよう。

　表 8 - 2 は，全国の信用金庫で役職・管理職に占める女性比率の推移をみたものである。1997 年には，役職・管理職に占める女性の比率は，0.3% にすぎ

Positive Action：女性の活躍を進めるために管理職の比率などを設定し，女性の活躍を促す取組みをいう。

表 8-1　信用金庫における役付職員の男女比率

（単位：％）

	男　性	女　性
2001 年	92.0	8.0
2004 年	91.1	8.9
2007 年	89.1	10.9
2010 年	85.6	14.4
2013 年	82.3	17.7

（出所）　『信用金庫』2014 年 4 月号より筆者作成。

表 8-2　役職・管理職に占める女性比率の推移

（単位：％）

年	課　長	店　長	部次長	部　長	合　計
1997	0.8	0.1	0.2	0.2	0.3
1999	1.0	0.1	0.4	0.3	0.4
2001	1.1	0.1	0.3	0.1	0.4
2004	1.4	0.2	0.3	0.3	0.6
2007	2.2	0.4	0.5	0.1	0.9
2010	4.3	0.7	0.9	0.3	1.7
2013	4.2	1.1	1.6	0.5	2.0

（出所）　全国信用金庫協会でのインタビューをもとに筆者作成（2016 年 12 月）。

なかったが，2013 年には，2.0% にまで増加している。もちろん女性の人数は，少ないものの，0.3% から 2.0% に 1.7 ポイント伸びている。だが，役職・管理職の比率をみると，役職ごとにその数値は異なっている。課長職では，1997年には女性の比率は 0.8% にすぎなかったが，2013 年には 4.2% と 5 倍以上になっている。これに対し部長職では，0.2% から 2013 年度の 0.5% へと増加しているものの，女性は課長職ほどの比率を占めてはいない。女性の管理職への登用とはいうものの，実質的には下級管理職への女性の登用にこそその意味があったとみることができる。

　すでに検討したように全国の信用金庫における正規職員の男女比率の推移をみると，2001 年から 2013 年までの間に女性の比率は，わずかながら増加を示している。筆者の行った調査では，女性比率の増加は，男性職員数が大きく減少したのに対し，女性がそれほど減少しなかったことによるものと考えられる。

たしかに男性職員，とりわけ若年層では，メガバンクなどへの移動も少なくなかったと指摘されている。さらに重要なのが，平成不況といわれる景気後退，停滞の中で，新規学卒者の採用を十分行ってこなかったことを指摘できる。こうした中で女性の活用が重視されるようになったと考えられる。

　一般に女性の活躍促進の背景として，少子高齢化による労働力不足が挙げられてきた。実際，須賀川信用金庫では，定年退職者の増加をきっかけに女性職員の登用を進められてきた。けれども，女性の活躍推進は，少子高齢化に伴う労働力不足といった一般的な背景のもとで取り組まれてきたわけではない。むしろ，平成不況の下での新規採用の抑制，さらに女性の勤続年数の増加により，課長などの下級管理職の不足が重視され，そのため新入社員の育成ではなく，既存の従業員の活用が進められてきたのである。

5　信用金庫における現実と展望

1 　女性の活躍促進とワーク・ライフ・バランス

　日本でワーク・ライフ・バランスが関心を呼ぶようになったのは，1990年の1.57ショックであった。この年，出生率が1.57となり，過去最低となったことから，政府は，少子化を大きな問題として認識し，1994年には「今後の子育て支援のための施策の基本方向について」(エンゼルプラン) を策定した。こうした少子化の進展とともに，労働力不足への懸念が広がり，労働力を確保するために女性の活用が重視されたのである。

　政府は，2002年に「少子化対策プラスワン」を出し，その中で男性の働き方の見直しの必要性が提起された。それを受け2005年に施行された「次世代育成支援対策法」では，301人以上の労働者を雇用している一般事業主に対して，残業時間の短縮や有給休暇の取得促進などの次世代育成に向けた行動計画の策定が義務づけられることになった。

　内閣府の『平成21年度　男女共同参画白書』によれば，1週間に50時間以上の働く労働者の比率は諸外国と比べて最も高かった。経済のグローバル化の進展とともに，非正規従業員の比率が高まり，正規従業員の比率が低下したに

もかかわらず，労働時間はあまり減少せず，正規従業員については依然として長時間労働が一般的であった。このような長時間労働のもとでは，働く者には仕事と生活の両立は難しかった。とりわけ育児や家事を担う女性にはこのような男性の長時間労働は大きな問題であった。仕事の負担や育児などから子どもをもつのを控える女性もみられた。そのためワーク・ライフ・バランスの一環として労働時間の問題が注目されたのである。

　2013 年 4 月，安倍内閣は，男女ともに仕事と子育てを容易に両立できる社会の実現が重要であるとの考えを示し，5 月には女性の活躍促進に向けた施策として，女性活躍の具体的な方針を取りまとめた。このような政府での取組みが進む中，信用金庫でも，ワーク・ライフ・バランスとして様々な取組みが進められた。なかには法定を上回る育児休業期間を設ける金庫などもみられる。

　信用金庫でも，職場の中で慢性的な人員不足による職員の事務負担の増加，さらに長時間労働の中で，職員の仕事と育児・介護など生活の両立が難しくなり，こうした問題を解決するために，ワーク・ライフ・バランスが重視されるようになった。とりわけ信用金庫で問題になったのは，近い将来管理職を任される人材の不足という問題であった。すでにみたように信用金庫では，管理職の担い手の不足から，女性の職域の拡大や管理職への登用が進められた。それとともにワーク・ライフ・バランスという取組みも進められるようになった。

［2］　ワーク・ライフ・バランスの取組み

　1 つの事例をみておこう。金沢信用金庫では，かなり早くから女性職員を管理職などの指導的地位に登用するために制度などの整備を行ってきたという（田賀順也〔2017〕「女性目線による働きやすい職場環境づくり」『信用金庫』2017 年 4 月号，15 頁，ここでの著述は，この資料に基づいている）。けれども 2010 年以降の店舗の統廃合などにより業務の負担が増えたこともあり，女性職員の中には管理職を希望するものは少なかった。しかし，ここ数年，女性の活躍への関心が高まり様々な取組みが行われてきた。

　2015 年には，女性の活躍推進のために「女性が作る職場環境プロジェクト委員会」が組織され，人事制度や育児サポートなどについて検討がなされた。

こうした検討を踏まえて，ワーク・ライフ・バランスに対する取組みとして，①育児・介護の支援策，②自分らしい働き方実現のための職場環境の改善策，③キャリアへの意識づけなどの具体的な取組みが提案された。その取組みをみてみよう。

まず育児休業中，あるいは育児休業明けの女性を対象に，「仕事への復帰や育児との両立の不安を取り除く」（田賀〔2017〕16頁）くために，年数回の育児交流会が開催された。こうした取組みは，金沢信用金庫だけでなく，他の信用金庫でも取り組まれている。その先駆けとなったのが東京東部にあるA信用金庫でのママ友の会の開催であった。

同じ東京の東部にあるE信用金庫では，育児休暇から復帰予定の職員に「職場復帰研修」を行うとともに，職場復帰の不安を解消するために「E社ママ友の会」を開催している。この「E社ママ友の会」では，インターネットを活用して職場復帰に対する不安を解消するような取組みが予定されているのである。実際，技術革新のスピードが速く，職場復帰への不安が高いために，こうした交流は働く女性たちには精神的に貢献しているという。事実，A信用金庫ではこうした取組みにより女性の退職者はいなくなったという。

金沢信用金庫では，子どもの病気などに対応するために，有給休暇の取得支援や，時短勤務体制の整備が進められるとともに，育児や介護などの時間を確保するためノー残業デーの拡充が進められた。こうした取組みは他の信用金庫でも進められており，例えば豊田信用金庫は，毎週水曜日と毎月19日にノー残業デーを設定，そして有給休暇5日間の計画的取得を狙いとした「目的休暇」の導入，育休復帰直前1日，直後2日間の復帰前後研修の実施などワーク・ライフ・バランスの職員に対して支援策を施行している。

豊田信用金庫では，女性社員の働きやすい環境づくりのために，短時間勤務や法定を上回る看護休暇日数の整備，さらに休業後の職場復帰の支援などが行われている。また男性職員の育児参加を推進するために，「産後介助休暇」という制度が導入されている。人事部の労務担当者が出産の経験に基づき，ママでも仕事をしやすい環境をつくるために，育児制度充実の必要性が認識されるようになったというのである。この信用金庫では，まず，育児短時間勤務制度

は，育児休業法に基づいて策定されている，毎年13〜15名の社員が利用しており，職員に広く普及しているといえる。勤務時間については，定時は朝の8時40分から午後の17時40分までであるが，上長の許可があれば，終業1時間前に早めに家に戻れるというフレキシブルな運用がなされている。

　このような育児や介護に対する取組みとともに，女性職員に自分のキャリアや働き方を考える機会を作るために，キャリアアップ講座が開催されている。このように信用金庫でも，政府の方針を受けてワーク・ライフ・バランスにかかわる様々な取組みが行われている。

　また知多信用金庫でも，法定を上回る育児休業期間が定められている。つまり仕事と子育ての両立を支援するために，育児休業・育児短時間勤務制度を設け，子どもが1歳6カ月に達する年の年度末まで期間が延長できる。さらに育児短時間勤務により，子どもが小学校に就学するまで1日2時間，勤務時間を短縮できることになっている。

　もちろんワーク・ライフ・バランスは，女性だけを対象とする取組みではない。豊田信用金庫では，男性職員の育児参加を進めようと，「産後介助休暇」という制度が導入されている。さらに尾西信用金庫では，男性職員も育児に参加するために特別休暇制度が導入され，出産8週以内の子どもをもつ社員は，10日間以内の特別休暇の取得が可能となった。保育所に入所できない場合などには，最長子どもが1歳6カ月の年度末までの育児休業の期間を延長でき，それに，子どもの小学校就学前まで，30分単位で合計2時間まで勤務短縮を取ることができる。さらに第1子については年間5日，第2子以上の場合，年10日の看護休暇の取得が可能となった。

3 ワーク・ライフ・バランスの現状

　これまでみてきたように，信用金庫でも女性の就労に向けて様々な取組みが行われ，なかには法律で定められている基準以上の支援を行う金庫も存在している。こうした支援によりE信用金庫では，就職希望の学生が増加したといわれている。では，業界全体ではどのような状況にあるのかを次にみてみよう。

　全国信用金庫協会は，2009年に全国の信用金庫を対象に「ワークライフバ

ランスに関する調査」を行った（全国信用金庫協会〔2010〕『信用金庫における
ワークライフバランス推進の手引き』全国信用金庫協会）。278 信用金庫中，265 信
用金庫から回答があった。この調査をもとに，信用金庫でのワーク・ライフ・
バランスの取組みの実態をみることにしよう。

　この調査では，ワーク・ライフ・バランスの取組みを 4 つの側面から調査し
ている。まず，休業制度など両立支援では，育児休業制度，元職復帰の規則，
介護休業制度などが取り上げられている。育児休業と介護休業期間中の給与の
支給についてみると，無給という回答が，90％ 以上を占めている（育児休業の
無給 93.6％，介護休業の無給 97.4％）。また介護休業終了後の元職復帰のための
支援策もあまり進んでいなかった。例えば，休業中の教育訓練機会の提供につ
いては，137 信用金庫で実施されていなかった。

　次に，勤務時間の短縮などの両立支援についてみると，育児や家族の介護の
ための在宅勤務が規定されているかをみると，いずれの制度も信用金庫では実
施していなかった（回答，0％）。また育児や介護に関する費用を補助するとい
う制度では，育児に対する費用補助については 1.5％，介護に対する費用補助
についてはも 1.1％ とほとんど定められていない。

　また過去 3 年間に出産した女性職員の 80.5％ は育児休業を取得していたも
のの，男性職員は 0.4％ を占めるにすぎなかった。介護休業を取得した職員も
ほとんど女性職員であった。けれども妊娠，出産，育児，介護を理由にいった
ん退職した後，正規職員として復職した職員は，2008 年度には 29 名となり，
2006 年度の 7 名より 4 倍以上に増えている。

　ワーク・ライフ・バランスに関する人事制度および労務管理という項目をみ
ると，妊娠，出産などを理由に退職した職員のために再雇用制度を実施してい
る信用金庫は，全金庫の 13.6％，36 金庫にすぎなかった。仕事と職員の個人
生活の両立に活用できる休暇制度を設けていない信用金庫は，76.6％，203 金
庫であった。こうした制度以外に仕事と家庭の両立をしやすくする制度を設け
ている信用金庫は，わずか 38 金庫だけであった。最後に，ワーク・ライフ・
バランスのための環境づくりについてみると，仕事と家庭の両立支援への積極
的な取組みが，多くの金庫で経営や人事の方針などに反映されておらず，その

理由として先入観が指摘されていた*。

> ＊　全国信用金庫協会『信用金庫における　ワークライフバランス推進の手引き』（2010
> 年）を参照されたい。

　このように，信用金庫では，全体としてワーク・ライフ・バランスには積極
的に取り組まれていないように思われる。もちろん，なかには積極的に育児支
援などを進めている金庫も存在している。こうした実態をみるために，ここで
は，訪問調査を行ったE信用金庫におけるワーク・ライフ・バランスの取組
みを紹介しておこう。

4　ワーク・ライフ・バランスと経営

　E信用金庫では，3年間の中期計画が策定されている。E信用金庫で育児休
業などワーク・ライフ・バランスが問題にされるようになったのは，13年ほ
ど前（2004年ころ）からであった。ワーク・ライフ・バランスの取組みを実施
するきっかけとなったのは，次世代育成支援対策推進法の施行であった。この
法律の施行とともにE信用金庫では，「職場環境の改善」計画が策定され，そ
の内容は，他の信用金庫と同じように，小学校就学前の子どもをもつ者に労働
時間の短縮を行ったり，毎月1万円の保育手当を与えるといったものであった。

　しかし，こうした制度を利用する職員が少ないために，新しい計画の策定が
行われた。この計画では，育児休業制度を職員に周知し，その取得を促すこと
が重要な課題であった。この時期までは，政府の法的な規定を契機とするいわ
ば受動的な取組みであったとみることができる。それが積極的な取組みに変
わったのが，次の中期経営計画からであったとされる。この時期には法律の基
準を超えて1歳半まで育児休業期間を延長し，介護休業については1日単位で
はなく，分割して取得できるよう制度の整備が行われた。

　E信用金庫の事例は，すでにみた信用金庫におけるワーク・ライフ・バラン
スと共通する取組みが多い。もともとE信用金庫の取組みは，政府の法整備
を契機に始められたものであったが，ここ数年でいわば受動的な取組みから自
発的な取組みへと変化してきたと指摘されている。その背景として，若年層の
意識の変化なども指摘されているものの，大きな要因として労働力不足という

表8-3　信用金庫における職員の男女比率の推移

(単位：%)

年	男　性	女　性
2001	68.7	31.3
2004	69.9	30.1
2007	69.5	30.5
2010	66.5	33.5
2013	64.7	35.3

(出所)　『信用金庫』2014年4月号より筆者作成。

問題が指摘されているのである。

　表8-3は，信用金庫業界における男女別の職員構成を示したものである。信用金庫では，景気の低迷を背景に職員の採用が抑制され，職員数が減少してきたが，その一方で優秀な女性職員が増加し，しかもこうした女性職員たちは，結婚や出産などにより金庫を退社することは少なくなったとされている。

　実際E信用金庫では，結婚や出産を契機に退職を迫られる大手企業があるにもかかわらず，結婚や出産を理由に退職する女性はいなかった。しかも採用された女性たちの多くは，優秀であったことから，女性の活躍が注目されるようになったと考えられる。事実，男性以上に営業で優秀な成績を残す女性職員も増えてきた。

　これまで検討してきたように信用金庫でも，政府の方針を受けワーク・ライフ・バランスにかかわる施策が行われている。なかには法律で定められた基準を上回る育児休業期間を設ける金庫などもあるものの，目標を達成するために，男性に強制的に育児休業を取らせなければならないほど実態はほとんど進んでいないように思われる。実際，全国信用金庫協会が取りまとめたワーク・ライフ・バランス現状に関する調査報告をみても，育児休業期間などほとんどの金庫で，法律を遵守しているにすぎない。

　一般にワーク・ライフ・バランスは，育児や介護にかかわる女性への支援にとどまらず，短時間勤務などの「働き方」にまで及んでいる。信用金庫におけるワーク・ライフ・バランスに対する取組みの実態をみる限り，法律で定められた基準をみたしているにとどまり，積極的に取り組まれているとはいえないように思われる。その内容をみると，キャリアサポートなども行われていると

▶▶ *Column* ◀◀

中小企業のワーク・ライフ・バランス

　中小企業庁の定義によれば，中小企業とは，製造業では，資本金3億円以下，従業員300人以下，卸売業では資本金1億円以下，従業員100人以下の企業を意味し，サービス業では，資本金5000万円以下，従業員100人以下，小売りでは資本金5000万円以下，従業員50人以下の企業をいいます。平成28年度版『中小企業白書』をみると，日本企業の99.7%，約381万社が中小企業ということになっています。そして企業で働く労働者の約7割，3361万人がこの中小企業で働いています。

　最近では中小企業を扱う研究も増えてきましたが，経営学は主として大企業を研究の対象としてきました。ワーク・ライフ・バランスについても，中小企業を対象とする研究はほとんどみられません。こうした中で，中小企業におけるワーク・ライフ・バランスの制度整備の状況と実際の使用状況を明らかにするために，従業員10人から1000人未満の企業1万社を対象に調査された労働政策研究・研修機構の研究は貴重でしょう（実際に回収されたのは546票）。

　この調査によれば，企業規模が小さくなるにつれて，基本的な人事制度は整備されず，育児休業などの両立支援制度なども整備されていないといいます。しかも小企業ほど，ワーク・ライフ・バランスのための取組みを何もしていない企業の割合が増えているのです。もっとも回答企業の4分の3ではワーク・ライフ・バランスに「消極的」としているものの，「未就学の児童をもつ女性正社員」のいる企業などでは，「1つでも取り組んでいる」という企業が4分の1あることを軽視できないように感じられます。

　もっとも中小企業では，パートなどの女性従業員が多く，しかも業者婦人の長時間労働が問題になってきたことを考えると，中小企業での実態に立ち入った調査が求められるように思われます。就労分野で多数派をなす中小企業でのワーク・ライフ・バランスのあり方こそ，これからの「働き方」を規定する重要な問題であると考えられるからです。（『中小企業におけるワーク・ライフ・バランスの現状と課題』「労働政策研究報告書」No.135, 2011年　http://www.jil.go.jp/institute/reports/2011/0135.html　2017年9月25日アクセス）

はいえ，育児や介護などのサポートが中心になっているとみることができる。

　だが，その際，信用金庫業界がワーク・ライフ・バランスに取り組んだ背景を看過することはできない。すでにみたように，信用金庫では，景気が低迷する中で新規採用を抑制してきたのであり，そのため今後管理職として活躍する世代の職員数が特に少なくなっていた。しかも，これまで管理職であった男性職員は離職することも多かった。それに対し女性職員は，育児休業や介護休業制度などの制定により，離職することがなくなってきた。

　その上，IT化の進展や業務内容の変化に伴い女性職員も，渉外や営業を担当することが可能になったのである。そのため信用金庫業界でも，女性の管理職登用が重視されるようになったと考えられる。この世代は，まさしく育児の負担が高く，これまで離職することが多かったと考えられる。そうだとすれば，ワーク・ライフ・バランスという取組みは，女性の就労を促進するだけでなく，女性の管理職登用をサポートする役割を果たしていると考えられるように思われる。

　けれども，ワーク・ライフ・バランスは，いまや育児や介護などのファミリー・フレンドリー政策を超えて，「働き方」改革にまで及んでいる。信用金庫は，その理念からして利潤追求を目的とする組織ではなく，もともと女性の働きやすい職場であると考えられるが，その理念を踏襲するような「働き方」の改革が求められるように思われる。信用金庫ではワーク・ライフ・バランスはそのための理念となるといえるだろう。

　　[付記]　本章は，熊霈「信用金庫における女性の活躍支援について」(『商学集志』
　　　　　第巻第1号）と Katsuhiko Hirasawa, Teruaki Nishikawa, Pei Xiong, Labor
　　　　　Shortage and Japanese Employment Practice（Forth coming）をもとに，大
　　　　　幅に加筆，訂正したものである。

[推薦図書]

安田原三・相川直之・笹原昭五編著（2007）『いまなぜ信金信組か』日本経済評論社
　　　信用金庫など協同組合の特質を知る上で貴重な研究である。

藤井治枝・渡辺峻編著（1998）『日本企業の働く女性たち』ミネルヴァ書房
　　　第2章は，女性労働にとって信用金庫の可能性と，その現実を知る上で貴重な

研究。

新田信行（2017）『よみがえる金融：協同組織金融機関の未来』ダイヤモンド社
　　第一勧業信用組合での取組みが描かれており，協同組織金融の意義を考えるの
　　に参考になる。

設　問

1．信用金庫や信用組合などでの女性の働き方を調べてみよう。
2．協同組織の女性の働き方を決定づけている特徴を考えてみよう。

（熊　霈）

第9章
労働組合とワーク・ライフ・バランス

ワーク・ライフ・バランスは，過剰な労働時間を制限して生活を豊かにすることですが，かけ声だけでは変わりません。なぜなら，私たちの仕事は一緒に力を出す協業に依っており，ワーク・ライフ・バランスは決して個人のレベルではできないからです。ではどうすればいいのでしょうか。働いている人の意見をまとめて労働条件を改善できる労働組合という組織があります。労働組合はヨーロッパを中心に労働時間を短縮する取組みを成功させてきました。日本の労働組合は労働時間短縮にどう取り組んでいるのでしょうか。

1　日本の労働時間の現在

1 労働時間の二極化問題

まずは日本の労働時間の現状を概観しよう。

総務省『労働力調査』によれば，日本の労働時間は過労死基準を超える週60時間以上で働く雇用者は2016年平均で433万人に達する。年齢や性別にも偏りがみられ，30〜40代の男性に長時間労働者が多い。その推移は傾向的に低下しつつも目立った変化はみられない（**図9-1**）。国際的にみても日本の長時間労働者の割合は上位国であり続けている。また，日本労働政策研究・研修機構の調べ（『年次有給休暇の取得に関する調査』2011年）では，16.4％の正社員が有給休暇を1日も使っていないとされる。

一方で，短時間労働者は増えており，30時間未満の雇用者は2006〜16年の10年間で300万人強増えている。多くは時間給で雇用される非正規雇用者であり，従来は女性が多かったが，高齢者の再雇用等で増加傾向にある。

このように日本の労働時間は二極化している。二極化現象は雇用形態の多様化の進行とともに拡がってきた。雇用形態の多様化は働き方の選択肢が増加す

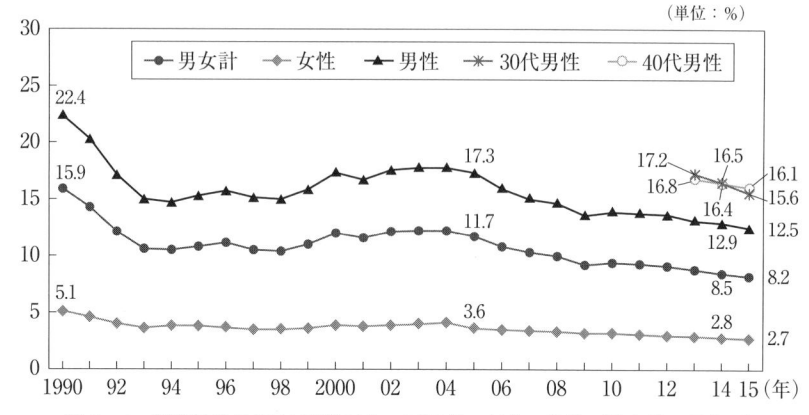

図9-1　週間就業時間60時間以上の雇用者の割合の推移（男女計，男女別）
（注）　1：総務省「労働力調査（基本集計）」より作成。
　　　　2：非農林業雇用者数（休業者を除く）に占める割合。
　　　　3：2011年値は，岩手県，宮城県および福島県を除く全国の結果。
（出所）　内閣府『平成28年版　男女共同参画白書』14頁。

ることとして取り上げられる。労働時間を労働者が自由に選択できれば二極化に問題はないが，実態はそうなっていない。

　真の意味でのワーク・ライフ・バランスは長時間労働者が必要に応じて短時間労働を選択できる施策にならなければならない。現在は，長時間労働から抜け出せず，最悪の場合は過労死という人間の生理メカニズムを破壊するに至っている。一方で，短時間労働がよいともいえない。最低賃金単価が低く，非正規雇用者の労働組合への組織化が遅れている日本では，労働組合を通じて企業と交渉して労働条件を引き上げることも難しい。短時間労働では生活ができずに結局はいくつも職を重ねる複合就労になってしまう。短時間＝補完業務＝低賃金の構図になっており，好んで選択することはできない。

2　「名ばかり管理職」問題

　次に，労働時間に関する最近の問題をみてみよう。

　労働者の一部に残業代を支払う必要のない働き方が導入されようとしている。適用条件を満たした労働者には残業代の支払いが免除される**ホワイトカラー・エグゼンプション**制度である。同制度は経済団体から実施が熱望されているが，

労働弁護団や労働組合等からの激しい反対の中で，現時点では法案は成立してはいない。しかしながら，脱法的に呼称「管理職」を労働基準法における「管理監督者」として取り扱い，残業代を支払わない「名ばかり管理職」は実践されている。

「名ばかり管理職」の事件として有名である「日本マクドナルド事件」では店長を管理監督者として扱い，時間外手当を節約していた。埼玉県でマクドナルドの店長を務める高野廣志さんは家を出るのが朝 4 時 40 分，朝 6 時 30 分に出勤し，24 時に仕事を終え，深夜 1 時に帰る生活であり，時間外は 100 時間を超えていた。そこで，環境改善と残業代の支払いを求めて，労働組合「東京管理職ユニオン」を通じて，団体交渉を起こしたが，店長は管理監督者とする会社と対立した。この間，労働基準監督署の査察も入っていて，会社側に改善要請が送られていた（『日経ビジネス』2015 年 10 月 24 日号，34-35 頁）。しかし会社は態度を変えないため高野さんは，訴訟を起こした。これに対し，東京地裁は会社側の敗訴とし，和解が成立した。この後，厚生労働省は管理監督者の範囲を適正化する通達をだしている（2008 年 4 月 1 日）。

さらに，弁当製造販売の「プレナス」（ほっともっと）に対して，静岡地裁では女性元店長が，大分地裁では男性元店長が，マクドナルド同様に「名ばかり管理職」として会社側に残業代の未払い請求訴訟を起こし，ともにその訴えが認められている（「朝日新聞」2017 年 6 月 18 日朝刊）。同問題はいまだに日本の社会に拡がっていることがうかがえる。

③　労働時間の趨勢と労働組合

図 9‐2 は日本の従業員数 30 人以上の製造業の事業所における年間労働時間の推計値の推移である。製造業を掲示しているのは，労働組合の組織率の高い産業であり最も労働組合の交渉結果を反映する産業といえるからである。あ

ホワイトカラー・エグゼンプション：労働時間管理の適用除外の範囲を一般のホワイトカラーにまで拡げる制度。仕事の内容と年収要件を満たすと事業主は時間外勤務に応じた残業代を払う必要はなくなる。前回（2007 年）提案では反対が強く，導入はされなかったが，再度「高度プロフェッショナル制度」として労働基準法の改正が行われようとしている。

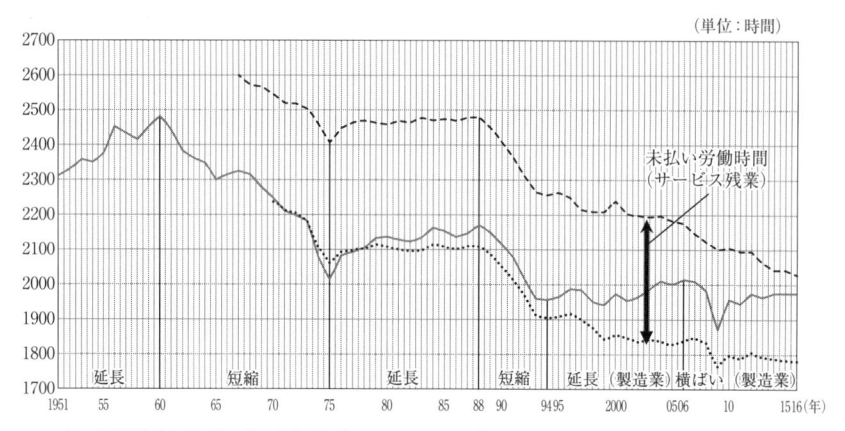

（単位：時間）

未払い労働時間
（サービス残業）

延長　短縮　延長　短縮　延長（製造業）横ばい（製造業）

——『毎月勤労統計調査』製造業・事業所規模30人以上 ……『毎月勤労統計調査』調査産業計・事業所規模30人以上
----『労働力調査』非農林業雇用者

図9‐2　戦後雇用者の労働時間推移

（注）『毎月勤労統計調査』は各年の月間総労働時間×12（月）により算出。『労働力調査』は各年の平均週
　　　間就業時間数×52（週）により算出。

（出所）厚生労働省（旧労働省）『毎月勤労統計調査』各年版，総務省『労働力調査』各年版。

わせて，製造業以外も含む労働時間の推移も掲示した。これらの企業回答によ
る調査に加えて，雇用者個人が回答した労働時間の推移も記載した。

　図9‐2から2つのことがみてとれる。1つは未払い残業である。企業調査
は『**毎月勤労統計**』（通称『**毎勤**』），個人調査は『**労働力調査**』であり，前者は
実際に企業が労務費として支払った時間数，後者は労働者が実際に働いた時間
である。図から明らかなように個人調査の数字が企業調査を大きく上回ってお
り，未払い残業の発生がわかる。1988年以降，労働時間は短くなっているが，
未だに年間200時間超の未払い労働時間が存在している*。労働基準監督署で
は監督指導により，氷山の一角ではあるが，未払い残業を是正させている。2015
年度の指導だけで未払い残業代は約100億円，支払い対象は約10万人に対し
て是正が行われた（厚生労働省「監督指導による賃金不払残業の是正結果」）。

　*　製造業に限ってみると，2000年以降，未払い残業の縮小傾向がみられ，サービス残業

毎月勤労統計（毎勤）：事業所の賃金，労働時間，雇用の変動について，抽出された5人以上の常用労働
　　者（正社員とは限らない）を雇う約190万事業所から抽出した約3万3000事業所に対し，その実態を
　　毎月調査した資料。ただし事業所調査のため，残業代の支払われていない労働時間は表示されない。

　問題は労働組合の組織率が低い非製造業に集中的に現れるようになっている。また，90年代以降，製造業の就業者は激減しているが，これに対して労働時間数を減らさないことで対応したことがみてとれる。

　もう1つは戦後の労働時間の延長と短縮の繰り返しである。60年代後半から低下傾向に向かうが，70年代後半以降に増加に転じ，長時間労働が社会問題として取り上げられる80年代へとつながっていく。90年代には週40時間制の施行もあり，短縮化は進むが，1994年以降，製造業では再び延長し，現在でも短縮傾向はみられない。

　こうした労働時間の増減がなぜ起きるのか。労働時間は生産活動の増減に左右されるため，経済成長と大いに関係する。ところが，経済成長の成果の配分は労働条件の交渉を通じて行われる。この労働条件決定において労働者の要求を代表する正当な支払いを要求する組織として労働組合がある。労働組合は労働時間の短縮＝自由時間の拡大にどのように要求を獲得してきたのだろうか。日本の労働組合は時短について消極的であったとする見方が強い。その原因として企業別労働組合という組織形態の限界が指摘される。

　日本の労働組合は企業ごとに組合が異なる**企業別労働組合**が主流である。厚生労働省「労働組合基礎調査」によると2016年6月現在，約2万5000の組合がある。各組合で企業交渉を行う結果，交渉は分散的であり，企業ごとの経営方針を反映した労働条件となり，企業間の格差が拡がってしまいやすい。この分散化のデメリットを埋めるために1955年に**総評（日本労働組合総評議会）**という当時の労働組合の全国組織は春季の一斉賃金交渉（春闘）を開始した。一斉交渉ということで賃上げによって他企業との競争条件が悪化することがないようにし，また企業業績の良いところの条件を波及させてきた。

企業別労働組合：企業籍をもっている人だけで作る労働組合であり，正社員を中心にした労働組合が多い。この他に，産業別，職業別，一般などの形態があり，組合員の加入資格によって交渉内容や交渉力が異なる。

総評（日本労働組合総評議会）：1950年に結成され，1989年の連合結成まで日本の労働組合の中心的な全国組織であった。結成当時は占領政策の影響も受け，労使協調的なスタンスをとっていたが，1951年には立場を大きく変え，対立的な立場をとる。同盟（全日本労働総同盟）結成（1964年）以後は公務系の組合員が主流となる。

　ところが，高度経済成長期半ばころから，基幹産業である鉄鋼や造船といっ
た金属産業を中心に国際競争に対応して，コスト削減・生産性向上へ協力する
労使の体制が拡がることになる。春闘は通常ストライキを構えて結果を導き出
すことになるが，ストライキは行わず，企業との協議で決定するストなし春闘
が徐々に拡がっていった。

　こうした競争力向上を前提にした労使関係は労働時間や配置転換を柔軟に変
えうることを労働者に求めることになる。その求めに適応できる男性が家事・
育児を女性に任せて企業労働の中心になり，女性の社会進出を阻害する性別役
割分業が形作られる。企業別労働組合はこれに加担し，労働時間短縮には後向
きであるとする批判がある。

　この労働組合批判については次のような反批判ができる。労働時間の命令権
者は会社であり，交渉で了承したとしても企業の論理に抗しきれなかった結果
である。労働組合に強く責を帰することはできない。

　これに加えて，日本の労働時間縮減が進まなかった理由に，労働組合が雇用
や賃金を重視し労働時間交渉には熱心ではなかったとの考えがある。本章はそ
のような視点ではとらえない（本章 Column 参照）。

　時短は 60 年代，80 年代から 90 年代にかけて一定程度進んでいる。こうし
た時短が実現した要因と増加に転じた要因に注目することで，日本の労働時間
の特徴を労使関係的に把握していく。ワーク・ライフ・バランスとは今現実に
労働時間が長い人たちを解放することから始まるわけで，労働組合はそこで何
をしていき，何ができるのかをみていこう。

2　労働時間短縮と労働組合：意義と限界

［ 1 ］　労働組合の時短取組みの開始

　日本の労働時間の長さが社会的に意識されたのは高度経済成長期の 1950 年
代後半であった。労働時間短縮化の取組みが経済成長の成果として実現できる
時期でもあった。この時期の労働組合の取組みをみてみよう。

　1956 年に当時の総評は運動方針に時短を掲げている。ただし，低位にあっ

た賃金水準を引き上げることが優先され，教育宣伝の域を超えていなかったと反省している（日本労働協会〔1960〕『時間短縮』日本労働協会，113 頁）。

1960 年ころからは先の図 9-2 にもあるように短縮傾向に向かうことになる。これは技術革新を契機に進んだものである。スピードの速い単調な労働や大がかりな装置を少人数で動かす責任負担の重い仕事が生まれていき，労働者にかかる職務遂行への負担を抑えなくてはならなくなった。そのために生産性向上分を時短に回す「必然性」が生まれる。同時に，より長く機械を動かすためには労働時間が長くなり，交替制労働によって時短を行う「現実性」も生まれた（下山房雄〔1983〕『現代日本労働問題分析』労働旬報社，174-183 頁）。

当時，技術革新の進んだ設備投資を有効に動かしていくために，時短は企業側と合意を得ることができるものであった。実際に，当時の労働省『労働生産性統計』によれば，1955 年以降 60 年代半ばまで生産性指数は賃金指数を大きく上回っており，この原資を時短に回せたのである。

2　グローバリゼーションへの対応

1960 年代から 70 年代の前半まで，つまり高度経済成長期中は一定の短縮が進んでいる。これ以降については 80 年代後半に短縮化傾向がみられる程度である。なぜ，70 年代後半以降に時短改善が止まったのだろうか。

1975 年春闘において鉄鋼，造船，自動車などの日本経済を支える基幹産業では前年の大幅な賃上げ（32.9%）から賃金抑制（13.1%）へと方向を転換した。これ以降，賃金の抑制傾向が続き，今日に至っている。経営側の考えは生産性基準原理であった。生産性向上の範囲内で賃上げを可能にするという考えであるが，実際は，生産性向上分が時短や賃上げに回ることはなかった。賃金が抑制され，労働時間は増加し，生産性は伸びていった。

70 年代後半以降は高度経済成長期以上に時間短縮が可能な時代であった。現にヨーロッパでは**ワーク・シェアリング**（仕事の分かち合い）が労働時間短

ワーク・シェアリング：労働時間を短縮することで，雇用を維持あるいは拡大すること。ヨーロッパでは 1970 年代に議論が始まり，1998 年および 2000 年制定のフランスの週 35 時間労働制（オブリー法）は国全体でワーク・シェアリングを行うものといえる。

縮によって進められていた。ところが日本ではグローバリゼーションへの対応として企業主義化した対応を行っていった。企業主義化した対応とは60年代後半に展開した貿易自由化や資本自由化といった対外的な経済関係の変化への対応にはじまる。徐々に賃金抑制傾向に入り，70年代後半以降は明確に雇用のために時短・賃金を抑制することが拡がった。この結果，田端博邦は，グローバリゼーションへの対応の中で「労働組合らしさ」がなくなり，ヨーロッパの労働条件決定の仕組みとは異なる分権的な交渉が進んでいくことになることを指摘している（田端博邦〔2007〕『グローバリゼーションと労働世界の変容』旬報社，293頁）。

3　分権的な労働組合

　賃上げ・時短の獲得で「労働組合らしさ」を発揮しつつあった日本の労働組合も60年代後半から市場自由化に対して共通の行動を労働組合全体でとるのではなく，産業・企業ごとに分権的な対応をした。それは労働争議の頻度にも現れる。民間大企業が集まる製造業の労働争議は，先に述べた自由化の影響を受けて60年代後半以降いったん減少する。その後1973年近辺に増加はするが，以後減少する（藤本武〔1994〕『ストライキの理論と歴史』新日本出版社，115頁）。これは民間製造業の労使関係が協調的に移行していく過程ともいえる。

　この結果，日本は高度成長期にストが減少する極めて珍しい国となった。また，日本は公務部門におけるストライキ権を一律禁止する珍しい国でもある。ところが，この公務部門でのストライキは高度経済成長期に頻発し，民間との違いが色濃くなったのも60年代後半であり（下山〔1983〕42頁），75年には**スト権スト**で，その頂点を極める。しかしながら，争議での労働組合敗北や行政改革の進行によって，公務労働運動も停滞化していく。

　民間製造業においてストライキを行わない労使協調的な傾向が生まれるのは封鎖的な労働市場が影響している。民間大企業からいったん離職すると同じ程

スト権スト：1976年11月26日からの8日間，当時の国鉄・郵政などの国営企業労働者が剥奪されているストライキ権を認めさせるために行ったストライキ。ストライキ権は認められずに終了した。日本のように公務員・公共企業労働者に対し，一律にストライキ権を認めない国は例外的である。

度の労働条件の雇用の場をみつけることが難しい。田端の述べる「労働組合らしさ」とは労働条件向上の結果を社会に拡げていくことにある。その基盤が失われていくのが60年代後半から70年代後半にかけてといえる。

　先進国の多くが国の法律ではなく労働運動で獲得した労働時間短縮を協約とし社会に拡げ「労働組合らしさ」を実現してきた点と大きく異なる。

④ 余暇・休暇と労働組合

　労働時間短縮のためには，1日の時間短縮化とともに休暇の増加による達成がある。有給休暇はフルタイムで働く場合に法的に権利として付与されており，厚生労働省『平成28年「就労条件総合調査」』（2017年）によれば，従業員数30人以上の企業平均で18.1日付与されている。欧州の国々と比べて少ない*。

> ＊　有給休暇の付与日数はイギリス25.1日，イタリア25.0日，ドイツ・フランス30.0日（2014年）となっている。日数は労使協約で締結した平均日数（厚生労働省『労働統計要覧（平成28年度）』）。欧州では概ね付与日数＝取得日数である。

　ただし，有給休暇の取得日数でみると，2016年の従業員数30人以上の企業平均で8.8日しかなく，取得率は48.7％と半分を切っている。使用しなかった休暇は次年度へ繰り越すことができる企業もあるが，繰り越ししたからといって低い取得率のままでは使い捨てになる。

　有給休暇は労働基準法では下限が6日であったものを1988年の同法の改定で10日に底上げした。ところが，取得率は向上していない。それどころか，本章の冒頭で述べたように，1日も有給休暇を使わなかった正社員が16.4％もいる。その主な原因は仕事と人員のアンバランスにあることは論を俟たない。休暇取得を前提とした人員配置にはなっておらず，休暇取得は他者へのしわ寄せになりやすい。昇進の勤務評価にも影響していくことが懸念されれば，長期雇用を前提とする労働者にとっては，取りにくい。

　一方，ヨーロッパでは長期休暇や年休の完全取得は一般的である。そのスタートは1936年に**フランス人民戦線**政府で立法化された有給休暇法にある。ヨーロッパでは60年代に有給休暇の拡大は大きく前進する。ヨーロッパには域内では，労働組合を介して良い労働条件を拡張する仕組みがある。有休の拡大

ではヨーロッパ労働組合（European Trade Union Congress：ETUC）が果たした役割が大きかった。同組合は現 EU の前身である EC に働きかけを行い，1975年には 4 週間の有給休暇や週 40 時間制を各国に勧告するに至る（藤本武〔1981〕「欧米諸国の労働時間の現状」斉藤一『労働時間』労働科学研究所，232頁）。ヨーロッパで労働時間短縮が進んだのは，ヨーロッパの人々が日本以上に余暇を大切にしているためではなく，経済状況をふまえた組合の交渉力の産物であった（鈴木宏昌〔1986〕「欧米の労働時間短縮の動向とその要因」『日本労働協会雑誌』No.330，38頁）。

5 計画年休と経済の二重構造

　日本では 50 年代後半から労働組合の課題として労働時間短縮化が意識されるが，有休の取得率向上や拡大につながる働きかけは少なかった。その中で，夏季に工場を一斉に止めて休暇とする制度が拡がる。いわゆる計画年休制度である。自動車製造業では日産を皮切りにほとんどの企業で 60 年ごろまでには普及した（日本労働協会〔1960〕123頁）。高温多湿期に休むことで効率性の向上につながることが制度を確立する要因となった。

　この当時の国の時短政策は祝日の増加である。祝日増加による休暇増加を図った。ところが，中小企業の労働者で日給制のものは休暇や祝日の拡大では減収になってしまい，休暇は必ずしも肯定的にとらえられていなかった。**経済の二重構造**が労働時間短縮の障害になったが，高度経済成長の人材不足を背景に中小企業では大企業に労働条件をあわせる傾向にあった。労働市場条件を介して労働組合が組織された大企業から，組織されていない中小企業へ労働条件が伝播していったことになる。

　ところが，70 年代後半以降は**日本型所得政策**と呼ばれる賃金自粛型労使関

フランス人民戦線：フランス社会党の党首レオン・ブルムを首班とした政府で，夏の有給休暇以外にも週 40 時間の時短制度も行った。当時台頭してきたドイツ・ナチス政権に対し，反ファシズム（独裁）を掲げ，左派勢力の結集として成立した。こうした戦術はスペインやチリにも拡がった。
経済の二重構造：大企業と中小零細企業間にみられる格差による経済構造。大企業の下請けとしての中小零細企業が，安価・低廉な労働条件で労働者を働かせ，大企業のコスト削減に貢献することで大企業の利潤増加に貢献する。

係が拡がる。賃金自粛によりインフレは抑えられ，時間外賃金は収入増加とみなされ労働時間は長くなり，生産性は向上していく。生産性向上の圧力は中小企業にも拡がり，一層の賃下げと長時間労働が求められることになった。

3　労働時間規制と労働組合

1　日本型労使関係の確立

　自由主義経済では，労働力は本来商品ではないにもかかわらず，売ることを余儀なくされる。売ることを余儀なくされているため，労働者間の競争は激しくなる。これを防ぐには競争に参加するすべての労働者の生活を守る共通の規則が必要である。労働組合の組織化はここから始まる。

　田端は，企業別組合は本来，労働市場での競争を規制する労働組合が企業の中にあるため，「企業エゴイズム」に陥りやすいことを指摘している（田端〔2007〕252-255頁）。欧米の労働組合は企業の外に労働組合の本体があるため，労働組合が全体の労働市場をコントロールする力をもっている。ところが，日本は企業内にあるため，全国的な規制が行いにくく，世界の労働組合の潮流と正反対にあるとしている。

　日本において，この企業外にある産業別あるいは全国組織といった上部組織を通じた規制の可能性がなかったわけではない。企業内要求を企業外に展開する取組みは高度経済成長期の半ばに大きな転換を迎える。60年代後半は労使協調的な新しい労働組合と対抗的な組合が分かれていく時期である。企業・産業別に分権化を志向し，生産性向上を前提とした民間企業の労働組合とこれに異を唱える官公の公務系の労働者を中心にした労働組合である。この潮流の分岐によって，企業内の労働組合も分裂をすることになり，協調戦術をとる組合と対抗戦術をとる組合に分かれていった歴史をもつ。ここに，民間大企業では主として生産性向上を基本に据えた**日本型労使関係**と呼ばれる労使協調体制が

日本型所得政策：インフレ（物価高）抑制のために政府が労使に生産性を上回る賃上げをさせないように働きかける政策である。インフレに悩む多くの国で労働組合の抵抗でうまくいかなかった。日本では日本型労使関係によって達成されることになった。

構築されることになり，企業内労使関係を基軸とする分権化は確立していく。

2　法規制の強化と緩和

　この日本型労使関係の構築は70年代後半に行われた「**減量経営**」とかみ合い，欧米との労働時間の格差は拡大化していった。60年代に生産性向上と時短が連動していたが，70年代になると生産性向上のみが進行することになった。

　時短に関して，政府の態度は労使自治での解決を原則としている。ところが，労使自治による時短の進まなくなった1970年代後半から旧労働省の時短政策は活発化する。労働者・労働組合の側に立った時間短縮をアドバイスするスタンスを取り続ける。ただし，立法措置まで踏み込むことはなかった（労働次官通達「労働時間対策の推進について」1978年5月25日）。

　ようやく法規制による時短が始まるのは80年代半ばに入ってからである。アメリカでは，生産性向上に拍車をかける日本製造業からの輸入は貿易赤字を増加させていた。アメリカの経済を脅かす日本の競争力に対して，アメリカの圧力は時短の法制化を進ませることになった。他方で，アメリカからの輸入促進のために，日本人の消費活動を活性化する「内需拡大」を進めるために，「前川レポート」（「国際協調のための経済構造調整研究会報告書」1986年4月）が発表された。労働者の賃金を抑えることで，競争力を発揮して，貿易摩擦を引き起こすことは**ソーシャル・ダンピング**であり，公正な競争に反する。労働条件の平準化がアメリカからの外圧と内需拡大という内圧によって達成されたことになる。特に日本では余暇時間の拡大が内需拡大につながる点が重視された（大須賀哲夫・下山房雄〔1998〕『労働時間短縮』御茶の水書房，82頁）。

日本型労使関係：企業別労働組合が生産性を向上させることを通じて，雇用維持や労働条件向上につなげる企業経営との協調的な関係をいう。1960年代半ばに鉄鋼業を中心として形成され，日本の主要な産業へと浸透していった。

減量経営：1973年の石油ショック以降に行われた雇用・投資・資産を減量する経営手法。正社員を減らす「希望」退職によって労働者を選別し，一方では非正社員の活用や，残業増加などでカバーし人件費コストを抑える形で生産性向上を図ることに成功した経営手法である。

ソーシャル・ダンピング：海外で自国製品を安売りする行為。そのために，自国の賃金・労働時間等の労働条件を引き下げて輸出を進めること。

ここから日本の時短の法制化始まる。1987 年に労働基準法が改正され，1988年 4 月より戦後一貫して続いていた週 48 時間制が 40 時間に向けて短縮化されることになった。週 40 時間がすべての労働者の基本原則になるまでは 1997 年までかかるが，これにより 80 年代末から 90 年にかけての時間短縮傾向に入る。

ところが，1994 年で短縮傾向は終わり，その後は延長・停滞といった推移を示している。その要因を一言でいえば，労働時間の弾力化と労働者保護の衰退といえる。長時間労働を弾力化と言い換え，非正規雇用や派遣・請負労働などが雇いやすくなるように法整備が進み，新たな二重構造の問題が起きることになった。先にみた労働時間の二極化現象もこうした二重構造を反映している。

③ 36協定と労働組合

日本は 8 時間労働の原則を示した **ILO 1 号条約**を批准していない。批准しないのは国内法において残業規制ができないからである。日本では労働基準法 36条による残業を認める労使協定，通称 36 協定（さぶろくきょうてい）が有名である。

36 協定を結ばないと企業は労働者に残業を命じることはできない。その意味では労働時間に対して労働者は規制力をもちうる。その規制主体は労働者の過半数で組織する労働組合，労働組合がない場合は労働者の過半数を代表する者である。前者の場合は労働組合であるが，こうした組合は**ユニオン・ショップ**の組合が多く，一定の規制力は有するものの，残業による賃金増加効果もあり，残業の否定にはなりにくい。後者の場合は，人事管理と一体化している場合が多く，会社の都合が優先されやすい。実態は国際的にみても低い割増 25％を払うことで，残業が可能となる協定といえる。

労働者にとって自由時間の侵害である残業が受容されるのは，賃上げの期待

ILO 1 号条約：工業における労働時間を 1 日 8 時間以内に制限する条約。1919 年 ILO 設立時に規定化された。批准していない国として日本以外に，イギリス，アメリカがあるが，ともに長時間労働国である。

ユニオン・ショップ：雇用されると同時に，労働組合員になる制度であり，労働組合法 7 条 1 項のただし書きで保障されている制度。労働組合にとっては組織拡大の役割を，企業にとっては協調的な労働組合に加入させることで，安定した労使関係が構築できる。

もあるが，最大の要因は残業を前提にした要員管理がなされていることである。厳しい要員管理は生産性向上に必要であり，この原則を受け入れられない場合は，正社員を続けることが難しくなる。会社へのサービス残業の発生も，同じ論理である。賃上げ効果がないにもかかわらず働いている。これでは，たとえ36協定が結ばれなくても労働時間は短くならない。就業時間が決まっていても所定労働時間には帰りにくいのが正社員となっている。

1967年にたった1回の残業拒否で解雇された**日立残業拒否解雇事件**では，30年以上かけ，ようやく2000年に会社側と和解に至った。1991年に出された最高裁の判決では会社側の残業命令は妥当とされており，安心して残業拒否はできない。

［4］　弾力化と労働組合

日本の法政策は所定労働時間の規制一本の単純なものであったが，90年代以降に時短の進行にあわせて変形労働時間や裁量労働制度の拡大などの弾力化政策が加わった（濱口桂一郎〔2006〕「EU労働法制における労働時間と生活時間」社会政策学会編『働きすぎ』法律文化社，33頁）。

この労働法政策の転換期である1987年に労働問題を研究する社会政策学会においても共通論題として労働時間の弾力化をどう考えるかが議論された（社会政策学会編〔1988〕『現代の労働時間問題』御茶の水書房）。弾力化には生活のニーズにあわせて労働時間を弾力化することが可能であるという積極的意義が入りこむ。こうなると弾力化については否定しづらくなる。

ところが，下山房雄は次のように指摘している。長時間残業や休日出勤という弾力化が定着している中で，あえて弾力化が議論されるのは，「残業賃金の節約」ではないか。この当時，ヨーロッパでも弾力化の議論がされているのだが，70年代に労働時間短縮を進めてきた国での弾力化と日本のような長時間

日立残業拒否解雇事件：1967年9月，たった1回，残業拒否したために日立武蔵工場のトランジスター生産ラインで働く労働者が懲戒解雇された。この決定を不服とし，裁判所が起こされた。1991年に最高裁で原告は敗訴したが，2000年には日立側と和解が成立し，会社側に不当労働行為があった点が明らかになった。

労働の国での弾力化は全く違う意味をもっていることを指摘している（社会政策学会編〔1988〕10-11頁）。

　その後，1998年と2003年の労働基準法改正にみられるように，弾力化をめぐる問題の焦点は裁量労働制へと移り，近年では先にみたホワイトカラー・エグゼンプション制度という残業規制を外すことが検討されるに至った。このことから，営業・管理・技術といった間接部門の労働者たちが残業代節約のターゲットにされていることがわかる。

　これに対して，労働組合はどう対応したのか。

　裁量労働制は法制化されても，その拡大は起きていないこと，ホワイトカラー・エグゼンプションは法制化されなかったことは，これに尽力したナショナル・センター等の取組みは評価される。ところが，「管理職クラスの肥大化」（久本憲夫〔1998〕『企業内労使関係と人材形成』有斐閣，325頁）へは有効な手が打てていない。1970年代以降ホワイトカラーの増加と長期雇用慣行を整合化させるべく，ライン管理職以外のスタッフ管理職を増やし「管理職の肥大化」は進む。肥大化はコストアップ要員である反面，残業代を下回る管理職手当により残業代を節約することでコストダウンを図ることが可能になる。その拡大が「名ばかり管理職」の問題として，裁判を通じて顕在化することになったが，経済のソフト化やサービス化の影響を受けて，70年代後半から労働行政でも管理監督者の範囲を拡げる対応を行っていた（野川忍〔2008〕「日本マクドナルド事件：研究者の視点から」『季刊労働法』223号，86頁）。

　さらに正規職員という待遇と引き換えに長時間労働が当然視され，企業へのサービス残業が蔓延する「名ばかり正社員」も増加している。こうした層が週60時間以上の過労死・過労自殺予備軍と重なることは容易に想像がつく。ワーク・ライフ・バランス施策がこうした層を対象にしているとすれば，まずは労働時間短縮のための規制が必要である。

4　ワーク・ライフ・バランス施策の展開と労働組合

1　ワーク・ライフ・バランス施策と時短

　現在進められているワーク・ライフ・バランス施策の源流は男女平等政策に求められるとされる（高畠淳子〔2008〕「ワーク・ライフ・バランス施策の意義と実行性の確保」『季刊労働法』220号，15頁）。高畠のまとめはワーク・ライフ・バランスの政策展開を踏まえるのには有益である。ただし，関連施策として挙げられる「労働時間等設定改善法」に対して，「ワーク・ライフ・バランス」の観点から高い評価をしている（高畠〔2008〕19頁）点には同意できない。

　同法の前身は「時短促進法」である。労働者の労働時間を年間1人当たり1800時間とするための根拠法であった。それが放棄されてしまった点は極めて大きい。理由は毎勤では90年代に年間100時間程度減少し，年1800時間台まで時短が進み目標を達成したとされ，今後は個別の事情にあわせて時短を進めるとしている。

　高畠はこの個別事情（「労働時間等設定改善指針」〔2006年制定〕の育児・介護，妊娠・出産，単身赴任，職業能力向上，地域活動など）に対し事業主が配慮するよう求めている点を評価している。しかしながら，これでは現状の長時間労働を許容した上で，ある特定の生活ニーズが発生した人たちに限った労働時間の「変更可能性」を示したにすぎない。

　日本労働弁護団では「『時短』の旗を降ろす時短促進法の改正に反対する意見書」（2005年3月8日）を出し，時短政策の放棄を批判している。これが普遍的なワーク・ライフ・バランスの視点である。実際，1800時間台まで進んだといわれる労働時間短縮であるが，男女平均であり，常用労働者（常用パートを含む）全体でみたものである。常用パートが増えれば，自ずと労働時間の平均値は下がる（丸谷肇「雇用環境の変化と労働時間問題」坂脇昭吉・阿部誠編〔2007〕『現代日本の社会政策』ミネルヴァ書房，150-154頁）。

　さらに，女性に多い常用パートは1事業所では短時間でも仕事を掛けもつ複合就労の場合は長時間労働者であるが，毎勤には反映されない。政策が根拠と

する労働時間のとらえ方にも問題が大きい。

　最も重要なのは，時短は労働時間を設定する側の意向が強く働くことにある。法規制は進み，事業主が配慮する範囲は増えたものの，あくまでも配慮にすぎない。「時短から時間選択」に移行したといえるが，時短という時間選択の担保について，労働時間を設定する側がそう容易に受け入れるものではない。時間選択を誰がどのようにするのかという検証が必要である。

2 　ワーク・ライフ・バランス施策の実効性

　ワーク・ライフ・バランス施策を批判するものは少ない。牧野富夫は労働者の権利としての本来のワーク・ライフ・バランスと「労働ビッグバン隠し」のワーク・ライフ・バランスがあることを指摘している（牧野富夫〔2009〕「ワークライフバランスとは何か」石畑良太郎・牧野富夫編『よくわかる社会政策』ミネルヴァ書房，10頁）。労働ビッグバンとは労働法制による規制を見直し，雇用の流動化や多様化を促進する考えである。これをうまく使えば国も企業も労働者もよくなるし，変えなければ三者ともに没落することを示唆した考えである。

　政府・労働組合・使用者の政労使が一体となって，経済的危機を脱する方策を探る**ネオ・コーポラティズム**は北欧にみられる。「オランダの奇跡」と呼ばれる賃下げや均等待遇のパートタイム労働により女性のパート労働力を活用し，失業率の改善と経済成長を遂げた国はある。スウェーデンもこのネオ・コーポラティズムにより，社会保障の充実や労働条件の安定化が進められている。

　こうした政労使によるネオ・コーポラティズムの実現は日本では1970年代後半以降の減量経営期に当たる。賃上げ要求の自粛と長時間労働の増加が要請され，いち早く経済不況から抜け出す契機になっていった。こうしたインフレ抑制と企業経営の競争力維持と雇用安定を一体化した日本型所得政策は，長時間労働を抑制するブレーキを欠いたまま80年代後半を迎えたことはこれまで述べた通りである。

ネオ・コーポラティズム：独占的な労使の代表が政策決定に協調的に携わる政治形態であり，第二次世界大戦後のスウェーデンやオーストリアなどにみられる。政労使の協調により，良好な経済パフォーマンスを実現したといわれる。

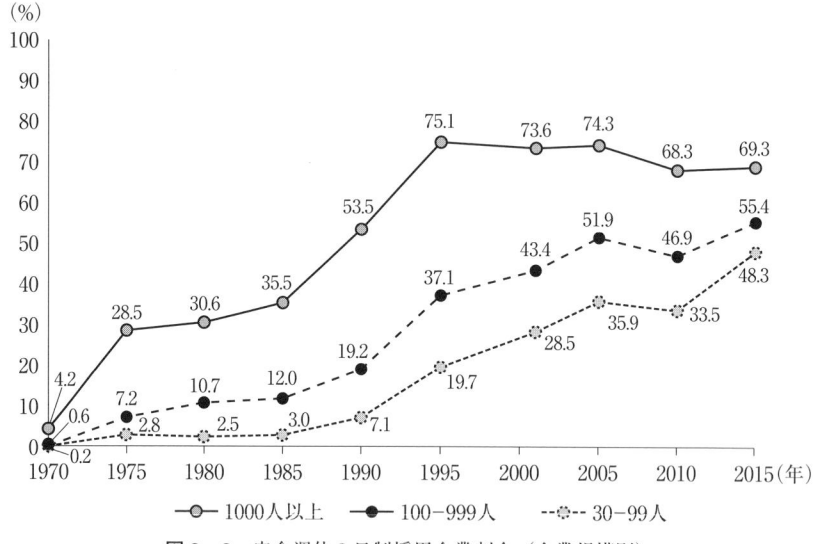

図9-3　完全週休2日制採用企業割合（企業規模別）

（注）　2000年には調査が実施されていないため，2000年の代わりに2001年の結果を表示している。
（出所）　労働省『賃金時間制度等総合調査』各年版（1995年まで），厚生労働省『就労条件総合調査』各年版（2001年以降）。

　なぜこうした展開が生まれたのか。田端は分権化した労使自治を問題にしている（田端〔2007〕）。ヨーロッパのネオ・コーポラティズムと比べて日本の労働組合は企業内に交渉を限定しているため，労働ルールは企業外には拘束力がなく，労働組合の活動は分断化されている。

　1970年代後半以降，労働時間短縮は停滞するが，週40時間や週休2日制の制度は大企業を中心に急速に拡がりを見せていく（図9-3）。先にも述べたように旧労働省は増加する労働時間を抑制すべく時短促進を，労使自治を前提に働きかけた結果でもある。

　その内実はどうであったのか。鷲谷徹が紹介している（社会政策学会編〔1988〕109頁）。鷲谷は週休2日制，週40時間制が達成されているにもかかわらず時間外労働が恒常化している電機産業の労働組合員の分析を行った。タテマエとしての規制への賛成とホンネとしての時間外労働の賃金への期待といった企業間競争からくる時間外規制の困難性を抱える「屈折した意識」を鷲谷は指摘した。それは週40時間や週休2日制という規範を制度化している企業で

さえも，限られた要員で仕事の責任を果たすことは企業のために避けられないと考え，上司の命令やときには自らの裁量で時間外をこなす労働者が普通の人たちの姿であった。労使自治の限界である。

③ 女性活用（活躍）とワーク・ライフ・バランス

　1980年代後半から日本は法制度としては労働時間短縮に向け，貿易摩擦や内需拡大を背景に舵をきった。ようやく社会的規制としての歯止めがかかることになり，毎勤でみる労働時間は外形的には不況のときに時間短縮が進むヨーロッパのようになった。男女平等政策の流れをくむワーク・ライフ・バランスの動きが始まるのもこのころである。

　ところが，このワーク・ライフ・バランスの裏面には必ず人材活用戦略が伏線として組み込まれている。人材活用は決して否定されることではない。積極的に行うべきことである。要はどのようなルールで人材活用されるのかである。

　2007年に内閣府で取りまとめた「『ワーク・ライフ・バランス』推進の基本的方向報告」ではワーク・ライフ・バランスを経営戦略と位置づけている。個別経営の経営戦略に組み込まれたワーク・ライフ・バランスである。ここでも確認しておかなければならないのは，企業（従業員）労働という形態が続く限り，労働時間の命令は企業が行うということである。労働時間内に行う仕事量も基本的には企業が決めることになる。これまで時短が進まなかったのは先にみたように，限られた要員で仕事をこなすことへの歯止めがかからなかったことにある。では，ワーク・ライフ・バランス施策では歯止めがかかるのだろうか。

　企業にとって時短はコスト削減の意味では魅力的である。ワーク・ライフ・バランス施策で時短の進む部分はあるだろう。しかし，現在展開されてるワーク・ライフ・バランスは官民一体というが，労働組合に主たる役割は与えられていない。これでは，労働者個々人の意見を同じ立場で調整することが難しくなる。最終的には，企業の経営戦略に当てはまる人材だけのワーク・ライフ・バランス施策になることが危惧される。

　企業には人材活用において2つの隘路がある。1つは企業経営の中核部分を

担う層における人材の調達，もう1つは商品・サービスを直接生産・保守し，消費者に届ける直接部門の人材の調達である。先にみた「労働ビッグバン」の言い換えとしてのワーク・ライフ・バランス施策を考えると，前者は優秀な女性ホワイトカラーの獲得を，後者は雇用形態の多様化による低コスト労働者の調達を可能にする。経済発展とともに絶えず商品生産・販売にかかわる低コストの労働者が必要とされる（熊沢誠〔2000〕『女性労働と企業社会』岩波書店，117–119頁）が，ワーク・ライフ・バランスはこれに対応する。

　さらに2013年に「新語・流行語大賞」にもなった安倍政権で展開される「**アベノミクス**」において，政府は女性「活用」から女性「活躍」に用語を変えている。女性に労働者としての役割だけでなく，経済成長策として，内需＝消費者という観点から，女性の所得増加による経済活性化も組み込まれている。考える人，手足となってくれる人，そして商品・サービスの購入をしてくれる人，こうした人材を市場に供給する観点から女性が大いに期待されている。

　ワーク・ライフ・バランスはこれらを促進し，多様な人材が労働市場に流入することが可能になる施策として活用される。このとき，ワーク・ライフ・バランスの選択は低い労働条件を肯定的に受け入れることにならないか危惧される。なぜならば，ワーク・ライフ・バランスだけでは多様に展開する非正規労働者の労働条件を改善することができない。ワーク・ライフ・バランスを担保する制度的基盤が必要であるが，そのことは政府も企業も語ってはいない。

［4］　女性ホワイトカラーの活性化の側面

　ところで，ブルーカラーにおいては生産量と要員および技術・技能のレベルにより労働時間は算出され，労使での調整が行われた。ところが，ホワイトカラーでは生産と要員の関係が明確ではない。ここに労働時間が延びてしまう余地ができる。ホワイトカラーの仕事は単純に命令を受けて仕事を行うのではなく，仕事の手順については一定程度の自己決定が可能な裁量性をもつ。ところ

アベノミクス：2012年12月26日発足の安倍政権が実施するデフレ経済を脱却する経済政策。金融，財政，成長政策を「3本の矢」と呼び，成長戦略では女性活躍を重視する。ただし，同志社大学の浜矩子は人間不在の非経済政策として「ドアホノミクス」と揶揄している。

が仕事「量」の裁量性はない。そのため，仕事の責任を果たすために労働時間は長時間化しやすい。また，仕事内容が非定型なものが多く，標準化することが難しく，さらに会議等での**ピア・プレッシャー**を受けさせながら生産性を向上させる手法がとられるため，労働時間という指揮命令時間とは認識されにくい（中村圭介〔2005〕「ホワイトカラーの仕事と管理」中村圭介・石田光男編『ホワイトカラーの仕事と成果』東洋経済新報社，10-11頁）。

　ホワイトカラーの仕事にワーク・ライフ・バランスという視点はどのような効果をもたらすのか。仕事の多様性と生活の多様性というモザイクパズルの組み合わせといえる。大沢真知子はこの点を高く評価する（大沢真知子〔2008〕『ワークライフシナジー』岩波書店）。画一的な男性ホワイトカラーの働き方では多様な選択をもっている女性が排除され続けていく。これに対して，優秀な人材を囲い込むあるいは引きつける戦略として従業員に「優しい」労働条件がワーク・ライフ・バランスといえる。これにより中核的人材の隘路を防ぐことになる。労務管理的にみれば，包摂戦略といえる。

　総務省『就業構造基本調査』でみると，週60時間以上で働く働き方は20代女性で増加している。ただし30代になると少なくなり，男性とは異なる。多様な働き方を模索することで，早めに長時間労働から脱出している。こうした女性を企業につなぎ止める必要性が高まっている。このようにワーク・ライフ・バランスは企業に女性を定着化させる＝働き続ける意味では規範力をもっている。

　では，時短としての規範はどうであろうか。部分的には個人のニーズによる時短は進むだろう。それは生産性向上の範囲内で組み込まれやすい。ところが，生産性向上分まで労働条件を引き上げることを担えるのは労働組合や労働者の組織である。こうした視座はワーク・ライフ・バランス施策には見当たらない。

ピア・プレッシャー：ピア（Peer）とは同僚や仲間のこと。人間の承認欲求を介した正負の圧力のことをいう。正の圧力は能力を発揮して同僚に評価され，逆に負の圧力は業績が悪く，組織にいにくくなるような圧力がかかること。石田光男『仕事の社会科学』（ミネルヴァ書房，2003年）に詳しい。

⑤　個別的労使関係拡大の影響

　時短施策に代えて，ワーク・ライフ・バランス施策が拡げられつつある。これは民間企業の経営の論理を巻き込んでの持続的な成長戦略といえる。女性労働者を労働市場にいかに組み込んでいくのかへの対応ともいえる。一方で，長時間労働が蔓延する男性の働き方の見直しも求められている。このワーク・ライフ・バランス施策が求める働き方は官民一体の取組みで進められているが，これで実現できるのだろうか。

　まず，「一律」の時短を進めてきた労働組合の観点からみると新たな問題を抱えることが懸念される。これに対して，「ワーク・ライフ・バランス憲章」では，労使が労働時間等について話しあう割合の目標を100％にしており，労働時間を労使で協議して決めていくことの意義，労使自治の徹底を目指している。

　しかし，労使自治には2つの大きな問題がある。1つは，誰の意見を代表した労働者側の意見なのかということ，もう1つは，労働者の意見を代表する組織の衰退化である。2007年の厚生労働省の調査（「平成19年労働時間等の設定の改善の促進を通じた仕事と生活の調和に関する意識調査」）では従業員30人以上の企業で41.5％が労働時間の設定に関して労使で話しあいをもっており，労働者側も発言の機会を一定程度有している。問題は労働者の代表性である。労働組合の場合は組合員の意見をまとめることになるが，非管理職の正社員を中心としているため，非正社員や管理職の意見は反映されにくい。さらに，労働組合の組織率低下は70年代後半から歯止めはかからず，労働者の意見を取りまとめる組織が衰退化することによる「労使関係の個別化」が進んでいる。

　この「労使関係の個別化」は労働組合の組織率が低下することにより，労働条件決定に労働組合が関与しなくなることを意味する。80年代，特に後半以降，春闘は崩壊し，企業は分配としての賃金からコストとしての賃金へと位置づけを転じ，職場の管理も職場ごとが利益を上げるように細分化された管理が行われる（富田義典「ポスト成長期型労使関係の展開と労働組合」坂脇・阿部〔2007〕235-237頁）。労働組合もこうした企業内での分権化に対応した結果，労使の問題が個別化されていくことになった。ワーク・ライフ・バランス施策

も集団的な一律の労働時間規制を前提としておらず，個別化された労使関係の1つの規範となり，個別化する労使関係で成立する労働条件を補完するであろう。

　ところが，ワーク・ライフ・バランス施策自体は何ら規制力をもたない。労働者が権利として主張するには脆弱である。たしかに労働契約法をはじめ，個人を支える法律が整備されてきているが，企業組織の中で行使することは難しい。一方で，労働組合は，正社員の働き方を中心とし，長時間労働やサービス残業，あるいは有給休暇の未消化といったことを引き受けている中では労働時間を規制することは難しい。

　それでは誰がワーク・ライフ・バランスを進めうるのだろうか。現在，国による労働時間を生活時間に振り分ける時短規制は考えられていない。あくまでも労使自治の促進にすぎない。個人と企業との話し合いが1つの方向性だろうが，労組の後ろ盾もなく交渉力のない個人を排除していくのではないだろうか。現在の国の規制力ではこうした動きを是正することは難しい。また，労働組合は正社員の意見が中心で非正社員と協業することが日常になっている中では正社員の仕事中心の考え方をなかなか是正できない。

　要は濱口桂一郎が指摘するように，職場で「集団的合意形成の枠組み」をいかに作るのかがワーク・ライフ・バランス施策が機能しうる必要条件の1つになる（濱口桂一郎〔2009〕『新しい労働社会——雇用システムの再構築へ』岩波書店，171-177頁）。濱口は2つの可能性を示唆している。正社員・非正社員がともに参加する労働者組織の構築，もしくは非正社員も参加した労働組合である。

　しかし，組織が構築されても実際に機能するためには，次の2つの条件が必要になる。今日，企業別労働組合といえども一定程度の労働時間抑制に成功している（富田〔2007〕242頁）。現場の実態を把握し，会社と交渉ができる職場委員がいることによる。1点目として，この人材を養成しないと問題が正しく企業に伝わらないことである。もう1点は，労働基準の後ろ盾である。超勤は月80時間を超えると，医師との面談が必要になることや，育児休業・介護休業の制度化ならびに充実化，男女の均等処遇，あるいは職場委員の活動を保障するような労働基準が強化されることによって，企業内での交渉は対等な形で

進んでいく。

　今日のワーク・ライフ・バランス施策で欠落しているのは，労使関係が個別化し，労働者の意見が集約化されない点を問題にしていないことである。こうしたことにならないよう，労働時間をはじめとする労働条件決定について，労使協議で行うための**従業員代表制**の法制化を志向する考えがある。ただし，交渉と異なり協議であるため，どこまで労働者の意向が企業に汲み取られるかはわからない。また，団体交渉権を背景に交渉を進める労働組合と共存するものなのかどうか今後議論は進んでいくことが期待される。

5　ワーク・ライフ・バランスに果たす労働組合の役割

　これまでワーク・ライフ・バランスに労働組合がいかに労働時間短縮にかかわってきたのかという観点から論じてきた。日本の労働組合は高度経済成長期に時間短縮に向けた取組みを進め，一定の成果を上げてきた。ただし，それを労働基準という社会的標準にしていく回路の構築ができなかった。70年代にはヨーロッパではワークシェアリングなどによる労働時間短縮が模索され，競争条件の平準化のため長時間労働は抑制さえる仕組みが作りあげられ，今日においても時短が推進されている。日本では高度経済成長期半ばの60年代後半から国際化への圧力により労働組合が連携して労働時間を改善する基盤が弱くなっていく。70年代後半以降ますますこの傾向に拍車がかかった。

　経済成長の回復を至上命題にして減量経営による生産性向上が進み，このころから女性のパート労働者も増加することになり労働時間は男女の間で二極化していく。こうした分岐を作りだしたのは，1つは国際化に対し，各企業の労使で分権的に対応しようとし，労働組合の企業を超えた横のつながりが進まなかったことである。ヨーロッパとは大きく異なる。

　もう1つは国の態度である。労働時間規制は個別労使関係では規制が難しく，

従業員代表制：労働組合が組織率の低下や雇用形態の多様化の中で，労働組合機能を代替あるいは補完するために発言力をもつ従業員の代表を設定し，対等な労使関係を促進する制度。フランスやドイツなどの代表制が有名である。

▶▶ *Column* ◀◀

日本の労働組合は労働時間短縮に不熱心なの？

　労働組合は賃上げを中心に活動をしてきたので，労働時間短縮には積極的ではないという人がいます。これは誤りです。労働組合は早い時期から時間短縮に積極的に取り組んできました。戦後には産別会議というナショナル・センターが8時間拘束（休憩45分〜1時間含む）を打ち出し，労働基準法を上回るルールを作っていきました。高度経済成長期には一斉夏季休暇を行い，取りづらかった有給休暇を計画的に消化させる試みを進めてきました。週40時間制も週休2日制の普及も労働組合のある大企業から普及していきます。生産現場でも労働組合のあるところでは無限定には延ばさない交渉を行っています。

　ところが，労働組合が個別的に労働時間短縮を行おうとすると次のような課題を抱えてしまいます。第1に，残業手当収入が恒常化している中で，残業時間を削減すれば収入減を招きます。第2に，ホワイトカラーの仕事を分業することが難しい上に，仕事を家に持ち帰る「ふろしき残業」もでてきます。第3が決定的な問題ですが，企業間競争を抑制する産業別，国家レベルの交渉がなされないことです。時短交渉が企業内にとどまれば，社会的な労働時間短縮へと展開していきません。また，労使自治の名のもと時短について支援・啓蒙にとどまっている労働行政の姿勢も影響しています。

　本文でも述べましたが，ヨーロッパでは労働時間短縮は企業を超えた交渉を進めていく中で時短を社会のルールとしてきました。一方，日本の企業別労働組合の賃上げ交渉が伸び悩む中で，残業手当は生活の糧になり，時短を正面から言いにくくなりました。ワーク・ライフ・バランスを進めるには，企業の枠を超えた，より広範な集団的合意形成の仕組みと生活保障の基盤である賃上げが必要です。時短と賃上げを同時に達成するため，労働組合には会社や政府に働きかけ，新しい社会的ルールを作ることが期待されています。

健康や生活水準を切り下げないための社会的な標準労働時間といわれる基準を作る必要があり，普及するような取組みが行われるべきであった。80年代後半になり，労働時間短縮がソーシャル・ダンピングとして議論されるまでは労働時間の基準を作っていくことにはならなかった。

　こうした国・労使の対応に加えて，ホワイトカラー職種の増加と非正規労働者の増加が労働時間管理を困難にしてしまった。仕事のやり方に裁量性が高く，

仕事に対する要員の算出がブルーカラーほど容易ではなく，労働時間の調整交渉は困難を極める。さらに，今日の職場は非正規労働者と協業するのは当然の風景になっている。正社員ホワイトカラーの作業時間や作業量が制御できなければ，過密労働を抱える正社員は放置され，同時に，非正規等の下流に向かって仕事は流れ出していく。ここにワーク・ライフ・バランスの推進は職場の労使関係あるいは集団的合意形成の仕組み抜きには難しいことが明らかになる。企業が生産性を上げる道具としてのワーク・ライフ・バランスを活用した時短は1つの選択肢であり，一定の成果は達成されるかもしれないが，普遍的に拡がるものではない。現在のワーク・ライフ・バランス施策はこの意味で不十分である。

　労働者の代表である労働組合はこれまで分権的な対応の中で労働時間に対して苦い経験をしてきた。労働時間制度の規制について作ってきたルールを実現化するためには，分権化の枠にとらわれないさらなる発言が必要になってくる。

　労働組合は，労働者にとって必要なのは集団的な規制力にあることに立ち戻り，この集団的な規制力を活かした上で，生活保障と健康維持を確保していくことが益々期待されている。労働組合が今後，経済活動の時短を進め，社会的活動のための時間や自由時間を拡げるためのワーク・ライフ・バランス施策に積極的にかかわることが，同施策の成功と失敗を分ける分水嶺といっても過言ではない。

　　［付記］　本章は，石井まこと（2012）「労働組合とワークライフバランス」大分大学経済
　　　　学会『経済論集』第63巻第5・6合併号をもとに加筆修正したものである。

推薦図書

大須賀哲夫・下山房雄（1998）『労働時間短縮：その構造と理論』御茶の水書房
　　日本の労働負担研究のパイオニアである労働科学研究所の研究員だった2人の著作である。日本の時短の特徴が「合理化」対応であった点が明らかになる。

田端博邦（2007）『グローバリゼーションと労働世界の変容：労使関係の国際比較』旬報社
　　労使関係の歴史と国際的な動向をこれ1冊で学ぶことができる教科書といってよい。労働時間短縮に限界を抱える日本の労働組合の特殊性が明らかになる。

高橋祐吉・鷲谷徹・赤堀正成・兵頭淳史（2016）『図説　労働の論点』旬報社
　1つのテーマについて6頁程度と短いながらも，変化する労働問題を正しい認識で理解することができる。労働組合の現代的意義についてもポイントを絞って述べられている。

[設　問]

1．ワーク・ライフ・バランス施策によって，労働時間短縮が必ずしも進まないのはどうしてだろうか。集団的合意形成の観点から考えてみよう。
2．1970年代後半以降，日本の労働組合がヨーロッパのように時短が進められなかったのはなぜだろうか。労働組合の役割の観点から考えてみよう。

（石井まこと）

終 章

ワーク・ライフ・バランスと経営学

1 家族制度の変化とワーク・ライフ・バランス

　周知のように，資本主義経済の成立は生産手段を所有せず，自らの意思で労働契約を締結できる自由な労働者の形成を前提としている*。二重の意味で自由な労働者の形成は，市場経済の浸透と古い体制のもとでの農村共同体の解体を加速させるものであった。さらに資本主義経済の発展は，農民層の解体と近代的産業への労働者の吸収，また産業の集積する都市部への労働者集中により，伝統的な家族制度を変容させてきた。

　＊　二重の意味で自由な労働者は，資本主義経済の生成と発展に不可欠であるが，マルク
　　スの経済学によれば，①人格的な自由と，②生産手段および生活資料からの自由である。

　実際，第3章でも明らかにされているように，アメリカでは1970年代以降，離婚や結婚を選択しない人々の増加などにより，単独世帯やシングルファーザー，シングルマザーのような家族形態の多様化が進んだ。もちろん核家族の増加は欧米諸国だけではなく，アジア諸国でも進行している。**表終－1**は，各国の平均世帯人員と単独世帯の割合をみたものである。平均的な世帯の構成員の数は，いずれの国でも3人を下回り，核家族化が進展していることがわかる。しかも単独世帯の割合は，多くの国で30％を超えている。

　このような家族構成の変化，とりわけ単独世帯の増加は，女性の社会進出を促し，同時に，結婚しない単独世帯の増加は，出生率に影響を及ぼすことになる。**図終－1**は，いくつかの国の出生率の推移をみたものである。フランスやスウェーデンでは，出生率が低下したのちに回復を示してはいるが，他の多くの国では出生率は2.0を下回っている。一般に人口維持には，女性1人当たり2.05人の子どもを産むことが必要だとされているが，多くの国ではこの生涯出

表終 - 1　各国における平均世帯人員と単独世帯割合

国	年次	平均世帯人員(人)	単独世帯割合(%)
ノルウェー	2011	2.2	39.7
デンマーク	2012	2.1	38.5
イギリス	2010	2.3	28.9
ドイツ	2011	2.0	40.4
オーストリア	2010	2.3	36.0
オランダ	2010	2.2	36.1
フランス	2009	2.2	34.4
アメリカ	2010	2.6	32.9
カナダ	2011	2.5	27.6
韓　国	2010	2.7	23.9
台　湾	2010	2.9	28.8
日　本	2010	2.4	32.4
日　本	2035	2.2	37.2

（出所）　国立社会保障・人口問題研究所（2013）『日本の世帯数の将来推計（全国
推計）：2010（平成22）年～2035（平成47）年』15頁，http://www.jpss.go.jp/
2017年6月23日アクセス。

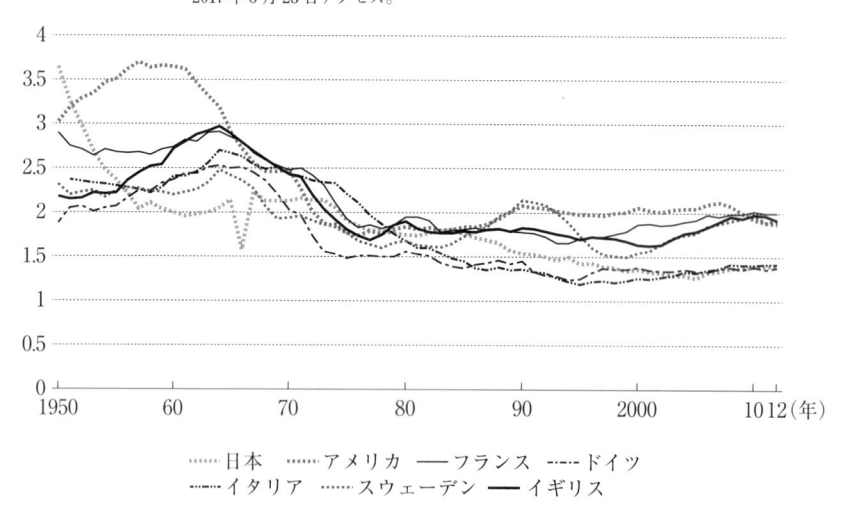

　　　　…… 日本　…… アメリカ　―― フランス　---- ドイツ
　　　　--- イタリア　…… スウェーデン　―― イギリス

図終 - 1　欧米における出生率の推移

（資料）　ヨーロッパは，1959年までUnited Nations "Demographic Yearbook" 等，1960年以降はOECD Family
database（2013年2月更新版）による。ただし，2012年のイギリス，イタリア，ドイツは各国の政府統
計機関。アメリカは，1959年までUnited Nations "Demographic Yearbook"，1960年以降はOECD Fam-
ily database（2013年2月更新版）による。ただし，2012年はアメリカの政府統計機関。日本は，1959
年までは厚生省「人口動態統計」，1960年以降はOECD Family database（2013年2月更新版）による。
ただし，2012年は厚生労働省「人口動態統計」。
（出所）　内閣府（2014）『平成26年度　少子化社会対策白書（全体版）』http://www 8.cao.go.jp/shoushi/
shoushika/whitepaper/measures/w-2014/26 webhonpen/html/b1_s1-1-5.html　2017年6月23日アクセ
ス。

生率を下回っている。出生率の低下は，人口の減少をもたらすだけでなく，これからの労働力人口に影響を及ぼす。実際，第5章で考察したように，ドイツでは2000年以降，人口の低下に伴う社会の持続性が問題になり，移民の流入とともにワーク・ライフ・バランスが注目されるようになった。

　核家族や単独家族の増加は，女性の社会進出の結果でもあるが，社会進出を一層促すことになる。しかしながら，核家族の増加により，育児や家事は主として女性の負担となる。これは伝統的な価値観や慣習に基づく性別役割分業に起因している。**図終 - 2**は，夫婦での家事負担についてみたものであるが，料理，洗たく，掃除のいずれの項目についても，主として妻が担っている。ドイツやイギリス，アメリカなどの先進国では，料理については夫も家事を担うことが多いが，洗たくや掃除は主に妻の仕事になっている。なかでも日本では，料理，洗たく，掃除のいずれの項目でも，夫の家事負担の比率が低いことが特徴的である。

　核家族や単独世帯が増加する一方で，少子高齢化の進展により両親の介護という問題が生じている。しかも少子化により限られた子どもに両親の介護が担われることになり，その担い手はもっぱら女性ということになる。既婚女性の場合，自分の親の介護だけでなく，パートナーの両親の負担も強いられることがある。そのため子どもの育児が終われば，両親の介護を任されるケースも少なくない。

　近年，日本でも重要な課題とされている託児所・保育所の増設や介護施設の問題など，政府の役割が注目されている。財務省の資料によれば，欧米の大半の国々で財政支出はマイナスを記録しており，さらなる政府の支援は極めて困難な状況になっている。アメリカや日本のワーク・ライフ・バランスの分析で触れたように，こうした財政破綻がワーク・ライフ・バランスの取組みを規定しているといえる。かくしてワーク・ライフ・バランスなる問題は，家族制度の変容と少子高齢化の進展，それに伴う人口減，とりわけ労働力不足問題にとどまらず，政府の財政破綻という事態に規定されてしまっている。このような問題への対処には，育児・介護支援を中心とした女性就労促進施策では限界があることから，イギリスの労働時間問題やドイツの男性稼ぎ主モデルの見直し

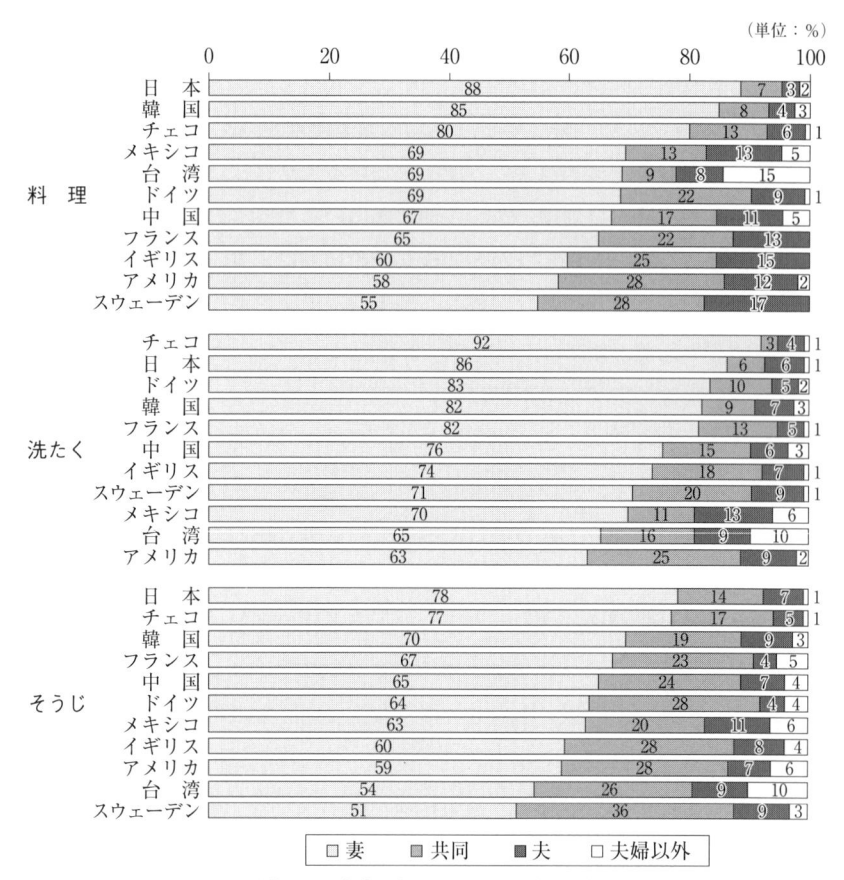

（単位：％）

図終-2 家事分担の国際比較（2012 年）

（資料） ISSP（http://www.issp.org/index.php）
（注） ISSP が実施した「家庭と男女の役割」調査による。有配偶者（同居パートナーを含む）への問。
　　　どちらが「いつも」および「だいたい」行っているかで区分。
（出所） http://www2.tten.ne.jp/honkawa/2323.html　2017 年 6 月 23 日アクセス。

といった「働き方改革」が問われてくるのである。

　これまでみてきたように資本主義的な生産と市場経済の発展は，伝統的な家族構造を解体させ，核家族や単独家族を増加させてきた。そして今や，企業の労働力需要に対応する就労のあり方が問われている。資本主義経済が，二重の意味で自由な労働者の存在を前提にしているとすれば，労働力不足という問題は，資本主義経済存続の危機を意味しており，その意味でワーク・ライフ・バ

ランスはこのような危機に対する社会・労働政策であると考えられる。

　実際，ドイツの事例で提起されているように，ワーク・ライフ・バランス政策は，経済社会の**サステナビリティ**との関連で問題にされている。そのため男性稼ぎ主モデルという伝統的な働き方の転換が求められている。その際に，ワーク・ライフ・バランスという取組みが労働力対策にとどまらず，人間社会のあり方にかかわって提起されていたことは看過できない。このような問題意識は，労働力不足の進展を背景に労働問題として扱われるようになり，政府の労働力政策として展開されてきた。しかし，深刻な国家財政下，政府の社会・労働政策には限界があり，企業での取組みが注目されるに至ったのである。

2　ワーク・ライフ・バランスと企業経営

1　ワーク・ライフ・バランスと人的資源管理

　1920 年代末，激しい労使対立を経験したドイツでは，企業の従業員や労使関係などを対象とする経営社会政策が展開された。経営社会政策は，企業の経済的側面を対象とする経営政策に対し，企業の社会的側面，つまり従業員や労使関係を対象とする政策を意味しており，今日では主として福利厚生を中心とする政策を意味するようになった。

　一般に経営社会政策は，政府主導のもとに経営で行われる他律的経営社会政策と，経営で自主的に行われる自律的経営社会政策に区分される。自律的経営社会政策は，労働過程と関連して，さらに経営生産にかかわる経営内の経営社会政策と，福利厚生などの経営外の経営社会政策に区分される。経営社会政策論の枠組みをもとに整理すれば，ワーク・ライフ・バランスという取組みは，家族構成の変化や労働力不足を背景に進められた他律的経営政策であると把握できる。

　実際，本書でも紹介されているように，イギリスやドイツではワーク・ライ

サステナビリティ：持続可能性，環境問題などとの関連で問題にされ，経済の再生産を可能にすることを意味している。

フ・バランス実現に向けた経営での取組みが政府や労働組合から求められ，自律的な経営社会政策との関連が問われることになる。これに対し，ヨーロッパにおいては政府主導で行われる取組みが展開され，個別企業や個人の取組みに依存するアメリカでは，企業の人的資源管理にかかわる問題として追及されてきた。断るまでもなく資本主義企業は，商品の生産や販売，サービスの提供などを通じて営利を追求する組織である。育児や介護などの社会的な規制は，企業には利潤追求に対するコスト要因として作用する。そのため，イギリスの事例にみられるように，ワーク・ライフ・バランスの企業にとっての意義が強調され，ワーク・ライフ・バランスの従業員に対するモチベーションや生産性に対する影響が問われることになる。経営社会政策論の枠組みからみれば，他律的経営社会政策と自律的経営社会政策との関連が問われるだけでなく，労働過程にかかわる経営内の経営社会政策に対する経営外の経営社会政策の意義が問題にされているといえる。

2 ワーク・ライフ・バランスと日本の人的資源管理

　日本でもワーク・ライフ・バランスは，1990年の1.57ショックをきっかけに，政府が少子化を重要な問題として認識したことから取り組まれてきた。少子化の進展を背景に育児などの問題が重視されてきたが，ここ数年，労働力不足が深刻さを増すにつれて企業などでの具体的な取組みが注目されてきた。いまや家庭での育児・介護という問題だけでなく，女性の就労促進問題の解決が求められており，そのため，第7章で考察したように，育児支援にとどまらず，フレキシブルな労働時間制の導入や職場風土の改革など具体的な取組みが進められている。

　たしかに様々な取組みが行われているものの，第8章で検討されているように，ワーク・ライフ・バランスは労働力不足を背景とする女性の就労促進の手段でしかない企業も多い。ワーク・ライフ・バランスの理念からすれば，仕事と生活を調和できるような「働き方の改革」が求められると考えられるが，それは実際には女性の就労促進にとどまっているのが現実であろう。第6章でみたように，ワーク・ライフ・バランス進展の障害の1つになっているのが年功

制や終身雇用といった日本的な雇用慣行である。

　すでに周知のように第二次世界大戦後の日本では，主としてアメリカなどからの新技術の導入をもとに大量生産体制が確立されてきた。新技術の導入は旧型の熟練を解体し，多くの職務を生み出し，これまでの職種にみられた管理的な仕事は管理機構として独立していくことになった。こうして生み出された多くの職務は，階層的に編成され，教育・訓練や昇進ルートによって結びつけられていく。「内部労働市場」にかかわる問題である。

　欧米のように職種別の横断的な労働市場が形成されていない日本では，新たに生み出された職務の担い手が，大卒・高卒の新規学卒者に向けられることになった。しかし，これらの新規学卒者たちは，大学や高校などで職業訓練を受けておらず，就労の経験もないことから，企業内で教育・訓練を受け職務に配置され，他の職務への異動を経て上位職務に昇進してゆく。この内部昇進は基本的には勤続年数で律せられ，年功的昇進と呼ばれる問題を呈する。従業員たちは，配置転換や昇進を繰り返し，やがて定年を迎える。この終身雇用の中での処遇にかかわるのが年功制であり，従業員の賃金は初任給をもとに，定期昇給制度を通じて勤続とともに増加していく。賃金は内部昇進により増加していくが，昇進の如何にかかわらず，勤続に応じて賃金が増加していく**定期昇給制度**に日本の特徴がある。

　年功制や終身雇用といった雇用慣行は，一般に大企業の正規従業員にみられる特徴とされている。だが，女性従業員の雇用や処遇については，その多くが男性と異なった扱いがなされてきた。かつて，**住友セメント事件**に代表されるように，女性の定年は35歳と定められたケースがあり，女性の場合，世帯主であっても住宅手当が支給されなかった。また，兼松事件にみられるように，賃金には男女別の賃金表が存在し，性別によって賃金は明確に区別されていた。男女雇用機会均等法の施行などにより，明確な男女差別は行われなくなったと

定期昇給制度：戦後労働組合の要求として掲げられた年齢別賃金に対し経営側から提案された制度。毎年一定の時期に基本給が増額する仕組み。
住友セメント事件：女性従業員は，結婚，あるいは35歳を迎えたとき退社するということが定められたことが問題とされた。

はいえ，今日でもマタハラ（マタニティ・ハラスメント）に象徴されるような差別的な取り扱いが行われている[*]。

　　＊　日本における労使関係総体での，日本的雇用慣行の位置づけについては，高橋洸（1988）「『日本的労使関係』の系譜と到達点」（『日本労務管理史　労使関係』中央経済社）をみられたい。また「日本的経営」と女性労働との関係については，岩尾裕純（1985）「日本的経営における男女同権否定の機能」『経済』259 号を参照されたい。

　日本の雇用慣行，さらに日本の人的資源管理は，ドイツにみられるような男性稼ぎ主モデル，専業主婦モデルをもとに構成されてきた。したがってワーク・ライフ・バランス実現のためには，第 5 章で指摘されている男性稼ぎ主モデルの再検討や日本型の人的資源管理の再編が求められることになる。だが，横断的で，職種別の労働市場が確立され，労働組合などを通じた労働側の規制が行われているドイツとは異なり，日本では経済の二重構造に象徴されるような大企業の「内部労働市場」と，自由な労働移動や低い労働条件などに特徴づけられる中小企業の労働市場に階層化されている。

　しかも大企業における雇用や処遇は，男性稼ぎ主モデルを背景とする年功制に律されており，こうした人的資源管理の見直しが求められる。その方向性の 1 つが，財界などが提唱する規制緩和に基づく「働き方」の見直しであり，労働市場の流動化や，仕事別賃金の構築であるといえる。たしかに「仕事別賃金」の提唱は，これまでも労働運動が求めてきたものであり，ドイツなどでの論議を前提とすれば，ワーク・ライフ・バランス実現のための改革案の 1 つと考えられる。その際，次の点に注意することが必要である。

③　社会・労働運動とワーク・ライフ・バランス

　資本主義における企業は，いうまでもなく利潤追求を目的とする組織であり，市場での競争を通じて利潤を獲得し，自らの存続を維持することになる。とりわけ商品輸出や海外での生産などグローバル化の進んだ今日では，利潤追求と企業の維持は，グローバルな競争を通じて実現される。その意味において，企業には国際競争力の維持・強化が重要な課題となる。そこでは，国際競争力の維持・強化の手段として働き方の見直しや仕事別賃金の導入が課題とされてお

り、そうした枠組みのもとで育児や介護，ボランティアへの参加が認められる。

　これまでみてきた年功制や終身雇用などの慣行は，労働組合が社会的に認められていなかった第二次世界大戦以前のような経営者の恣意的な政策ではなく，今日では「労使間の規範意識を基底として，企業別組合の出現によって定式化した，日本の労使関係を規制するルールの体系」（氏原正次郎〔1989〕『日本の労使関係と労働政策』東京大学出版会，236頁）となっている。その意味で，日本の雇用慣行を考えるには労働組合の体質が重要になるであろう。

　第9章でみたように，日本の労働組合も第二次世界大戦直後はワーク・ライフ・バランス実現の物理的基盤である労働時間の短縮については積極的に取り組んだ。しかし，企業ごとに寸断された組織形態では十分に力量を発揮できなかった。むしろ，労使協調的な労働組合は，企業の政策に協力的であり，企業の維持を重要な課題としてきた。かくして国際競争を前提とする日本型人的資源管理の再編については，企業主導によるその具体化が危惧される。

　このような人的資源管理の再編は，不安定就労者層の増大や格差の拡大を進めるだけでなく，就労と家事負担といった女性の負担を増大させうるものであるが，労働運動はそのような事態を規制するには至らず，懸念されている。「保育園落ちた日本死ね!!!」というブログに触発された，待機児童をもつ女性たちの怒りの声は，豊かなワーク・ライフ・バランスの現実に必要とするものである。このような現状を踏まえつつ，豊かなワーク・ライフ・バランス実現に向けて，社会的勢力をいかに結集し，いかにして人的資源管理を構築するかが，今日問われている。

3　経営学と人間

　日本の経営学は，「歴史的にみて，ドイツ経営学とアメリカ経営学から大きな影響を受け」（岡田昌也・永田誠・吉田修〔1980〕『ドイツ経営学入門』有斐閣，i頁）てきた。第二次世界大戦まではドイツ経営学の影響が大きかったものの，戦後，アメリカの支配的地位の確立とともに，アメリカ経営学の影響が圧倒的なものになっていった。ここでは，アメリカ経営学の特徴を踏まえながら，ワ

ーク・ライフ・バランス研究に対する経営学の問題を検討し，ドイツ経営学を
もとにワーク・ライフ・バランス実現に向けた経営学の課題を考えることにし
たい。

1 管理技術・職能論の論理とワーク・ライフ・バランス

　ドイツにおける経営学は，一般にワイヤーマン（Weyermann, M.R.）とシェ
ーニッツ（Schönitz, H.）による『科学的私経済学』を嚆矢として生成，発展を
遂げていくことになる。彼らの研究は，国民経済の要素である私企業の活動を
経済主体の視点から研究するものであった。ドイツの経営学では，経営社会学
や経営心理学などの研究が進められ，アメリカ経営学の影響のもとに新たな研
究が進められており，それが企業・経営の経済学的研究であるところに基本的
な特徴がある。

　それに対し，アメリカ経営学の生成は，一般にテイラー（Taylor, F.W.）の科
学的管理（Scientific Management）に求められる。周知のようにテイラーの科
学的管理は，時間・動作研究をもとに熟練労働の分析を行い，熟練労働にみら
れる計画的機能と執行機能を分離した。そして，労働の計画的・管理的機能を
経営側に吸収し，計画部や職能的職長制度などの導入により新しい現場管理体
制を模索したところに現実的意義があった[*]。

　　*　テイラーの科学的管理については，泉卓二『アメリカ労務管理史論』（ミネルヴァ書
　　　房，1978年）を参照。

　すでに考察したように，科学的管理の貢献は，時間・動作研究を基礎に作業
職能から管理職能を分離して，その専門化を推し進めたことにある。テイラー
による管理職能の確立と職能組織の研究は，後に管理過程・経営職能の研究の
契機とされる。もちろん「フェイヨルが企業の最高経営者として事業全体の管
理を見渡し，その円滑な運営を志した」（一寸木俊昭〔1969〕『経営管理論』法政
大学出版局）のに対し，テイラーは，現場管理者として現場管理体制の確立を
志向したが，テイラーによる管理職能と職能組織の構想が，管理技術・職能論
の契機となったことは看過できない[*]。

　　*　一寸木は，管理論における対象と方法論の違いに基づいて，アメリカ経営学の潮流を，

①仕事中心的ないし「経験主義」的アプローチと②「社会学」的アプローチ，③「経済学」的アプローチに分類している（一寸木〔1969〕39頁）。ここでは，管理過程論と経営職能論の区分を意識して，権泰吉の分類に基づき，管理技術・職能論とした（権泰吉〔1984〕『アメリカ経営学の展開』白桃書房）。

つまり，「アメリカにおいて，『管理問題』をはじめて『科学的』に研究したのはテイラーであるといわれている」（仲田正機〔1985〕『現代アメリカ管理論史』ミネルヴァ書房，76頁）。この考え方は管理技術・職能論にも受け継がれている。管理技術・職能論では，実際の「管理」の経験の中から，経営者にとって有用とされる「管理」の要素が蒸留され，効率的「管理職能」として規範的に再編成されていく。かくして管理技術・職能論は，「経営者の実践に役立つ管理の原則や方法を経験のなかから抽出するとともに，それらを管理職能の構成諸要素にそくして体系化しようとする」（権〔1984〕108頁）ものであった。

管理技術・職能論の特徴は，経営の実践の中から有用と考えられる経験を蒸留するところに求められるが，抽出された経験は，経営者に役立つように体系化される。この管理・経営職能は，経営での実用性をもとに編成されたものであり，その担い手となる人間は，こうした職能を忠実に執行する機械的な人間と前提される。その意味で「職能を担う人間・個人および人間相互のあいだの社会的諸関係は，その職能論的な枠組みの中には，極めて限られた部分のみが含まれるにすぎない」（権〔1984〕109頁）。

このように，管理技術・職能論の前提とする人間とは，担当する職能との関連で取り上げられるだけである。個人が問題にされるだけであり，ワーク・ライフ・バランスの想定する介護や育児などの問題が取り上げられる余地はない。介護や育児などが問題となるとすれば，経営での有効性という視点から，管理対象として把握されるにすぎないのである。

2 近代組織論とワーク・ライフ・バランス

管理技術・職能論は，現実の経営活動から有効な要素を取り出し，体系化した理論であった。そこで把握される人間は，職能との関連で把握される個人であり，感情や人間的な欲求などは排除されてきた。「労働者は物（機械，装置，

施設など）と同列に扱われ，目的・計画実現のための単なる手段と認識されていた」（一寸木〔1969〕131頁）。ワーク・ライフ・バランスで重視される家族との関連については看過されてきたといえる。

　バーナード（Barnard, C.I.）やサイモン（Simon, H.A.）といった近代的組織論は，管理技術・職能論の規範的な理解を批判し，心理学や社会学を基礎にして組織や個人の具体的な把握を行おうとした。近代的組織論とはいっても，その領域は多岐に及ぶため，ここでは近代的組織論の嚆矢とされるバーナードの意見を紹介し，その特徴を踏まえてワーク・ライフ・バランスの問題を考えることにしよう。

　近代的組織論では，研究の対象は，企業にとどまらず組織一般とされる。バーナードには，このような組織は人間の特性から把握されている。これまでみてきたように管理技術・職能論は，人間を経営職能との関連でのみ把握されてきた。それに対しバーナードは，人間を動機や意思決定能力をもつ人格的存在として把握し，人間の特性をもとにして組織の研究を進めている。

　バーナードによれば「協働は個人にとって制約を克服する手段」（Barnard〔1936〕*The Functions of the Executive*, Harvard University Press, p.23；山本安次郎訳〔1968〕『経営者の役割』ダイヤモンド社，27頁）であり，ある目的を遂行するために協働が行われる。そしてこの協働を公式組織と規定し，バーナードは，「2人以上の人々の意識的に総括された活動や諸力の体系」（Barnard〔1936〕p.73；81頁）と定義する。このような組織の解釈から，その適用領域は，企業組織に限定されず，きわめて広範な分野に及んでいる。しかし，彼の組織論が，経営者としての個人的な経験や観察と密接に結びついていることを無視することはできない。その意味でバーナードの組織理論は，資本主義企業において「大きな実践的効果」（一寸木〔1968〕139頁）をもつものといえる。

　いずれにせよバーナードは，このような人間や組織についての認識をもとに，経営者の管理職能を展開することになる。そしてその基本的な職能として，「組織に必要な活動ないし努力を確保すること」に求められる。具体的には，「個人の貢献意欲を喚起するために，組織は誘因を提供」し，「個人は，提供される誘因を自己のこうむる負担と比較考慮することによって，組織に貢献する

かどうかの選択・意思決定を行う」（権〔1984〕164 頁）ものと把握され，こうした個人的意思決定の意識的操作に管理職能の意義が求められるようになる。

　バーナードは，組織を協働システムとして均衡のシステムと把握し，このようなシステムは，誘因と貢献との均衡など部分システムの均衡と，個人的意思決定の組織的意思決定への寄与から成っていると考えられている。こうしたバーナードの把握は，社会学の機能主義に基づくもので，個人の機能が社会構造を生み出している。その意味で社会学的機能主義は，方法論的個人主義を基礎としているといえる。

　かくして育児や介護など家族関係にかかわるワーク・ライフ・バランスという問題は，方法論的個人主義を基盤とする近代的組織論では，看過されてしまうか，個人の組織への統合という枠組みの中で，限られた範囲において取り上げられることになる。家族体制の変化や少子高齢化の進展に伴うワーク・ライフ・バランスという社会政策的な課題は，経営学の枠組みでは，主として経営効率や人材活用といった視点から把握されることになると考えられる。

4　ワーク・ライフ・バランスと経営学の課題

1　国民経済と経営学

　これまで検討してきたように，管理技術・職能論では経営にとって有効な職能を経営実践より抽出し，効率的な経営組織を構築することに重要な課題があった。そしてこの理論では，人間は経営効率という視点から組織される職能を遂行する人間として把握されることになる。こうした規範的な組織に対する認識方法を批判したのが近代的組織論であった。バーナードは，個人の具体的な把握をもとに，組織の意味を把握した。そして社会学の理論を援用し，組織は社会システムと把握され，このような組織の維持を課題に，個人の組織への統合を図るところに管理職能の課題があるとした。バーナードの理論は，**方法論的個人主義**を基礎にする**社会学的機能主義**にあると理解される。

方法論的個人主義：経済など社会の諸現象を個人の行動の結果として解明しようという考え方。

管理技術・職能論や近代的組織論にみられるように，アメリカ経営学の大きな特徴として経営実践への貢献を重視するプラグマティズムという方法論を指摘することができる。また管理技術・職能論では，個々の職能を担う個人が問題になり，近代的組織論では，個人の機能が問われるように，方法論の基礎として「個人」が対象にされていることを指摘できる。

　こうした理論的枠組みでは，育児や介護などの家族の問題は軽視されてしまうか，社会政策的課題として提起されるワーク・ライフ・バランスの問題はモチベーション論に代表される管理問題に限定されてしまうように思われる。むしろワーク・ライフ・バランスのような社会的な問題は，企業の社会的責任などの経営社会関係論の問題であるといえるかもしれない。近年，この問題は組織の存続にかかわる戦略論の一環として問われている。

　中西らによれば，企業の社会関係職能の基盤は，企業の二重の存在性格にあると指摘される。つまり企業は，市場経済において自主的に意思決定を行う自律的な組織であるが，その一方で国民経済の一環として「共同経済的目的に対して」社会的任務を負っているというのである（中西寅雄・鍋島達編著〔1965〕『現代における経営の理念と特質』日本生産性本部，51頁）。このような企業のとらえ方は，ドイツ経営学の基本的な思考方法であるといえる。実際，ドイツ「経営」経済学を創設したとみなされるシュマーレンバッハ（Schmalenbach, E.）は，「自由主義経済という体制から管理組織の問題を取り上げたのであった」（吉田和夫〔1995〕『ドイツの経営学』同文舘出版，14頁）。

2　ドイツ経営学と全体的思考

　ドイツの経営学の生成は，一般に後進資本主義であったドイツが経済発展を進めた20世紀初頭に遡ることができる。その意味でドイツ経営学は，利潤追求を強い動機として形成されたとみることができる。ドイツ経営学の嚆矢とされるワイヤーマンとシェーニッツは，金儲け学という批判を避けるために，私

社会学的機能主義：パーソンズの社会システム論などにみられるように，社会の部分は相互に関連し，より大きな社会全体に貢献するという視点から分析する考え方。

経済学を国民経済学の一分野とする方法を採った。

　ドイツ経営学が大きな発展を示したのは，第一次世界大戦後のヴァイマール体制においてであった。第一次世界大戦での敗北は，ドイツ経済に深刻な問題をもたらした。なかでも重大な問題は，急激なインフレの進展と経済の混乱であった。このような事態に直面してシュマーレンバッハは，経営は「国民経済的な全体の利害に即して活動すべき」であるとし，このような経営を対象とする経営経済学の選択原理を「私経済的経済性でなく，共同経済的経済性であると規定」（吉田和夫〔1982〕『ドイツ経営経済学』森山書房，36-37頁）したのであった。

　周知のようにドイツ帝国は，労兵協議会を中心とする革命勢の高揚により崩壊することになったが，ヴァイマール帝国の成立後も労使の対立は続き，ドイツの経営学にも大きな影響を与えることになった。例えばニックリッシュ（Nicklish, H.）は，労働運動が高揚する中，経営を共同体と把握し，この経営共同体の目的として経済性を措定し，「経済性原理に基づいて成果配分を問題」（吉田〔1982〕34頁）とした。

　ニックリッシュにしてもシュマーレンバッハにしても，ドイツ帝国の崩壊による社会秩序の混乱の中で，ドイツ経済の再建とその維持という観点から，経営を国民経済と関連づけて問題にした。その際の，尺度とされたのが，**経済性**という概念である。シュマーレンバッハの経済性については，フントなどからその論理一貫性について問題視されているが（ゼンケ・フント／稲垣慶成訳〔1990〕『ドイツ経営学史』杉山書店），田島によれば共同経済的経済性は，「『すべての経営ができるだけ経済的に働くことが全体の利益である』という前提の下に，個別経営に『財貨の浪費を避ける』ことを要請」（田島壮幸〔1973〕『ドイツ経営学の成立』森山書房，217頁）することになる。

　ドイツの経営学は，経済の再建とその発展との関連で，個別経済，経営の経済的なあり方を問題にしてきた。たしかに経済的な再建や経済発展が社会の利

経済性：営利性に変えてドイツ経営経済学で用いられるようになった概念。最小の犠牲でいかなる効果をもたらすかを測定する基準であり，原理でもある。

害に合致する場合には企業や経営の効率的な運営が重要な課題と措定されるかもしれない。しかし，国民経済が成熟した今日，経済性が国民経済への貢献の基準として十分な尺度たりうるか否かは，必ずしも明確ではない*。

　　*　この点については，笠原俊彦『資本主義の精神と経営学』(千倉書房，2007年) を参照。

　いずれにせよドイツの経営学は，国民経済的な課題に個別経済や経営がいかに貢献するのかを問題にしてきた。それはワーク・ライフ・バランスのような社会政策的な課題を考えるには示唆に富む研究方法だといえる。しかし，経済性を個別経済や経営が貢献する基準として設定できるかについては問題が残る。第1章で指摘したように，ワーク・ライフ・バランスという問題が，ワークではなく，ライフの見直しから研究されるようになったとすれば，個別経済や経営の国民経済への貢献を規定する基準は生活の論理ということになるだろう。

5　生活中心のワーク・ライフ・バランスを目指して

　もちろん資本主義の企業は，利潤追求を基本的な課題としており，生活の論理を基礎に働き方の見直しを図るというワーク・ライフ・バランスの課題は，このような企業の論理とは様々な軋轢を生み出すことになるだろう。実際，企業では勤労意欲の向上や労働力の確保・維持という視点からワーク・ライフ・バランスの取組みが進められている。このような取組みは，ワーク・ライフ・バランスを労働中心にその具体化を図るものと考えられる。しかし，もともとワーク・ライフ・バランスが問われるようになったのは，経済発展に伴う生活の変化であり，その意味で人間生活の向上のために働き方が問われるようになったといえる。生活の論理をもとにワーク・ライフ・バランスの実現を求めることは，企業の利潤追求を制約することになり，営利を目的とする企業の論理とはするどく対立する。

　たしかに資本主義のもとでは利潤の存在を無視できないとしても，利潤と企業活動との関連は多様であろう。例えば信用金庫は，協同組織という形態をとった金融機関であるとはいえ，資本主義経済の中で活動し，その意味で利潤の存在を無視することはできない。けれども信用金庫は，その理念に照らして

▶▶ *Column* ◀◀

非正規労働者とワーク・ライフ・バランス

　平成 25（2013）年度版の『労働経済の分析』によれば，非正規雇用者の割合は，2011 年には雇用者全体の 35.2%，1813 万人に達しています。その内訳をみると，約 50% 近くがパートタイマーとなっており（888 万人，49%），次いで契約社員・嘱託，19.5%（354 万人），アルバイト，同じく 19.5%（353 万人），派遣社員，5%（90 万人），その他 7.1%（128 万人）となっています。非正規雇用者は，その後も増え続け今や雇用者全体の 40% を超えています。

　厚生労働省の分析では，55 歳以上の高齢者の増加が指摘されていますが，それとともに 35〜44 歳の層も増加していることを無視できません。この年代は，景気後退の時期に学校を卒業し正社員になれなかった者が多かったと考えられます。こうした非正規雇用者の多くを女性が占めています。

　2000 年ころまで多くの女性は，学校卒業後正社員として就職し，結婚・出産を契機に会社を離職し，子育てが終わったころパートとして労働市場に再び登場するものとされてきました。しかし，平成不況と激化する国際競争の中で雇用の多様化が進み，非正規雇用者が増大することになりました。労働時間という視点からすれば，時間的な余裕があるとされるのかもしれません。

　実際，ワーク・ライフ・バランスを実現するために，短時間勤務などの方法がとられています。けれども，日本の短時間勤務は給与に大きな格差があるなど大きな問題をかかえています。このような働き方はワーキングプアに象徴されるような大きな問題を生じています。ワーク・ライフ・バランスの実現を問う以前に，生活の安定が重視されなければならないでしょう。

みれば，地域や，その地域に存立する中小零細企業の支援を目的としているのであり，利潤追求を直接目的としていない。そのため地域や中小企業に寄与するような事業活動が推し進められているのである。

　実際，奈良県桜井市に本店を置く大和信用金庫では，大和川の水質汚染が問題となったことから，環境に対する地域住民の意識を高めるために水質汚染の改善に応じて金利を決める「大和川定期預金」を発売している。また，きのくに信用金庫では，「一人暮らしのお客様の安否確認のほか，振り込め詐欺などへの注意喚起」（『信用金庫』2011 年 11 月号，39 頁）を図るために，一人暮らし

の年金受給者を毎月1回訪問するなどの活動が行われている。企業の社会的存在意義を重視した活動が行われているのである*。

＊　ここでの叙述は，九州北部信用金庫協会専務理事篠原幸治氏の講演に多くの示唆を得ている。もっとも第8章で指摘されているように，協同組織らしい「働き方」はうかがえないように思われる。今後この点の検討が求められる。

　ワーク・ライフ・バランスの実現には，こうした企業の社会的な存在意義を問うことが求められるのであり，そのためには国内のみならず，国際的な企業の競争条件などの見直しが必要とされるであろう。もちろん企業活動や競争条件などの見直しには，企業に対する規制という問題も問われることになる。そうだとすれば，経営学は，政府の方針や政策のもとで進められている企業や組織でのワーク・ライフ・バランスの実態を解明するだけでなく，企業での実態を規定する競争条件などの条件を明らかにし，生活の論理に基づくワーク・ライフ・バランスのあり方を模索することが必要になるだろう。そしてそのためにいかなる規制が必要かを明らかにすることが必要になると思われる。かくしてワーク・ライフ・バランスなる論議は，今や生活の論理をもとに「働き方改革」を模索する地平に至り，新たなワーク・ライフ・バランスと経営学の視点をもたらしているのである。

　［付記］　本章は，中村艶子，熊霈，平澤克彦の3人で論議したものを，平澤と熊が執筆し，中村が加筆修正を行い，それをもとに3人で再び検討した結果である。

推薦図書

渡辺峻（2009）『ワーク・ライフ・バランスの経営学：社会化した自己実現人と社会化した人材マネジメント』中央経済社
　　ワーク・ライフ・バランスの取組みにとどまらず，人間観の変化からワーク・ライフ・バランスの経営学的な研究が行われている。

シェーンプルーク／古林喜楽監修（1970）『経営経済学』有斐閣
　　ドイツ経営経済学の学派を方法論にまで検討し，体系づけた古典的労作の翻訳。

一寸木俊昭（1969）『経営管理論』法政大学出版局
　　アメリカ経営学の基礎にまで踏み込んで学説の整理を行った研究。アメリカ経営学を学ぶ上で不可欠な労作。

（中村艶子・平澤克彦・熊　霈）

索　引

執筆者紹介 (所属，執筆分担，執筆順，＊は編者)

＊中 村 艶 子 (同志社大学グローバル・コミュニケーション学部准教授，
　　　　　　　　序章，3章，7章，終章)

＊平 澤 克 彦 (日本大学商学部教授，1章，2章，6章，終章)

　熊　　　霈 (日本大学大学院商学研究科博士課程後期，1章，8章，終章)

　中 川 香 代 (高知大学人文社会科学部教授，4章)

　大 重 光 太 郎 (獨協大学外国語学部教授，5章)

　石 井 まこと (大分大学経済学部教授，9章)

〈編著者紹介〉

平澤　克彦（ひらさわ　かつひこ）
　　日本大学大学院商学研究科博士課程後期課程単位取得退学
　　現　在　日本大学商学部教授
　　主　著　『変容期の企業と社会』（共編著）八千代出版，2003年
　　　　　　『国際人事管理の根本問題』（共編著）八千代出版，2005年
　　　　　　『企業共同決制の成立史』千倉書房，2006年
　　　　　　『明日を生きる人的資源管理入門』（共編著）ミネルヴァ書房，2009年

中村　艶子（なかむら　つやこ）
　　同志社大学大学院アメリカ研究科博士課程後期課程単位取得退学
　　現　在　同志社大学グローバル・コミュニケーション学部准教授
　　主　著　『アメリカ留学への招待』（共著）世界思想社，2002年
　　　　　　『男女協働の職場づくり』（共著）ミネルヴァ書房，2004年
　　　　　　『最高の職場』（共訳）ミネルヴァ書房，2012年
　　　　　　『活躍する女性会社役員の国際比較』（共著）ミネルヴァ書房，2016年

現代社会を読む経営学⑦

ワーク・ライフ・バランスと経営学
——男女共同参画に向けた人間的な働き方改革——

2017年11月10日　初版第1刷発行　　　　　　　　　〈検印省略〉

定価はカバーに
表示しています

編 著 者	平	澤	克	彦
	中	村	艶	子
発 行 者	杉	田	啓	三
印 刷 者	藤	森	英	夫

発行所　株式会社　ミネルヴァ書房
607-8494　京都市山科区日ノ岡堤谷町1
電話代表　（075）581-5191番
振替口座　01020-0-8076番

© 平澤・中村ほか，2017　　　　　亜細亜印刷・藤沢製本

ISBN978-4-623-08140-0
Printed in Japan

現代社会を読む経営学

全15巻

（Ａ５判・上製・各巻平均250頁）

──── ミネルヴァ書房 ────

http://www.minervashobo.co.jp/